Egbert Jahn

Politische Streitfragen

Egbert Jahn

Politische Streitfragen

VS VERLAG FÜR SOZIALWISSENSCHAFTEN

Bibliografische Information Der Deutschen Nationalbibliothek
Die Deutsche Nationalbibliothek verzeichnet diese Publikation in der
Deutschen Nationalbibliografie; detaillierte bibliografische Daten sind im Internet über
<http://dnb.d-nb.de> abrufbar.

1. Auflage 2008

Alle Rechte vorbehalten
© VS Verlag für Sozialwissenschaften | GWV Fachverlage GmbH, Wiesbaden 2008

Der VS Verlag für Sozialwissenschaften ist ein Unternehmen von Springer Science+Business Media.
www.vs-verlag.de

Umschlaggestaltung: KünkelLopka Medienentwicklung, Heidelberg
Druck und buchbinderische Verarbeitung: Krips b.v., Meppel
Gedruckt auf säurefreiem und chlorfrei gebleichtem Papier
Printed in the Netherlands

ISBN 978-3-531-15833-4

Inhalt

Vorwort

Während meiner Lehrtätigkeit als Ordinarius für Politikwissenschaft und Zeitgeschichte baten mich Studenten hin und wieder, zu aktuellen politischen Themen Stellung zu nehmen, was ich dann nach Möglichkeit stets im Gespräch getan habe. Bei den regulären Vorlesungen habe ich mich jedoch auf die Analyse der politischen Positionen beschränkt, da ich es nicht für zulässig ansehe, das Lehr-Katheder für politische Predigten und Bekenntnisse zu mißbrauchen. Wie viele meiner Studenten halte ich es für eine fatale Entwicklung der Politikwissenschaft, sich immer mehr nur mit recht abstrakten politischen Strukturen, Entscheidungsprozessen, mit dem Wählerverhalten und dergleichen zu befassen, aber nicht mehr mit Politiken, mit politischen Inhalten und Gegenständen, die in der Öffentlichkeit heftig umstritten sind.

Bei allgemeinen politischen und pädagogischen Veranstaltungen habe ich mich als Politikwissenschaftler, der sich auf die Friedens- und Konfliktforschung konzentriert hat, nie darum gedrückt, mich in Vorträgen zu brisanten politischen Themen zu äußern, in die ich mich gründlicher eingearbeitet hatte, auch wenn ich nicht jahrelang eigene Forschung zu diesen Themen betreiben konnte. Das große Privileg der lebenslangen Beschäftigung mit politisch-historischen Themen hat wohl eine gewisse Fähigkeit zur kritischen Auseinandersetzung mit aktuellen Nachrichten, zur Beschaffung von Hintergrundinformationen und eine Schulung der Urteilskraft erzeugt, deren öffentliche Nutzung von politisch interessierten Studenten wie von Senioren mit einem Weiterbildungsinteresse zu Recht eingefordert wird.

Gegen Ende meiner regulären beruflichen Lehrtätigkeit habe ich im Mai 2004 die Montagmittags-Vorlesung „Politische Streitfragen in zeitgeschichtlicher Perspektive" an der Universität Mannheim begonnen, die nun bereits im achten Semester stattfindet. Anfangs mit sieben Vorträgen pro Jahr und jetzt nur noch mit vieren, da die Einarbeitungszeit in immer neue Themen doch erhebliche Zeit und Kraft kostet. In diesem Band sind die jüngsten Vorlesungen seit Dezember 2005 versammelt, zusätzlich die erste über den nicht endenden Kopftuchstreit vom Mai 2004. Zur druckreifen Ausarbeitung der anderen frühen Vorträge bin ich bisher leider noch nicht gekommen. Als Wissenschaftler, der es gelernt hat, sich möglichst nur zu Themen zu äußern, zu denen man sich den aktuellsten Forschungsstand erarbeitet hat, mußte ich beim Entschluß zu der Vorlesung die Hemmung überwinden, mich auch zu Themen zu äußern, von denen ich weiß, daß es zu ihnen eine immense Forschungsliteratur gibt, zu deren Lektüre ich bei der raschen Folge der Vorlesungen nicht die Zeit finden kann. Ich muß dabei darauf vertrauen, daß ich die politisch wichtigsten und brisantesten Standpunkte in relativ kurzer Zeit erfassen und sachgemäß wiedergeben kann und dabei das Risiko in Kauf nehmen, einzelne wichtige Aspekte der Problematik zu verkennen.

Gegenüber einem Sammelband mit Referaten von Spezialisten zu denselben Themen hat das vorliegende Buch vielleicht den großen Vorteil, daß bestimmte Grundmuster des Urteilens und der Suche nach einem friedensträchtigen Kompromiß in höchst kontroversen politischen Streitfragen trotz der Buntheit der Themen einen verbindenden roten Faden zwischen den elf Vortragstexten herstellen. Denn meist geht es bei den von mir bevorzugten Themen um Fragen von Krieg und Gewalt, aber auch um Probleme der stillschweigenden friedlichen Vernichtung von Erhaltenswertem. Der Band wird durch einen Beitrag eingeleitet, der das Anliegen und die Vorgehensweise der Vorlesung ausführlich erläutert.

Heike List hat als studentische Hilfskraft mit großem Engagement geholfen, der Vorlesung zum Erfolg zu verhelfen. Sie hat sie in der Aula der Universität organisatorisch betreut, Recherchen zu den Vortragsgegenständen betrieben, die Tonaufnahmen der manchmal erst in freier Rede formulierten Gedankengänge abgeschrieben, die ich dann anschließend gründlich auszuarbeiten hatte. Sie hat zu anderen bereits vor dem Vortrag ausformulierten Texten, die ich dann immer nur als Material zum freien Vortrag nutze, die ich aber für den vorliegenden Druck verwende, wichtige Fragen gestellt und Anregungen zu neuen Vortragsthemen gegeben, also schlicht mitgedacht. Vielen Kollegen und Freunden, die über die hier präsentierten Themen gründlicher gearbeitet haben als ich oder deren Urteil ich schätze, die ich hier nicht alle nennen kann, haben die vorliegenden Texte kritisch oder zustimmend kommentiert und zur Präzision meiner Argumente beigetragen. Dasselbe kann ich auch von den erstaunlich oft sehr genau an den Kernprobleme treffenden Einwände und mich zur weiteren Präzisierung meiner Argumente drängenden Fragen der Zuhörer sagen, der jungen Studenten ebenso wie der Senioren, die aus ihrer Lebenserfahrung die Sache oft sehr anders sehen als die Jungen, und die zum Teil schon seit über zehn Jahren meine Vorlesungen besuchen. Diese Zuhörer ermutigen mich immer wieder, den Mut und die Energie nicht zu verlieren, im Zeitalter der Verkümmerung der Universität zur völlig verschulten, modularisierten Lehranstalt mit der permanenten Prüfung von kleinsten Lernhäppchen und des Verlustes öffentlicher Diskussions- und Streitkultur die Vorlesung fortzusetzen. Ihnen allen sei herzlich gedankt.

Das Buch verschafft den Vorlesungen nun eine breitere Rezeptionsmög-
lichkeit. Die Leser sind eingeladen, ihre kritischen Einwände, Bemerkungen und
Nachfragen mit einer E-mail an den Autor zu richten, und zwar an die Adresse:
streitfragen@uni-mannheim.de.

Mannheim, im September 2007

Politische Streitfragen. Zum Sinn und Zweck einer politikwissenschaftlichen Vorlesungsreihe zur Zeitgeschichte[1]

Zusammenfassung

Die neue Vorlesungsreihe „Politische Streitfragen in zeitgeschichtlicher Perspektive" ist zunächst für das Sommersemester 2004 geplant, ist aber auf mehrere Semester angelegt, auch wenn vorerst offen bleiben muß, ob sie in den kommenden Semestern fortgesetzt werden wird. In der vorliegenden Einleitung werden die allgemeinen Grundzüge des Charakters der Vorlesung, der die Auswahl der politischen Streitfragen bestimmen soll, erläutert.

Politikwissenschaft wird als Wissenschaft von der Politik verstanden, die zwar nicht wirklich wertneutral und wertfrei sein kann, aber sich in der Äußerung von politischen Werturteilen und der Benutzung stark wertbesetzter und emotionaler Sprache sehr zurückhalten soll. Insofern politische Empfehlungen geäußert werden, sollen sie als solche ausdrücklich ausgewiesen werden, so daß Analyse der Vergangenheit und Prognose möglicher und wahrscheinlicher Zukunft einerseits und normative Aussagen andererseits deutlich voneinander geschieden bleiben sollen. Ferner soll auf die politischen Implikationen der jeweiligen Auswahl von Gegenständen, Methoden und Ergebnissen der Analyse und Synthese ihrer Erkenntnisse aufmerksam gemacht werden. Zeitgeschichtswissenschaft wird als unverzichtbarer Zweig der Politikwissenschaft aufgefaßt.

Zeitgeschichte als in die Zukunft hineinreichende Geschichte wird in dieser Vorlesung als die Weltgeschichte des Zeitalters des sich schrittweise durchsetzenden Gedankens der Volkssouveränität aufgefaßt, und zwar in den drei Zeitabschnitten des „langen Jahrhunderts" von 1776/ 1789 bis 1917, des „kurzen Jahrhunderts" von 1917 bis 1991 und des 1991 begonnenen neuen Jahrhunderts. Als noch in vieler Hinsicht uneingelöstes politisches Projekt unserer Zeit wird in dieser Vorlesung die universale Demokratie, d. h. die Volksherrschaft, und als Grundthema ihre Entwicklung zur rechtsstaatlichen, repräsentativen, liberalen und sozialen Demokratie sowie ihre Auseinandersetzung mit konkurrierenden Formen der Herrschaft begriffen.

---

[1] Das Konzept für die Vorlesungsreihe wurde am 3. Mai 2004 vorgetragen und ist weiterhin für die bis in die Gegenwart fortgesetzten Vorlesungen maßgeblich.

Ferner wird das Verhältnis von Vorlesung, schriftlicher Ausarbeitung der Vorlesung und angestrebter Kommunikation des Vortragenden mit den Hörern und Lesern der Vorlesung und ihrer Niederschrift dargelegt. Abschließend werden die Kriterien zur Auswahl gewalt- und kriegsträchtiger politischer Konflikte für die in der Vorlesung dargelegte Analyse in Hinblick auf Kooperationschancen in der internationalen Gesellschaft auf dem Hintergrund der Tradition des Forschungsschwerpunktes Konflikt- und Kooperationsstrukturen in Osteuropa vorgestellt.

1 Vorbemerkungen zum Sinn und Zweck der Vorlesungsreihe

Von dieser Einleitung zur neuen Vorlesungsreihe „Politische Streitfragen in zeitgeschichtlicher Perspektive" werden am 3. Mai nur einige Grundelemente vor der eigentlichen, ersten Vorlesung über den Kopftuchstreit vorgetragen. Sie ist demnach hauptsächlich für die Lektüre vor den kommenden Vorlesungen konzipiert, um den kritischen Umgang mit dem zu erleichtern, was in Zukunft im Zusammenhang der Vorlesungsreihe zu hören oder zu lesen sein wird. Diese Einleitung soll gewissermaßen die Spielregeln der Vorlesungsreihe offenlegen.

Mit der heutigen Vorlesung beginne ich, so der Plan, eine Reihe von regelmäßigen Vorlesungen, die nicht in einer Prüfungs- und Studienordnung vorgesehen sind und Ihnen vorgeschrieben werden. Mit anderen Worten, ich hoffe in dieser „außerordentlichen" Vorlesung auf Hörer, die zuhören wollen und können, ohne dies zu müssen, und die nicht erwarten, daß sie für das Absitzen der Vorlesung einen Leistungsschein mit „credit points", Stempel und Unterschrift erhalten. Ich hege also die altertümliche, universitäre Hoffnung, daß es noch Studenten aller Fakultäten, jeglichen Alters und beiderlei Geschlechts gibt, die die bloße Lust am wissenschaftlich disziplinierten Mitdenken über brisante politische Streitfragen in einen Hörsaal treibt und die ihre Urteilskraft in heiklen öffentlichen Dingen stärken wollen.

Die Vorlesungsreihe soll wegen des erheblichen Vorbereitungsaufwandes zum jeweils ausgewählten Streitgegenstand nur einmal im Monat stattfinden, und zwar in der Regel am jeweils ersten Montagmittag in der universitären Vorlesungszeit. Geplant sind also sieben Vorlesungen im Jahr zu aktuellen politischen Streitfragen. Die Themen werden von mir ad hoc oder auch längerfristig ausgewählt, wobei ich vielleicht hin und wieder auch einer Anregung von Ihnen zur Themenauswahl folgen kann. Jedenfalls möchte ich Sie ermuntern, mir Vorschläge hierzu zu nennen, selbstverständlich nur im Rahmen eines Themenspektrums, von dem Sie vermuten, daß ich mich aufgrund meiner wissenschaft-

lichen Vorarbeiten mit vertretbarem Zeitaufwand sachkundig machen und äußern könnte. Ich versuche mich einer allgemeinverständlichen Sprache zu be-
fleißigen und unvermeidbare Fachausdrücke zu erläutern. Denn eine Wissenschaft, die sich nur an Wissenschaftler wendet, ist nichts anderes als unfrucht-
bare, kollektive geistige Onanie. Wissenschaft und Gesellschaft sind aufeinander
angewiesene Partner. Aus diesem Verständnis der Funktion von Wissenschaft
bin ich deshalb für jeden Hinweis darauf dankbar, wo ich das Prinzip der Ver-
ständlichkeit unnötig verletze. Die Not eigener geistiger Anstrengung kann und
will ich Ihnen nicht ersparen.

In vier Abschnitten behandele ich zunächst den Gegenstand des politischen Streits, die wichtigsten Standpunkte zum Streitgegenstand, die zeithistorischen Wurzeln des Streits und die Folgen einiger möglicher Entscheidungsopti-
onen. Im Unterscheid zu meiner sonstigen Gepflogenheit in Vorlesungen, alle
politisch-normativen Aussagen zu vermeiden, will ich in dieser Vorlesung regelmäßig in einem fünften, gesonderten und deutlich ausgewiesenen Abschnitt
meine eigene Präferenz unter den zur Streitfrage erörterten Verhaltensoptionen
nennen und diese Wahl begründen unter der hypothetischen Annahme, ich
müßte hic et nunc eine Entscheidung an verantwortlicher Stelle treffen. Zum
Abschluß soll dann versucht werden, die wahrscheinliche Streitentwicklung zu
prognostizieren, sicherlich ein Unternehmen mit großer Chance zur Fehlein-
schätzung.

Das politische Geschehen in einer Demokratie wird stets durch mehr oder
weniger öffentliche, brisante, manchmal auch gewalt- und kriegsträchtige Streitfragen bestimmt. Streitfragen, die geeignet sind, ein einzelnes Land oder die
internationale Gesellschaft in verhängnisvoller Weise zu spalten, zu polarisieren
und in letzter Konsequenz in die Gewalt, den Krieg und den Massenmord zu
treiben, werden die bevorzugten Themen dieser Vorlesungsreihe sein. Politikwissenschaftler schweigen auffällig häufig zu Themen der gegenwärtigen Politik,
sofern sie nicht nebenberuflich als Politiker und Journalisten tätig werden. Das
hängt zum einen mit einer streitwürdigen Entwicklung oder Fehlentwicklung
der Politikwissenschaft und mit ihrer Auffassung zum Verhältnis von Politik
und Wissenschaft zusammen, zum erheblichen Teil aber auch damit, daß es gar
nicht leicht und äußerst zeitaufwendig ist, sich mit wissenschaftlicher Vorgehensweise den höchst verwickelten Streitfragen der Politik zuzuwenden. Denn
es kommt nicht auf die politische, an sich recht beliebige Meinung des Politikwissenschaftlers an, sondern auf seine möglichst fundierte Analyse des politischen Streitgegenstands. Eine solche soll es Ihnen als dem Hörer oder Leser
erleichtern, Ihr eigenes politisches Urteil aufgrund Ihres Vorwissens, Ihrer
Wertprämissen und Interessen, unvermeidlich auch aufgrund Ihrer unerkannten

und unbewußten Vorurteile erleichtern, indem sie Voraussetzungen, Zusammenhänge und mögliche Folgen dieser oder jener politischen Entscheidung verdeutlicht. Die Vorlesung hätte Ihren Sinn und Zweck verfehlt, würde Sie von Ihnen nach den Schlußfolgerungen bewertet, zu denen ich als der Vortragende mehr oder weniger entschieden und eindeutig in der jeweils thematisierten Streitfrage komme. Vielmehr kommt es darauf an, ob Sie aus der Vorlesung in der Weise Gewinn ziehen können, daß Sie neue Dimensionen, Voraussetzungen und mögliche Folgen des Streitgegenstands und des Streites selbst erkennen können, die bislang nicht in ihr Blickfeld gerieten. Die Vorlesung hätten ihren Sinn und Zweck erreicht, wenn sie in der Lage ist, ein wenig den Grad der Verantwortbarkeit Ihres politischen Urteilens und Handelns zu erhöhen.

Demokratie ist unter allen Herrschaftsformen diejenige, die den selbständig urteilenden und verantwortlichen, den politischen Bürger voraussetzt. Der Bürger, der sich für unpolitisch hält, ist unvermeidlich politisch in dem Sinne, daß er die jeweils herrschende Politik unterstützt, indem er seine Stimme einer besseren Alternative zur herrschenden Politik verweigert. Für die Demokratie gilt mehr als für jede andere Herrschaftsform der Satz, daß jedes Volk die Regierung hat, die es verdient; will ein Volk eine bessere Regierung, muß es sich zunächst selbst bessern. Gemeint ist, in seiner politischen Urteilskraft und in seinem politischen Handeln, denn jeder mündige Bürger ist Inhaber einer Stimme, derer er sich nicht entäußern kann. Politik ist nur solange ein dreckiges Geschäft, solange sich der Bürger einen Dreck um die Politik kümmert. Die größte Schuld des vermeintlich unpolitischen Bürgers in einer Demokratie besteht darin, daß er sich für unschuldig und unpolitisch hält.

Politikwissenschaft ist auf einem Irrwege, wenn sie sich einredet, sie müsse wissen, welche Politik die bessere im Umgang mit einem Streitgegenstand ist. Denn der Politiker hat bei seiner Entscheidung Faktoren zu berücksichtigen, die der Politikwissenschaftler in aller Regel nicht kennt und nicht kennen kann. Ein Politiker, der unbedacht dem Rat des Politikwissenschaftlers folgt, hätte seinen Beruf oder Nebenberuf verfehlt. Er muß mit Herausforderungen, Ungewißheiten und Risiken in zeiträumlich bestimmten Situationen umgehen, für die keine Wissenschaft ein wirklich angemessenes Verhalten empfehlen kann. Sie kann bestenfalls manche Verhaltensoptionen unter erklärten Wertprämissen als realisierbar und verantwortbar ausschließen oder als verantwortbar erkennen. Jeder politisch Handelnde, ob Bürger oder Berufspolitiker, muß eine Wahl zwischen Wahrscheinlichem und Möglichem treffen, kann hier und da das Unwahrscheinliche riskieren.

Eine Vorlesung über aktuelle politische Streitfragen könnte dazu verführen, die Hörer für eine bestimmte Politik gewinnen zu wollen, oder umgekehrt auch die Hörer motivieren, die professorale Autorität für eine von ihnen bevorzugte Politik zu gewinnen und auszuleihen. Das wird uns alltäglich in solchen Medien vorgeführt, in denen die Redaktionen und Journalisten Professoren dafür engagieren, das zu sagen, was sie selbst gesagt haben wollen und auch leicht selbst sagen könnten, jedoch nicht im Gewande professoraler Autorität. Die Professur wird hier zur Kostümverleihung für bestimmte, vorgegebene politische Ansichten degradiert. Sie dient dabei nicht dem Erwerb neuer Erkenntnisse.

Wissenschaftler besitzen das riesige Privileg, immer wieder sagen zu können, daß sie etwas nicht wissen, d. h. entweder noch nicht wissen oder nicht wissen können. Insofern ist Wissenschaft zu einem gut Teil Lehre vom Unwissen und vom Nichtwissenkönnen, zum anderen Teil vom vorläufigen Wissen. Jede wirkliche Wissenschaft beginnt mit dem Zweifel an dem Selbstverständlichen, dem allseits bekannten Wissen. Bürger, die die Politiker und Diener (vulgo Minister) in einer Demokratie zum politischen Handeln ermächtigen, müssen hingegen wie letztere andauernd viel wissen oder zumindest meinen oder doch glauben machen, sie wüßten, was sie tun oder unterlassen. Politik ereignet sich dauernd, insofern kann es sich kein Berufspolitiker und kein Bürger leisten, nicht zu wissen, wie und was er entscheiden soll. Denn indem er sich entscheidet, nichts zu tun, entscheidet er sich für die Duldung des herrschenden Tuns und Unterlassens.

Politikwissenschaft hat zu einem gut Teil die Aufgabe, vorgefundenes politisches Wissen zu zerlegen (zu „analysieren") und dabei manche Gewißheiten zu ver- und zerstören. Wissenschaft ist deshalb notwendig zersetzend. Darin erschöpft sich jedoch nicht ihr Tun und ihre Aufgabe. Die Analyse ist zu ergänzen durch die Synthese, das geistige Erkennen der Zusammenhänge der analytisch zunächst getrennten Teile des Ganzen. Jedes Wort, jeder Text, jedes Handeln steht in einem Kontext. Wissenschaft muß deshalb auch auf- und zusammenbauend, sein, kann nicht beim bloßen Zerlegen verharren.

Politische Streitfragen zerlegen die Gesellschaft, spalten sie bei zugespitztem Streit in eine Pro- und Contrapartei, wobei die eine die andere besiegen, ihren Willen der anderen Seite aufdrängen will. In einer Demokratie geschieht das idealiter durch Überzeugen im herrschaftsfreien geistigen Austausch, realiter jedoch oft nur durch die Diktatur der Mehrheit über die Minderheit und der Regierenden und Amtsträger über die Regierten und Verwalteten. Will Wissenschaft keine Partei-, d. h. Teilwissenschaft sein, die insofern nur partiell Wissenschaft bleiben würde, weil sie das von einem Teil der Gesellschaft vorgegebene Wissen nicht zu bezweifeln wagt oder fähig ist, will Wissenschaft also Gewissenschaft in dem Sinne sein, daß sie das jeweilige Gesamtwissen in einer zeiträumlichen Lage zu einer strittigen Frage ausdrücken will, so muß sie das Wissen, die Argumente, die Interessen, die Wertvorstellungen und Vorurteile, die Ziele aller am Streit beteiligten Parteien möglichst genau analysieren, um anschließend ein Gesamtbild des politischen Streits in der Gesellschaft darzustellen. Insofern kann eine politikwissenschaftliche Aussage niemals identisch sein mit der Aussage einer politischen Parteiung im politischen System, mögen nun die Grenzen der Streitparteien um einen bestimmten Gegenstand entlang der Grenzen der politischen Parteien verlaufen oder kreuz und quer durch sie hindurch. Insofern der Politikwissenschaftler nicht nur Wissenschaftler, sondern auch Bürger ist, der politische Ansichten hat und permanent politische Entscheidungen trifft, kann er, tut dies aber keineswegs immer, seine politikwissenschaftlichen Erkenntnisse in seinem politischen Verhalten berücksichtigen. Die wissenschaftliche wie bürgerliche Redlichkeit sollte aber verlangen, daß der Politikwissenschaftler seine wissenschaftlichen und seinen politischen Aussage erkennbar trennt.

Dies vorausgesetzt, sollte der Hörer dieser Vorlesung nicht erwarten, daß ich ihm die Richtigkeit seiner mitgebrachten Ansicht zur behandelten Streitfrage bestätige oder ihm die Bildung einer eigenen politischen Ansicht abnehme im Falle seines in die Vorlesung mitgebrachten Unwissens bzw. wohl in aller Regel eher seiner Ungewißheit und seines Schwankens beim Umgang mit der Streitfrage. Ich möchte Sie mit dieser Vorlesung in Ihrem mitgebrachten Wissen verunsichern und mich durch Ihre Reaktionen auf diese Vorlesung von Ihnen verunsichern lassen, damit alle Beteiligten sich zu einem verantwortlichen, vorläufigen Urteil in der jeweiligen Streitfrage durchringen können. Wenn das hier und da gelingt, dann hat sich der Aufwand für diese Vorlesung gelohnt.

Das Bedürfnis, eine solche Vorlesung zu halten, hat auch etwas mit meiner langjährigen Erfahrung zu tun, daß ich in aller Regel die maßgeblichen und einflußreichen Stellungnahmen auf beiden Seiten der sich rasch bildenden Konfliktfronten in den mich stärker bewegenden politischen Streitfällen für unbefriedigend halte. Das mag damit zusammenhängen, daß ich unter Frieden etwas anderes verstehe als Siegfrieden, den Sieg einer Partei über die andere Partei, sondern etwas Drittes, das für beide Parteien akzeptabel sein könnte. Ich meine, im Laufe meines bisherigen Lebens gelernt zu haben, daß der Frieden prinzipiell nur zwischen den mit Waffen und Worten gepanzerten Stühlen sitzen könne, manchmal aber auch vor oder hinter ihnen, scheinbar immer nur am Boden, aber keineswegs oft in der sogenannten goldenen Mitte, sondern nicht selten mehr in der Nähe des einen als des anderen Stuhls. Insofern ist die Gewißheit des Friedens- und Konfliktforschers, unvermeidlich zwischen den Stühlen sitzen zu müssen, mit der Ungewißheit verknüpft, wohin ihn die zweifelnde Suche, die manchmal auch der Versuchung des Verzweifelns ausgeliefert ist, nach dem richtigen Ort zwischen den Stühlen führen wird. Friedliche Mittel sind insofern nicht einfach alternative Mittel zu gewaltsamen, kriegerischen Mitteln; die Entscheidung für friedliche Mittel erfordert unerläßlich die Bereitschaft, die vorgefaßten Ziele des eigenen Handelns teilweise zugunsten des Konfliktgegners zu revidieren.

Im weiteren werde ich einige allgemeine Überlegungen über den Unterschied zwischen Politikwissenschaft und politischer Wissenschaft vortragen und sie mit einer Begründung fortführen, weshalb auch heute noch Zeitgeschichtswissenschaft ein unabdingbarer Zweig von Politikwissenschaft ist oder sein sollte. Daran schließt eine Reflexion über das gesellschaftspolitische Grundthema unserer Zeit an, das die gegenwärtige oder Zeitgeschichte als noch unabgeschlossene, das Geschehen der nächsten Zukunft einschließende Geschichte von der vergangenen Geschichte als der Geschichte früherer Zeitalter scheidet. Daraus folgt, daß auch Prognosen über mögliche oder wahrscheinliche zukünftige Entwicklungen und Perspektiven in die zeitgeschichtliche Analyse eingeschlossen werden müssen, auch wenn ihnen notwendig ein höherer Grad von Ungewißheit anhaftet als wissenschaftlichen Aussagen über die Vergangenheit. Daran werde ich einige Beobachtungen über die Vorlesung als Kommunikationsform zwischen Redner und Zuhörer anschließen und mit Überlegungen zum Auswahlverfahren bei der Bestimmung der politischen Streitfragen, die in der Vorlesung thematisiert werden sollen, schließen, bevor ich zum ersten Thema der Vorlesungsreihe: „Der Kopftuchstreit. Zum Konflikt zwischen Laizismus und religiöser Toleranz" übergehe.

2   Politikwissenschaft oder politische Wissenschaft

Ich habe Politikwissenschaft stets als eine Wissenschaft aufgefaßt, die sich in erster Linie mit politischen Inhalten und Sachverhalten, mit Herausforderungen und Streitfragen und mit Antworten auf diese befaßt, daneben sicher auch mit den politischen Institutionen, den Regeln und Verfahren, in denen die Streitfragen ausgetragen und hin und wieder zu einer zeitweiligen Lösung gebracht werden, ferner mit den gesellschaftlichen Strukturen, die die Politik bedingen und die durch die Politik wesentlich mitgestaltet werden.

Politikwissenschaft ist, beim ersten genaueren Hinschauen, keineswegs eine politische Wissenschaft, auch wenn *political science* oftmals in irreführender Übersetzung und oberflächlichem Anglizismus so bezeichnet wird. Das gilt übrigens auch im Falle des offiziellen Namens meines eigenen Lehrstuhls, der sich aus bürokratischen Gründen nicht ändern ließ. *Natural science* ist bekanntlich keine natürliche Wissenschaft. *Political science* ist Wissenschaft von der Politik oder eben Politikwissenschaft. Als Wissenschaft kann und muß sie so unpolitisch sein wie jede andere Wissenschaft, will sie Wissenschaft bleiben und sich nicht ihre Methoden und Erkenntnisse von verinnerlichten oder von außen aufgedrängten politischen Bedürfnissen, Normen und Werten, also Vor-Urteilen, vorschreiben lassen. Politikwissenschaft ist insofern aber auch notwendig und unvermeidlich politische Politikwissenschaft wie jede andere Human- und die Naturwissenschaft auch, als ihre Existenz, ihre Arbeitsweise, ihre Fragestellungen, ihre Freiheit oder Unfreiheit sowie die voraussichtliche Verwertung ihrer Erkenntnisse politisch bedingt sind. Insofern kann es ebensowenig eine unpolitische Politikwissenschaft geben wie es keine unpolitische Physik und Biologie gibt. Alle Wissenschaft wird zudem dadurch politisch, daß ihre Erkenntnisse beabsichtigte oder unbeabsichtigte politische Wirkungen hervorrufen, die jeder Wissenschaftler nach Möglichkeit in Betracht ziehen wird, falls er sich als human und damit immer auch als politisch verantwortlicher Mensch begreift.

Politikwissenschaft kann nicht schlechthin wertneutral sein, in der Annahme, sie könne dadurch unpolitisch werden. Erstens ist Neutralität eine eminent politische Haltung, die manchmal einen hohen Preis fordert. Zweitens wird immer wieder einmal versucht, Wissenschaft zur bloßen Ideologie auszuhöhlen, zur Negation von Wissenschaft unter dem Namen von Wissenschaft. Drittens gibt es Situationen, in denen Neutralität ein stillschweigendes Bündnis mit der Inhumanität bedeutet, die Verweigerung des Bündnisses mit möglichem Widerstand gegen dieselbe. Wenn aber menschliche Existenz die Bedingung der Möglichkeit von Wissenschaft ist, dann kann keine Wissenschaft die Bedingungen ihrer eigenen Existenz außer acht lassen und sich ihnen gegenüber neutral verhalten.

Politikwissenschaft und Zeitgeschichte als konstitutiver Bestandteil und Zweig derselben wurden nach 1945 in Deutschland bewußt als wertende, wertbetonte und wertbetonende Wissenschaft, als Demokratiewissenschaft eingeführt, als deutliche Kontraposition gegen jegliche wertneutrale Wissenschaft, die sich in der Vergangenheit bedenkenlos, d. h. sehr oft nur naiv und nicht einmal gewissen- und skrupellos, für barbarische Politik instrumentalisieren ließ. Mit dem wachsenden gesellschaftlichen Konsens für Demokratie im westlichen Deutschland nach 1945 verlor sich der emphatische Wertbezug der Politikwissenschaft als Demokratiewissenschaft im Bewußtsein der Gesellschaft wie der Wissenschaftler selbst. Allenfalls in solchen Zeiten, in denen es Bestrebungen gab, „mehr Demokratie zu wagen", also die bestehende, in mancher Hinsicht unzureichende Demokratie weiter zu demokratisieren, wurde von den Protagonisten dieser Bestrebungen der Wertbezug wieder verstärkt eingeklagt, von ihren Gegnern hingegen oft im Namen der Wertneutralität abgewehrt.

Die Beanspruchung wissenschaftlicher Neutralität ist höchst ambivalent. Sie kann dazu dienen, bestehende Zustände zu konservieren und zu verteidigen gegen sich selbst für fortschrittlich, human, demokratisch, friedlich und befreiend (emanzipatorisch) haltende Bestrebungen zur Veränderung der bestehenden Zustände. Sie kann aber auch in Zeiten der überwältigenden Ausdehnung der Herrschaft einer gesellschaftlichen und staatlichen Ideologie Freiräume beanspruchen für unkonventionelles, oppositionelles Denken. Insofern neue wissenschaftliche Erkenntnis stets als die Wahrheitsvermutung einer Minderheit oder gar eines einzelnen in die Welt tritt, läßt es sich vertreten, das Postulat der Wertneutralität als sinnvolle Lebenslüge des Wissenschaftsbetriebs zu verfechten.

Jede wertende Wissenschaft steht in Gefahr, zur bloßen Ideologie zu verkommen, wenn sie nicht wagt, ihre Wertprämissen ständig zu überprüfen, sie der Kritik der Vernunft entzieht und in das Reich des Glaubens versetzt. Was die Politikwissenschaft von den politischen und religiösen Glaubenslehren, die ihre unverzichtbaren Funktionen für das gesellschaftliche Leben besitzen, unterscheidet, ist, daß jegliches Fürwahrhalten sich als soziohistorisch entstandenes begreifen und erklären läßt, daß es sich verändert hat und veränderbar ist. Damit kann auch nicht ausgeschlossen werden, daß menschliche Vernunft in der Lage sein könnte, die Bedingungen ihrer dauerhaften Existenz, also den Übergang von der Menschengesellschaft zur menschlichen Gesellschaft zu befördern. Dieses vielleicht nur sisyphusische Streben, dem keine dauerhafte Beendigung alles menschlichen Leidens gelingen mag, ist keineswegs im Jahre 1989 an das Ende seiner Geschichte gelangt. Die Suche nach humaneren gesellschaftlichen Strukturen und politischen Systemen als den gegenwärtigen bleibt Gegenstand wissenschaftlichen Erkenntnisstrebens und politischer Auseinandersetzung.

Politikwissenschaft kann keine wertfreie Wissenschaft sein, weil schon die Benutzung der alltäglichen Sprache in der Wissenschaft den Gebrauch unvermeidlich wertbesetzter Worte einschließt, die diese Wertbesetzung auch dann nicht verlieren, wenn sie der Wissenschaftler ausdrücklich ändern oder in Abrede stellen will. Alle Worte loben und tadeln in vielfältigen Abstufungen, werten also ständig, oder stellen etwas als gleich-gültig, d. h. gleich-wertig dar.

Dennoch, obwohl Politikwissenschaft wie auch jede andere Wissenschaft letztlich nicht wertneutral und wertfrei sein kann, ist äußerste Zurückhaltung bei der Äußerung von Werturteilen und jeglichen Sollensaussagen eine sinnvolle Tugend in den Wissenschaften, damit die analytische Präzision der wissen-

schaftlichen Arbeit nicht unter der Verblendung durch vorgefaßte positive oder
negative Werturteile leidet. Dies ist insbesondere bei dieser Vorlesung geboten,
die sich mit politisch heftig umstrittenen Wert- und Sachaussagen befaßt. In ihr
sollen die als wesentlich erkannten Argumente der wichtigsten Konfliktparteien
zur jeweils behandelten Streitfrage zu Worte kommen und nach Möglichkeit in
der Logik ihrer eigenen Wert- und Weltvorstellungen beschrieben und erklärt
werden.

3   Zeitgeschichtswissenschaft als Zweig der Politikwissenschaft

Ich kenne keine politische Streitfrage, die man sinnvoll analysieren und erklären
könnte, ohne ihre soziohistorische Entstehung, ihre gesellschaftsgeschichtlichen
Bedingtheiten und ihre wahrscheinlichen oder möglichen Auswirkungen auf die
zukünftige Geschichte zu untersuchen. Geschichte als lebendige Geschichte ist
Zeitgeschichte, d. h. wir Lebenden entdecken in ihr etwas, was uns und unsere
Zeit ganz wesentlich charakterisiert. Nicht alle Geschichte kann Zeitgeschichte
sein, nur ein kleiner Teil ist es. Insofern ist für mich Politikwissenschaft notwendig stets auch Zeitgeschichtswissenschaft.

Mannheim war bis vor kurzem eine der wenigen Universitäten, in dem das
volle Spektrum der fünf Hauptdisziplinen der Politikwissenschaft gepflegt wurde. Im Kern besteht Politikwissenschaft aus den Teildisziplinen der Wissenschaft von der Innenpolitik (Vergleichende Regierungslehre), von der Außenpolitik (Internationale Beziehungen) und der politischen Theorie (Geschichte der
politischen Ideen, Politische Philosophie). Diese klassische politikwissenschaftliche Triade wird ergänzt durch die Zeitgeschichte und die Politische Soziologie
als die beiden wissenschaftlichen Teildisziplinen, die Staat und Politik im ge-
schichtlichen und gesellschaftlichen Bedingungszusammenhang untersuchen.
Im weitesten Sinne schließt letztere die Politische Ökonomie und die Politische
Psychologie mit ein, während das Staatsrecht in der Vergleichenden Regierungslehre und das Völkerrecht in den Internationalen Beziehungen prominent verankert sind. Die rasch fortschreitende Spezialisierung der Forschung hat in den
vergangenen Jahrzehnten zu immer weiterer Differenzierung der Politikwissenschaft und ihrer fünf Teildisziplinen in Unterdisziplinen und neue, traditionelle
Fachgrenzen überschreitende Teildisziplinen geführt. Die Synthetisierung der
teildisziplinären Erkenntnisse findet meist im Wissenschaftsbetrieb selbst nicht
mehr statt, wird allenfalls den Philosophen überlassen und ansonsten von manchen, wissenschaftliche Literatur verarbeitenden Journalisten und politischen
Schriftstellern betrieben.

Auf die Frage, was unsere Zeit von einer anderen Zeit unterscheidet, kann es keine allgemeingültige Antwort geben. Ich sehe hier von den verschiedenen Varianten des Verständnisses von Zeitgeschichte als selbst erlebter Geschichte (Eberhard Jäckel) ab, sondern gehe von Zeitgeschichte als Geschichte des gegenwärtigen Zeitalters aus. Was unsere Zeitgeschichte von der Geschichte anderer Zeitalter unterscheidet, wird gemeinhin mit einem epochalen Ereignis, einer Zäsur in der Chronologie der Ereignisse verbunden. Es ist aber im Grunde nicht das herausragende, oftmals dramatische Ereignis, das ein Zeitalter vom anderen trennt. Das sind vielmehr seine Nachwirkungen und seine Voraussetzungen. Die amerikanische Unabhängigkeitserklärung wäre ein kaum erwähnenswertes Ereignis, wenn es der britischen Krone gelungen wäre, die Unabhängigkeitsbewegung dauerhaft zu unterdrücken und zu beseitigen. Die französische Revolution wäre eine Revolte unter einer großen Fülle von Revolten geblieben, wäre sie erfolgreich und dauerhaft vom Ancien Régime niedergeworfen worden. Erst die Ereignisse der nachfolgenden Jahrzehnte und Jahrhunderte machten aus dem 4. Juli und dem 14. Juli historische und epochale Ereignisse. Zeiten oder Zeitalter werden also durch ein gesellschaftliches und vor allem politisches Grundthema bestimmt, durch ein epochales Problem, das über längere Zeit das Geschehen bestimmt, über das Parteiungen heftig streiten und auf unterschiedliche Weise begriffen, es in ihren Handlungen aufgreifen und in zeitweiligen Problemlösungen beantworten. Und nur solange es umstritten ist, ist es wirklich ein Thema, denn über das Selbstverständliche streitet man nicht, nimmt es auch kaum wahr. Insofern die Gegenwart, unsere Zeit, eine Vergangenheits- und eine Zukunftsdimension hat, schließt Zeitgeschichte auch ein Stück zukünftiger Geschichte mit ein, im deutlichen Unterschied zur übrigen Geschichte als einer in der Vergangenheit thematisch abgeschlossenen Geschichte. Das ist auch der Grund, weshalb Zeitgeschichte ihren angemessenen Platz in der Politikwissenschaft, nicht in der Geschichtswissenschaft hat, auch wenn die in ihr gebräuchlichen Methoden eher letzterer gleichen.

4 Zeitgeschichte als weltpolitisches Geschehen

Lebendige Geschichte ist jedoch nicht nur Zeitgeschichte, sie ist auch Orts- oder Raumgeschichte. Alles irdische Geschehen hat einen vierdimensionalen, zeiträumlichen Charakter. Insofern ist Geschichte immer auch Geohistorie, wie umgekehrt irdischer Raum bei näherer Betrachtung stets Geschichtsraum ist, kein unveränderliches, zeit- und geschichtsloses Gebilde. Der Raum, in dem Politik sich heute ereignet, ist zum Teil die ganze Erde mitsamt der angrenzenden, dem Menschen jeweils zugänglichen Teile der Atmosphäre und des Weltraums. Weltpolitik als globale Politik mit ihren Anfängen am Ende des 15. Jahrhunderts ist seit den 80er Jahren des 19. Jahrhunderts zur alle lokale und regionale Politik mitbestimmenden Politik geworden. Insofern konnte Hans Rothfels Zeitgeschichte als Universalgeschichte verstehen, konnten aber gleichzeitig zahlreiche zeitgeschichtswissenschaftliche Arbeiten entstehen, die lediglich einen lokal-, regional- oder nationalhistorischen Horizont im Blick hatten. Unter dem Ausdruck Globalisierung firmiert seit einigen Jahren ein neuer Schub der Vergesellschaftung der Welt, insbesondere der finanziellen und ökonomischen. Auf die global-humanen Dimensionen der Fragen, die uns hier in Mannheim, in Baden-Württemberg, in Deutschland und in der kleinen Provinz Europa, jenem keineswegs entbehrlichen Appendix Asiens, beschäftigen, bemühte ich mich in meinen bisherigen Vorlesungen immer wieder aufmerksam zu machen, so insbesondere auch in der heute beginnenden Vorlesungsreihe.

Die räumliche Dimension der Zeitgeschichte wie aller Geschichte läßt das „wir" beliebig durch einen Ort, eine Region, einen Staat, einen Kontinent oder den Globus begrenzen, aber auch partikular-gesellschaftlich durch einen ethnischen, religiösen oder sonstigen gesellschaftlichen Raum und ein entsprechendes Wir-Bewußtsein. Heute wird Zeitgeschichte leider immer noch als vorwiegend nationale Geschichte begriffen, oft auch dann, wenn deklaratorisch ein universaler Geschichtszusammenhang behauptet wird. Auch ein gemeinsames europäisches Geschichtsbewußtsein gibt es erst in bescheidenen Ansätzen, von einem global-humanem ganz zu schweigen. An der Herausbildung eines global-humanen Geschichtsbewußtseins in den kommenden Menschheitsgenerationen gilt es mitzuwirken.

5   Das Grundthema unserer Zeit

Das Grundthema unserer Zeit ist seit der amerikanischen und französischen Revolution am Ende des 18. Jahrhunderts die Verwirklichung der Volkssouveränität nach innen und außen. Demokratie und Nationalstaat sind die beiden untrennbaren Seiten derselben Medaille des Anspruchs des Volkes, sich selbst zu regieren. Nationalismus ist das Gedankengebäude, das bestimmt, welche Menschen ein Volk sein und einen eigenen Staat haben wollen. Demokratie ist die konstitutionelle, verfassungsrechtliche Form der Volksherrschaft im Unterschied zur Pöbelherrschaft (Ochlokratie) als widerrechtlicher Form der Volksherrschaft. Die alte Idee der Einheit der Menschheit unter geistlicher oder weltlicher Universalherrschaft wurde, vorbereitet durch die Idee des Fürstenbundes, endgültig abgelöst durch die Idee des Völkerbundes eingeschränkt souveräner Nationalstaaten als eines Friedensbundes, der sich selbst geschaffenem Völkerrecht unterwirft. Zunächst dominierte im ersten Abschnitt unserer Zeit, im langen Jahrhundert von 1776 bzw. 1789 bis 1918 die Auseinandersetzung der Verfechter der nationalen demokratischen Republik mit den Verfechtern des Stände- und Fürstenstaates, insbesondere der imperialen Aristokratie und Monarchie bzw. ihrer oligarchischen und tyrannischen Entartungsformen. In einigen Ländern der Erde ist dieser Kampf bis heute noch keineswegs ausgestanden. Im Ersten Weltkrieg ging im großen und ganzen das Ancien Régime der aristokratisch-monarchischen, absolut souveränen Fürstenstaaten unter und 1917 begann ein neuer Abschnitt des Zeitalters der Volkssouveränität. Zwar siegte in einigen Ländern eine oft noch aristokratisch und monarchisch überformte Demokratie, zwar begann mit der erstmaligen Einrichtung eines noch nicht die ganze Welt umfassenden Völkerbundes die Geschichte der organisierten Nationalstaatenkooperation und der völkerrechtlichen Begrenzung des souveränen Rechts auf Kriegsführung im nationalen Interesse, doch gleichzeitig bildete sich die Entartungsform der Demokratie heraus: Verfassungsrechtliche Volksherrschaft, Demokratie, kann stets zur rechtswidrigen Pöbelherrschaft, Ochlokratie, verkommen, die rasch moderner, sich demokratisch verkleidender Tyrannis und Oligarchie den Weg zu bereiten pflegt. Die tyrannisch und oligarchisch modifizierte Ochlokratie nannte man im 20. Jahrhundert oft Totalitarismus, die moderne Form der Tyrannis und der Oligarchie Diktatur einer Person oder einer Minderheit. Diktatur als eine moderne langanhaltende Herrschaftsform, nicht nur als zeitlich eng begrenzte Ausübung außerordentlicher Herrschaftsvollmachten in den Händen einer oligarchischen Minderheit oder eines einzelnen während einer kürzeren oder längeren Notzeit ist darauf angewiesen, das Volk zum Scheinkonsens mit dem Diktator zu mobilisieren und sich durch eine elitär-oligarchische gesellschaftliche Minderheit, die sich im 20. Jahrhundert als politische Partei organisiert, abzusichern. Der Antagonismus von Demokratie und kommunistischer, zeitweise auch von faschistischer Diktatur bestimmte das kurze Jahrhundert von 1917 bis 1991.

Unser Zeitalter wird wie alle früheren durch Mischformen der Herrschaftsordnung gekennzeichnet, jedoch charakteristischerweise vor allem durch repräsentative Demokratien mit aristokratischen und monarchischen Komponenten einerseits und durch zur Tyrannis und Oligarchie neigende Ochlokratien andererseits. In den Auseinandersetzungen zwischen den Verfechtern der Herrschaftsformen neigen auch Demokraten hin und wieder zu oligarchischen und tyrannischen, vor allem aber zu ochlokratischen Anwandlungen, in denen das selbstgesetzte Recht mit Füßen getreten wird, sofern es nicht gar wider den historisch erreichten Verfassungs- und Rechtsstandard in rechtswidriges Gesetz umgeformt wird. Dabei erlangt das Unrecht konstitutionellen und legalen Schein. Dementsprechend können die Vereinten Nationen auch nur ein Konglomerat von vielfach über- und verformten Demokratien und Ochlokratien und von aus früheren Zeiten überkommenen Herrschaftsformen sein. Mit dem Zusammenbruch der kommunistischen Parteiherrschaft in fast allen von ihr tief geprägten Ländern in den Jahren 1989-91 ging eine wesentliche Form tyrannisch und oligarchisch überformter Ochlokratie mit zeitweise minimalen verfassungsrechtlichen und demokratischen Zügen unter, gleichzeitig wurde die sozialistischen Idee der sich auf die Wirtschaft und zivile Gesellschaft ausdehnenden Demokratie auf unabsehbare Zeit in das politische Abseits verdrängt. Doch im dritten Abschnitt unserer Zeit, der um 1991 einsetzte und dessen Charakteristika sich noch undeutlich abzeichnen, regt sich gegen die Hegemonie liberaler Demokratie in der Welt neuer, starker Widerstand in neuen Formen der von Millionenmassen getragenen Ochlokratie, vor allem außerhalb der liberaldemokratischen Staaten, aber auch innerhalb derselben. Islamistische Bewegungen sind eine Haupttriebkraft, wenn auch keineswegs die einzige, dieser Opponenten der liberalen Demokratie. Auch die liberal-demokratischen Regierungen und Parteien bleiben nicht, wie stets in der Vergangenheit, von ochlokratischen Neigungen verschont. Somit bleiben Demokratie, Rechtsstaat und Staatenrecht, Völkerbund ein noch gänzlich unvollkommenes, aber gleichwohl noch entwicklungsfähiges politisches Projekt unserer Zeit, des Zeitalters der Volkssouveränität. Die Jahre von 1917 bis 1991 waren nach der hier entwickelten Konzeption kein eigenständiges Zeitalter, sondern nur ein Abschnitt eines umfassenderen Zeitalters. Insofern lassen sich heutige politische Streitfragen nur als Variationen zum Grundthema der Politik seit dem Zeitalter der Aufklärung und der amerikanischen und französischen Revolutionen verstehen und sind insofern nur in diesem Kontext zu erklären. Die heute beginnende Vorlesungsreihe möchte einen bescheidenen Beitrag zur politikwissenschaftlichen Analyse unserer Zeit beisteuern, indem sie einige als wichtig erscheinende politische Streitfragen der Gegenwart thematisiert.

6   Die Vorlesung als Kommunikationsform

Die Idee zu einer derart skizzierten Vorlesung schwebt mir seit langem vor. Ein wichtiger Anreiz hierzu waren neben anderen Vorlesungen die eindrücklichen „Weltpolitischen Informationsstunden" des damals bereits schon lange emeritierten Professors der Politikwissenschaft Adolf Grabowsky (1880-1969), eines

Mitbegründers der 1907 ins Leben gerufenen Zeitschrift für Politik. Die erste Vorlesung, die ich als frisch immatrikulierter Student in Marburg an einem Montagmorgen im April um 9 Uhr hörte, wurde von dem damals schon fast 81-jährigen Grabowsky gehalten. Im spöttisch-bewundernden Ton hatten ältere Studenten empfohlen, dem „Fossil" Grabowsky zuzuhören, der in freier Rede gedanklich äußerst diszipliniert seine Erkenntnisse über Politik und Weltpolitik vortrug, indem er wie ein Hutzelmännchen vor der großen Wandtafel hin und her wanderte, die fast schon erblindeten Augen auf die knarrenden Dielen im alten Universitätsgebäude vor ihm gerichtet, ganz auf seine Gedanken und einen disziplinierten sprachlichen Ausdruck konzentriert, fast nie ins Auditorium schauend, hin und wieder Staatenbeziehungen mit Kreidestrichen auf der Tafel skizzierend.

Am 13. Dezember 1993, also ein Jahr nach Beginn meiner Mannheimer Zeit, hatte ich einen ersten Anlauf zu einer Montagmittagvorlesung mit einem Vortrag über die ersten demokratischen Wahlen in Rußland nach 1917 genommen. Die Gründe, die gegen eine solche Vorlesung sprechen, seien eingangs offen genannt. Eine Vorlesung zu aktuellen politischen Streitfragen impliziert, daß ich mich auch zu Themen äußere, zu denen ich selbst keine eingehenden Forschungen betrieben habe und zu denen ich auch nicht fristgerecht alle zugänglichen wissenschaftlichen Analysen lesen, mir nicht alles im Prinzip erforderliches Hintergrundwissen aneignen kann. Schließlich bleibt die Zeit, die ich für die Vorbereitung jedes einzelnen außerordentlichen Vorlesungsthemas aufwenden kann, durch die regulären Lehrverpflichtungen und die laufenden wissenschaftlichen Publikationsaufgaben ziemlich beschränkt, auch wenn ich mir sicherlich nur solche politischen Streitfragen auswählen werde, zu denen ich ein gewisses Vorwissen mitbringe. Diese einschränkenden Faktoren gilt es zu berücksichtigen, wenn ich nicht alle berechtigten Erwartungen, auch meine eigenen zum Beginn der Vorlesungsreihe, nicht einlösen werde.

Auch wenn die Vorbereitung auf ein ausgewähltes aktuelles Streitthema umständehalber stets ein ungutes Gefühl des Unfertigen begleitet, so hielt mich von einer derartigen Vorlesung bislang auch das Empfinden ab, daß sie dennoch viel Aufwand für ein recht zufälliges und kleines Publikum erfordert, in dem die in reguläre Studienpflichten eingebundenen jungen Studentinnen und Studenten eine kleine Minderheit sind und Senioren die Mehrheit bilden. Hier bieten sich nun die neuen Möglichkeiten des Internets, einige Elemente einer Vorlesung zeit- und raumunabhängiger vermitteln zu können. Es sind nur einige Elemente. Denn kein schriftlicher Text wirkt wie eine Rede, die äußerst zuhörer-, raum- und von der augenblicklichen Situation des Redners, vor allem aber vom Geschehen des jeweiligen Vortages und der vorangegangenen Woche abhängig ist. Tonfall, Mimik, Gestik, Zögern im Sprachfluß, Betonung von Wörtern und Sätzen, durch fragende Gesichter oder Zwischenfragen provozierte Erläuterungen des Gesagten, Redundanzen und Versprecher, bewußte und unbewußte Pausen bestimmen neben dem Gang der Argumentation die Wirkung einer Vorlesung ganz entscheidend mit und unterscheiden sie von der Wirkung einer Lektüre.

Meine Vorlesung habe ich nie als Ablesung verstanden, als ein Vorlesen dessen, was ich vorher niedergeschrieben hatte, selbst wenn ich einen zusammenhängenden Text zum Vorlesungsthema ausgearbeitet oder gar schon publiziert hatte. Ich bemühe mich also auch in dieser Vorlesung darum, in freier Rede spontanen Einfällen zu folgen und auf die Nachrichten von heute morgen und gestern zu reagieren. Das schließt auch schriftliche Annäherungsversuche und Vorbereitungen auf das aktuelle Vorlesungsthema nicht aus. Sie können also nicht mit einer völligen Übereinstimmung zwischen meinen Vorträgen und den Niederschriften zu diesen Vorträgen rechnen, schon allein deshalb nicht, weil zwischen einer Rede und einer Schreibe ein fundamentaler Unterschied besteht. Ich besitze leider nicht die Gabe oder habe bisher versäumt, sie mir übend anzueignen, eine Rede schreiben zu können.

Ich möchte Sie als Hörer, wie bei all meinen Vorlesungen, ermuntern, während der Vorlesung an geeigneter Stelle Zwischenfragen zu stellen und Einwände zu äußern. Bei dieser Vorlesung sind zudem Zeit nach dem Vortrag rund 30-45 Minuten für Nachfragen, für Einwände und auch für unterstützende Zusatzargumente vorgesehen. Außerdem möchte ich Sie einladen, mir auch noch nach der Veranstaltung, nach einem späteren Überdenken des Gehörten, in einer E-mail ihre Kommentare zum Vorlesungsgegenstand mitzuteilen. Ich beabsichtige, eine Ausarbeitung der Vorlesung in das Internet zu stellen, eine unter Umständen nicht nur beiläufige Diskrepanz zwischen Rede und Schreibe in Kauf nehmend. Denn ich habe noch keinen Vortrag gehalten, bei dem ich nicht noch sofort nachträglich das weiterdenke, überprüfe, verwerfe oder mit neuen Argumenten verstärke, was ich soeben gesagt habe. Ein Vortrag ist für mich niemals abgeschlossen, wenn das Reden beendet ist.

Diese Vorlesung ist insofern ein Experiment für mich, weil ich mich zwingen will, die Kerngedanken dessen, was ich in der Vorlesung entwickelt habe, in den darauffolgenden Wochen schriftlich ins Internet herauszugeben, wie auch immer in Form und Inhalt verändert, es sei denn ich sähe mich durch Ihre Einwände und Argumente und durch eigenes Weiterdenken veranlaßt, das Gesagte grundlegend zu revidieren.

Zur Erhöhung des interaktiven Charakters der Vorlesung möchte ich Sie einladen, mir Ihre Stellungnahmen zu dem Gehörten bzw. Gelesenen mitzuteilen, per E-mail oder auf traditionellem Wege. Ich überlege auch, ob ich dann Ihre zusätzlichen Argumente zum Thema - mit Ihrem Namen, falls Sie das ausdrücklich gestatten, oder auch anonym -, evtl. auch in gekürzter Form als Hörer- und Leserbriefe im Anhang zur Vorlesung in das Internet setze. Sollten Sie mir jedoch nur zur persönlichen Information schreiben, so bitte ich Sie, dies ebenfalls ausdrücklich zu vermerken.

Der Kopftuchstreit. Zum Konflikt zwischen Laizismus (Trennung von Staat und Religion) und religiöser Toleranz[2]

Zusammenfassung

Ein Kopftuchverbot läuft in Deutschland und anderen europäischen Ländern in seinem Kern auf ein Berufsverbot für kopftuchtragende muslimische Frauen hinaus, außerdem auf eine gesellschaftliche Marginalisierung solcher Frauen. In anderen Ländern führt ein Kopftuchgebot nicht nur zur gesellschaftlichen Ächtung und zum Berufsverbot für Frauen ohne Kopftuch, sondern oftmals zur Gefährdung ihres Lebens. Eine politische Bekleidungsvorschrift für das weibliche Kopfhaar hat damit einen geschlechter- und frauenpolitischen und damit implizit einen sitten- und rechtspolitischen, einen religionspolitischen und einen ethnopolitischen sowie in letzter Instanz einen sicherheitspolitischen Aspekt.

Das Kopftuch wird zum Teil dadurch politisiert, daß manche islamische Organisationen es muslimischen oder allen Frauen aufzudrängen versuchen. Es erhält aber endgültig einen politischen Charakter, indem der Gesetzgeber es verbietet oder gebietet. Das Kopftuch kann man aber auch entpolitisieren, indem man es als ein nach Gutdünken gewähltes Kleidungsstück behandelt. Daraus ergeben sich zahlreiche politische Optionen im Umgang mit der Kopftuchfrage, die voraussichtlich noch Jahre und Jahrzehnte in der öffentlichen Debatte eine wichtige Rolle spielen wird. In Deutschland und Europa geht es dabei immer auch um die Grundsatzfrage, ob eingewanderte ethnoreligiöse Minderheiten sich weitgehend assimilieren müssen oder ob die rechtliche, politische und soziale Integration der Einwanderer auch die öffentlich demonstrierte Bewahrung ethnoreligiöser Differenz enthalten darf. In der Türkei und in Bosnien geht es hingegen um die Frage, ob der staatlich verordnete Laizismus durch ein

---

[2] Der Vortrag wurde am 3. Mai 2004 gehalten. Seither haben nach Baden-Württemberg und Niedersachsen auch die Bundesländer Bayern, Bremen, Hessen, Nordrhein-Westfalen und Thüringen Gesetze mit einem Kopftuchverbot mit unterschiedlicher Reichweite im öffentlichen Dienst erlassen. Berlin hat alle religiösen Symbole im öffentlichen Dienst untersagt. Der Europäische Gerichtshof hat im Juni 2004 grundsätzlich das Kopftuchverbot an türkischen Universitäten für zulässig erklärt. An den im Text diskutierten grundsätzlichen Standpunkten hat sich bisher nichts geändert. Die Debatte flackert immer wieder erneut auf, z. B. zu der Frage, ob andere Kopfbedeckungen (Mützen, Hüte) ein Kopftuch ersetzen dürfen.

größeres Ausmaß religiöser Toleranz abgelöst werden kann, wobei gleichwohl entschieden die Gefahr einer theokratischen Diktatur abgewehrt wird, für die die Kopftuchpflicht wichtiges Herrschaftssymbol für ihr menschenrechtswidriges Verständnis von Frauenrollen ist.

Aus der Geschichte des Laizismus, der Staatsreligionen und der religiösen Toleranz ergeben sich die drei politischen Grundpositionen der Verdrängung der Religion und der Religionsgemeinschaften aus dem staatlichen Leben, der beherrschenden Stellung einer Religion oder Konfession in einem Staat und nicht nur in der Gesellschaft sowie der religiösen Toleranz und der Gleichberechtigung zwischen religiös-konfessioneller Mehrheit und Minderheit.

Der Autor bevorzugt eine Politik der bewußten Entpolitisierung des Kopftuchs und der Anerkennung ethnoreligiöser Differenz in der Öffentlichkeit und auch in den Schulen, geht aber davon aus, daß eine solche Politik sich in Deutschland, Frankreich und einigen anderen Ländern noch auf lange Zeit nicht durchsetzen wird.

1 Kopftuchgebot oder Kopftuchverbot als Berufsverbot für manche muslimische Frauen

Seit mehreren Jahren wird in Deutschland wie auch in vielen anderen Ländern Europas und der Welt heftig über das Recht von Mädchen und Frauen gestritten, im staatlichen und gesellschaftlichen Raum ein Kopftuch zu tragen. In einigen Ländern hingegen wird um das Recht gerungen, kein Kopftuch tragen zu müssen. Kopftuchgebote und Kopftuchverbote sind gesellschaftlich-konventionelle oder auch staatliche, durch Gesetz oder Verordnung bestimmte Be- und Entkleidungsvorschriften. Eine Kleidungsvorschrift kann Geltung für die gesamte Bevölkerung in einem Land beanspruchen, nur für bestimmte gesellschaftliche Gruppen oder staatliche Funktionsträger oder nur für bestimmte Gebiete und Gebäude sowie Handlungskontexte; sie ist oft auch geschlechtsspezifisch. An manchen christlichen sakralen Stätten und in Gotteshäusern pflegen Männer eine Kopfbedeckung abzulegen, Frauen hingegen ein Kopftuch aufzusetzen. An jüdischen sakralen Stätten hingegen bedecken auch Männer ihr Haupt.

Staatliche und in der Gesellschaft gültige Kleidungsvorschriften können weitgehend übereinstimmen oder voneinander abweichen. Hier und da setzen aber auch gesellschaftliche Minderheiten in den von ihnen beherrschten Milieus und Räumen wie z. B. Stadtvierteln mit den Mitteln der gesellschaftlichen Mißbilligung, der Ächtung und des Zwanges ihre Kleidungsvorschriften durch, auch in klarem Widerspruch zum staatlichen Gesetz. So hat das Parlament Frankreichs jüngst das Kopftuch an staatlichen Schulen Frankreichs für Lehrerinnen wie Schülerinnen verboten; das schließt nicht aus, daß in manchen Stadtvierteln muslimische Frauen ohne Kopftuch geächtet, geschlagen, hin und wider auch vergewaltigt und ermordet werden, weil sie gegen das milieubestimmte Kopftuchgebot verstoßen haben.

So wie die Gesellschaft oder gesellschaftliche Gruppen auf ganz unterschiedliche Weise Verstöße gegen Be- und Entkleidungsvorschriften ahnden, so kann auch der Staat recht verschiedene Sanktionen gegen die Mißachtung staatlicher Kleidungsvorschriften verhängen, von einer milden Geldstrafe gegen eine Ordnungswidrigkeit bis zur Haft- oder Todesstrafe. Eine zwangsweise Be- oder Entkleidung wird selten von einer Polizei vollstreckt, zum einen, weil dies in Rechtsstaaten als eine unangemessene Verletzung der Menschenwürde und der persönlich-körperlichen Integrität von Frauen angesehen werden würde, zum anderen, weil das Ergebnis der Zwangshandlung leicht revidierbar wäre. Während im Iran und vormals unter dem Taliban-Regime in Afghanistan die Mißachtung der Kopfbedeckungspflicht auch mit physischer, staatlicher oder staatlich geduldeter Gewalt geahndet wird oder wurde, wird das Kopftuchverbot in manchen europäischen Staaten mit der Verweisung von Schülerinnen und Studentinnen von den staatlichen Lehranstalten oder mit dem Berufsverbot für Kopftuchträgerinnen durchgesetzt. Kopftuchverbot ist in solchen Fällen eine den Ernst der Sache verharmlosende und verschleiernde Bezeichnung.

Das Kopftuch ist zunächst nichts als ein Kleidungsstück, eine spezifische Form der Kopfbedeckung, genauer der Bedeckung des Kopfhaares. Das Kopftuch in diesem gebräuchlicheren engeren Wortsinne als Haartuch ist zu unterscheiden von einem Tuch, das auch die Gesichtshälfte ganz oder teilweise verhüllt, also die Stirn, das Kinn, den Mund und die Nase sowie die Augenpartie. Manchmal wird im Deutschen im Anklang an den Sprachgebrauch anderer Sprachen irreführend von einer Verschleierung der Frauen gesprochen. Zwischen der Verhüllung des Kopfhaares und der Verschleierung des Gesichts, insbesondere auch der Augenpartie, besteht jedoch ein erheblicher Unterschied. Das Gesicht hat wesentlich mehr kommunikative Funktionen als das Haupthaar. Wer Frauen in eine Burka, also in einen Gesamtkörperumhang kleiden will, will Frauen drastisch in ihren Kommunikationsmöglichkeiten begrenzen, sie auch beispielsweise nicht als Lehrerinnen ausbilden und einsetzen. Insofern schließt die uneingeschränkte Toleranz von Kopftüchern nicht die Gefahr ein, daß eines Tages Lehrerinnen beansprucht werden, in der Burka zu unterrichten. Wohl könnte aber der Anspruch erhoben werden, daß Frauen mit teilweiser Gesichtsverschleierung als staatliche Lehrerinnen tätig werden dürfen.

Zunächst ist das Kopftuch ein praktisches Kleidungsstück, das von dem Verhältnis des Menschen zur Natur und dinglichen Umwelt bestimmt ist. Es kann dem Individuum etwas Schutz vor Kälte, Hitze, Wind, Sonneneinstrahlung, Lärm, Staub und Schmutz bieten. Insofern wird das Kopftuch meist situativ und nach seinem praktischem Nutzen raum- und wetterabhängig benutzt wie viele andere Kopfbedeckungen auch: Hüte, Mützen, Kappen usw. So tragen Bäuerinnen häufig bei der Arbeit ein Kopftuch. Gelegentlich ist das Kopftuch auch ein Modekleidungsstück, das die weibliche Attraktivität steigern und ästhetische Bedürfnisse befriedigen läßt und außerdem die Textilindustrie fördert.

Eine zweite, sittliche Funktion von Kleidung besteht darin, Körperteile zu verdecken, deren Entblößung Schamvorstellungen verletzt. Menschliche Schamvorstellungen als solche sind universal, werden in allen Kulturen gepflegt. Allerdings sind die inhaltlichen Bestimmungen des Schamhaften soziohistorisch höchst variabel, ändern sich bekanntlich in neuerer Zeit auch innerhalb der Kulturen ganz erheblich. Die Ansichten über die Grenzen zwischen Schamhaftigkeit und Schamlosigkeit sind heute außerordentlich schwankend und kontrovers.

Die praktische Nutzenfunktion und die sittliche Funktion eines Kleidungsstücks können sich drittens zur gesellschaftlichen Statusfunktion verallgemeinern und erweitern, die unabhängig von Raum, Wetter und augenblicklicher Tätigkeit Menschen kleidet. Die Kleidung drückt dann gesellschaftliche Beziehungen aus, betont sowohl die Gemeinsamkeit einzelner Menschen mit anderen als auch die Verschiedenheit von wiederum anderen Menschen. Kleidung kann den Geschlechterunterschied ebenso wie die Geschlechtergleichheit hervorheben, aber auch die Gleichheit und Unterschiedlichkeit der sozialen Gruppen, Berufe, Ränge in der gesellschaftlichen Hierarchie, vor allem auch der Religionsgemeinschaften und Ethnien. Uniforme Kleidungsstücke von Gruppen aller Art erfüllen meist beide Funktionen der Betonung der Gleichheit mit den einen Menschen und der Verschiedenheit von anderen. Das gilt für Armeeuniformen in ähnlicher Weise wie für zivile Blue Jeans, Miniröcke, Bikinis oder Nonnentrachten. Über die Betonung oder die Nivellierung gesellschaftlicher Differenz durch Kleidung oder Haartracht wird in allen Gesellschaften und Kulturen ständig gestritten.

Aus dem privaten und gesellschaftlichen Streit um angemessene Kleidung wird viertens ein politischer, indem Kleidung und Haartracht entweder vom Träger oder vom Beobachter derselben zu einem Symbol für politische, d. h. allgemeingültige Verhaltensweisen gemacht werden. Die Kleidungsvorschrift wird zum Symbol für ein allgemeinverbindliches Verhaltens und die Verhaltensvorschrift wird in einer Kleidungsvorschrift sichtbar, vielleicht anfangs nur als unpolitische gesellschaftliche Regel, dann vielleicht auch als Regel für eine gesellschaftspolitische Bewegung, eine Organisation, eine Partei und schließlich einen ganzen Staat. Eigen- und Fremdpolitisierung einer Kleidung gehen zwar meist Hand in Hand, können aber auch erheblich voneinander abweichen.

2   Vollständiges oder teilweises Verbot oder Duldung des Haartuches

Wegen der Multifunktionalität des Kopftuches ist dies Kleidungsstück so stark umstritten und läßt sich der Konflikt so außerordentlich schwierig regulieren. In einem ersten Schritt läßt sich der Kopftuchstreit dadurch entschärfen, daß man einen deutlichen Unterschied zwischen Haartuch und Gesichtsschleier macht. Geht man davon aus, daß das offene Gesicht mit seinen vielfältigen mimischen Ausdrucksmitteln für eine offene gesellschaftliche Kommunikation allgemein unerläßlich und im besonderen eine wesentliche Bedingung freien Lernens und Lehrens ist, so kann man durchaus eine scharfe Trennlinie zwischen einem haarverhüllenden, die Kommunikation an sich nicht behindernden Tuch und einem ganz oder teilweise gesichtsverhüllenden Schleier treffen, das die zwischenmenschliche Kommunikation erheblich beeinträchtigt. Das Verbot eines Gesichtsschleiers läßt sich sachlich durchaus begründet mit einer Erlaubnis des Kopftuches als Haartuch verbinden; aus der Kopftucherlaubnis folgt nicht notwendig die Gesichtsschleiererlaubnis.

Es lassen sich drei grundsätzliche Positionen und Parteiungen zum Kopftuchstreit, womit im folgenden nur den Haartuchstreit gemeint sein soll, ausmachen, die sich nach Begründung und Motivation in zahlreiche, hier nicht zu nennende Sonderauffassungen gliedern lassen. Ein allgemeines Kopftuchgebot steht in den vorwiegend nichtislamischen europäischen Ländern nicht zur Debatte. Ein meist selektives Kopftuchverbot – in Europa wird nirgends verlangt, daß das Kopftuch gänzlich aus der Gesellschaft verschwinden soll -, das sich auf bestimmte öffentliche Orte und staatliche und auch einige private Berufstätigkeiten beschränkt, wird aus zwei ganz unterschiedlichen Motiven befürwortet. Anhänger des Laizismus wollen grundsätzlich Staat und Religion trennen und alle religiöse Betätigungen und Symbole aus dem staatlichen Bereich verbannen, christliche ebenso wie islamische, jüdische und andere. Andere hingegen betreiben aus dem ganz anderen Motiv einer christlichen oder auch christlich-jüdischen Kulturpräferenz lediglich das Verbot des muslimischen Kopftuches, nicht des christlichen Nonnentuches, wollen aber christliche und teilweise auch jüdische religiöse Betätigungen und Symbole (z. B. Kruzifixe, Kipa) im staatlichen Bereich dulden oder gar fördern. Außer den Positionen des

Kopftuchge- und verbots gibt es auch noch die Auffassung der Haartuchtoleranz, die das Tragen dieses Kleidungsstücks für eine Angelegenheit der persönlichen Vorliebe ansieht, da es nicht gegen allgemein akzeptierte Grenznormen der Ver- oder Enthüllung des menschlichen Körpers verstößt.

Nur in oberflächlicher Betrachtung geht es um das Für oder Wider das Tragen eines Kopftuches. Denn wenn auch viele Musliminnen dem Kopftuchverbot Folge leisten werden, so werden es nicht alle sein. Nicht nur politische Dogmatikerinnen werden darunter sein, sondern auch besonders charakterstarke Frauen, die sich nicht einem von ihnen als unsittlich empfundenen Gebot unterwerfen wollen. Der Kopftuchstreit in einigen europäischen Rechtsstaaten ist demnach in seinem harten Kern ein Streit um das Für und Wider eines Berufsverbots für Frauen, die dem Gebot, sei es staatlicher, sei es gesellschaftlicher Art, ihr Kopfhaar in der Öffentlichkeit zu entblößen, sich nicht beugen wollen. Dieses Berufsverbot gilt nicht für Männer, die die gleichen Ansichten vertreten wie ihre Frauen, Schwestern oder Freundinnen. Es hat also den üblen Beigeschmack der Diskriminierung von Frauen. Da es sich vor allem um muslimische Frauen handelt, hat das Berufsverbot außer dem geschlechterpolitischen vor allem einen religionspolitischen Aspekt. Und da der Islam zwar eine Weltreligion ist, aber wie die anderen Religionen auch in einigen Ethnien und Nationen besonders verbreitet ist, hat ein Berufsverbot für Kopftuchträgerinnen schließlich auch eine ethno- und nationalpolitische Bedeutung, in Europa zusätzlich eine immigrationspolitische, da es nicht um einen Streit zwischen mehreren autochthonen oder bodenständigen Ethnien geht, sondern zwischen Alteingesessenen und Einwanderern, also zwischen Traditionsrechten und Menschenrechten. In das Verlangen nach einem Kopftuchverbot gehen auch ethnische und religiöse Überfremdungsängste sowie verfassungs- und menschenrechtliche Besorgnisse ein.

Unter den Muslimen der europäischen Staaten sind die Standpunkte im Kopftuchstreit kaum minder kontrovers als in der übrigen Bevölkerung. Anhängern des Kopftuchverbots stehen Anhänger der Haartuchtoleranz und beiden Anhänger des Kopftuchgebots gegenüber. Manche Anhänger des Kopftuchgebots fordern es nur für Musliminnen, andere wollen es langfristig gesamtgesellschaftlich durchsetzen. In beiden Formen erhält der Kopftuchstreit eine verfassungspolitische Dimension. Mit der militanten Propagierung des Kopftuches für ein bestimmtes Spektrum von Geschlechter-, Ethno-, National- und Verfassungspolitik wird das Kopftuch aus einem allgemeinen religionspolitischen Streitgegenstand zu einem partei- oder parteiungspolitischen Symbol, das eine eminent politische Zielsetzung ausdrücken soll. Dabei wird aus einem Ausdruck weit verbreiteter, wenn auch nicht allgemeiner islamischer Sitte ein

Symbol islamistischer Politik, die fast alle gesellschaftlichen Bereiche betrifft. Dies schließt zahlreiche Dimensionen der Frauen- und Geschlechterpolitik ein, die nach dem westlichen Verständnis eindeutig verfassungs- und menschenrechtswidrig sind.

Schließlich ist nicht zu übersehen, daß der islamistische Terrorismus seit dem 11. September 2001 auch diffuse Ängste nährt, daß die Pflege und öffentlich Demonstration islamischer Sitten von Scham, Keuschheit und Frauenrollen auch Nährboden für die Entstehung islamistisch-terroristischer Sympathien und Verhaltensweisen sein kann, auch wenn die Wahrscheinlichkeit eines direkten Zusammenhangs zwischen Sympathie oder gar Unterstützung für den islamistischen Terrorismus und islamisch-kulturell motiviertem Tragen eines Kopftuches äußerst gering ist. Diffuse Ängste, daß unter zehntausend Kopftüchern eine Mutter einen Rekruten für Al Qaida heranziehen könnte, spielen offenbar eine gewisse Rolle dabei, daß der Kopftuchstreit in unseren Tagen besondere Brisanz erhalten hat. Die Bekämpfung islamischer Kultur als ein Rekrutierungsfeld für islamistische Politik in Europa und Nordamerika läßt sich dann leicht als Terrorismus-Prävention rationalisieren. Jedenfalls berufen sich die Anhänger des Kopftuchverbots überwiegend auf die islamistische politische Symbolfunktion des Kleidungsstücks, auch wenn sie insgeheim sich gegen die Ausbreitung des Islam und der Moslems in Europa insgesamt wehren wollen. In jedem Falle kann man davon ausgehen, daß die politisch-islamistische Deutung des Kopftuchs unter den Nichtmoslems wesentlich weiter verbreitet ist als unter den Moslems selbst. Gleichzeitig muß man annehmen, daß manche Moslems nur aus taktischen Gründen den politisch harmlosen Charakter des Kopftuchtragens als religiöse oder ethnische Sitte behaupten, es aber insgeheim als ein Politikum ansehen.

Mit Sicherheit haben die Kopftuchträgerinnen selbst ganz unterschiedliche, bisher kaum systematisch erforschte Motive für das Tragen eines Kopftuches, sei es aus eigenem freien Willen oder aus Respekt vor den Erwartungen der Familienangehörigen, sei es aus Angst vor den Sanktionen der persönlichen Umwelt oder gar wegen der gewaltsamen Einschüchterung durch politische Gruppierungen. Vermutlich folgen die kopftuchtragenden Musliminnen meist freiwillig und ohne die Ausübung von Zwang durch ihre Umwelt nur einer familiären oder teilgesellschaftlichen Tradition. Man trägt als anständige, gewöhnliche Frau das Kopftuch so selbstverständlich wie auch manch anderes Kleidungsstück. Recht häufig werden jedoch religiöse Begründungen für das Kopftuch vorgetragen, auch wenn das eigentliche Motiv ein ganz anderes sein kann, etwa herkömmliches Traditionsdenken oder die Stärkung des fraulichen oder ethnischen Selbstbewußtseins gegenüber den als belastend empfundenen

Assimilationserwartungen der Umwelt. Das Tragen wird oft nur religiös rationalisiert, weil die Religion den größten Freiheitsschutz genießt.

3 Ungleiche Modernisierung und Säkularisierung der christlichen und islamischen Gesellschaft

Die Auffassung vom religiös und konfessionell geprägten Staat ist längst nicht mit dem Ende der Religionskriege und der Modernisierung der Gesellschaft geschwunden. Allerdings hat sich in der modernen Gesellschaft der theokratische Regelungsanspruch für alle Lebensbereiche erheblich abgeschwächt, nicht nur in der christlichen, sondern teilweise auch in der islamischen, jüdischen, buddhistischen und in anderen Gesellschaften. Demgegenüber wird das eigentlich moderne Staatsverständnis durch zwei ganz unterschiedliche Auffassungen über das Verhältnis von Religion und Staat bestimmt, nämlich die vom religiös toleranten, multi- und interkonfessionellen Staat und die vom laizistischen Staat, der alles Religiöse in die privat-gesellschaftliche Sphäre verbannt. Der religiös tolerante Staat erkennt die Tatsache an, daß die meisten Menschen in der modernen Gesellschaft irgendeine Form der religiösen Verbundenheit besitzen und auch im öffentlichen Leben ausgedrückt sehen wollen. Der laizistische Staat, der Religion zur privat-gesellschaftlichen Sache zu machen versucht, ist ein historischer Kompromiß zwischen militantem Atheismus und Religionstoleranz, der sich im Zuge der französischen Revolution herausbildete: der Staat soll strikt atheistisch sein, die Gesellschaft kann religiös bleiben, gleichgültig, ob sie annähernd homogen-konfessionell oder multikonfessionell ist. Der militante Atheismus ist das Produkt eines Zweiges der Aufklärung, die die Herrschaft der Vernunft an die Stelle der Herrschaft des Glaubens als einer Variante der Unvernunft setzen wollte. Ein anderer Zweig der Aufklärung suchte in der Religion und in den unterschiedlichen konfessionellen Ausprägungen des religiösen Glaubens selbst das Wirken der Vernunft zu erkennen und vom Aberglauben zu scheiden. Diesem Zweig der Aufklärung standen Vernunft und Religion in keinem unversöhnlichen Gegensatz zueinander. Der militante atheistische Vernunftglaube obsiegte nach der französischen, im Ansatz demokratischen Revolution nochmals in der russischen, dem Anspruch nach sozialistischen Revolution.

In der islamischen Gesellschaft hat aus zahlreichen Gründen nur selten eine explizite Trennung von Staat und Religion stattgefunden, so daß dort areligiöse politische Bewegungen manchmal einen militant atheistischen Staat schufen, der die Religion auch im privat-gesellschaftlichen Bereich unterdrückte.

Allerdings hat auch in der islamischen Gesellschaft oft eine schleichende, wenn auch nicht explizite Säkularisierung und Aushöhlung oder Umdeutung der religiösen Normen und Sitten stattgefunden. Ursprünglich religiöse Sitten wurden oftmals zu areligiös-ethnischen Gebräuchen und sozusagen zu geronnenem Kulturgut. Religionshistorisch scheint das Kopftuch keineswegs allgemein in der islamischen Gesellschaft verbreitet gewesen zu sein und ist es heute auch nicht. Manche Autoren betonen, daß das Kopftuch erst seit dem 19. Jahrhundert in einigen Ländern eine theologische Untermauerung erfahren hat, gleichzeitig aber auch zum Symbol für ethnische und soziale Differenz und Geschlechtsrollen geworden ist. Für wirklich religiöse Menschen sind allerdings die Ausführungen im Koran zur Körper- und Kopfbedeckung von großer autoritativer Bedeutung. Dabei läßt sich die pseudoreligiöse, islamistische, ethno-, national- und weltpolitische Ausdeutung des Korans schwer von der wirklich religiösen unterscheiden.

Der Koran erwähnt nirgends ausdrücklich weder ein allgemeines Kopftuchverbot noch Einzelheiten der Haar- und Gesichtsverhüllung. Üblicherweise werden zwei oder drei, in der Geschichte des Islam ganz unterschiedlich interpretierte Sätze in der 24. und 33. Sure zur Begründung des Kopftuchgebots herangezogen. So heißt es in Sure 24, 31: „Und sprich zu den gläubigen Frauen, daß sie ihre Blicke niederschlagen und ihre Scham hüten und daß sie nicht ihre Reize zur Schau tragen, es sei denn, was außen ist, und daß sie ihren Schleier über ihren Busen schlagen und ihre Reize nur ihren Ehegatten zeigen oder ihren Vätern oder den … (aufgezählt werden einige Verwandtschaftsgrade) … oder ihren Dienern, die keinen Trieb haben, oder Kindern, welche die Blöße der Frauen nicht beachten." Sure 33, 59 lautet: „O Prophet, sprich zu deinen Gattinnen und deinen Töchtern und den Frauen der Gläubigen, daß sie sich in ihren Überwurf verhüllen. So werden sie eher erkannt (gemeint ist: als anständige Frauen) und werden nicht verletzt."

Ganz unabhängig von jeglicher historisch und philologisch verläßlichen und überzeugenden Koranexegese läßt sich ein national, regional und konfessionell ganz unterschiedlich Umgang mit dem Kopftuch in der langen Geschichte der muslimischen Gesellschaft beobachten, das häufig nach wechselnden politischen Regulierungsbedürfnissen anerkannt oder verworfen worden ist. So steht die Ausbreitung einer religiös begründeten Kopftuchpflicht in der islamischen Welt seit den 70er Jahren zweifellos im Kontext des zeithistorischen Auflebens des religiösen und politischen Islams und des weltweiten Niedergangs des Sozialismus und Kommunismus sowie der Eindämmung liberaler, demokratischer und aufgeklärter Denkweisen und ihrer universalen Geltungsansprüche. Es ist auch Reaktion auf die imperiale Machtentfaltung der USA und überhaupt der westlichen, marktwirtschaftlichen Demokratien in der muslimischen Welt. Auch das Fehlen oder Versagen moderner sozialstaatlicher Einrichtungen dürfte für die Attraktivität der sozialpolitischen Versprechen und auch Leistungen des Islamismus mitverantwortlich sein.

Die Ausbreitung des Kopftuchtragens in muslimischen Familien, in denen traditionell kein Kopftuch üblich war, hat somit vielfältige soziale, ethnonationale und auch weltpolitische Ursachen. Mit der Ausweitung der islamischen Immigration in Europa und der Verbreitung des Kopftuches unter den Immigrantinnen begann das Kopftuch auch ein Negativsymbol für unerwünschte Einwanderungs- und Einbürgerungspolitik sowie für eine als unzureichend angesehene Integrations- bzw. Assimilationsbereitschaft der Immigranten angesehen zu werden.

4 Marginalisierung von konservativen Moslems und Stimulierung des Islamismus als fatale Folge des Kopftuchverbots

Beschränkte sich die Politisierung des Kopftuches zunächst auf die wenigen Islamisten und die Anhänger eines Kopftuchverbotes, so wurde sie durch die Verrechtlichung des Kopftuchstreites und seine breite Resonanz rasch ausgeweitet. In Deutschland wurde mit dem Urteil des Bundesverfassungsgerichts vom 24. September 2003 zur Verfassungsbeschwerde der deutschen Muslimin afghanischer Herkunft Fereshta Ludin ein neues Stadium intensivierter Konfliktaustragung erreicht. Frau Ludin hatte fünf Jahre lang Beschwerde und Gerichtsprozesse gegen die Ablehnung ihrer Einstellung als Lehrerin durch das Land Baden-Württemberg geführt, das von ihr verlangt, in der Schule das Kopftuch abzulegen. Das Bundesverfassungsgericht erklärte die Ablehnung der Einstellung von Frau Ludin für rechtswidrig, wies aber gleichzeitig auf die Möglichkeit hin, daß die einzelnen Bundesländer aufgrund der föderalen Zuständigkeit für Schulangelegenheiten Gesetze beschließen können, die das Tragen von Kopftüchern oder anderen politischen oder religiösen Symbolen in Schule und Unterricht Dienst verbieten, sofern das Verbot alle Religionen gleich behandele. Das Urteil des Bundesverfassungsgerichts hat somit den Kopftuchstreit nicht beendet, sondern viel mehr auf eine allgemeinere, nunmehr größere öffentliche Aufmerksamkeit erzeugende Ebene gebracht, die das Kopftuch in Verbindung mit dem christlichen Kreuz, der jüdischen Kipa, dem Turban der Sikhs etc. bringt. Mit dieser Verallgemeinerung werden auch Männer vom Streit um religiöse Symbole im öffentlichen Amt betroffen. Kürzlich erstritt ein kanadischer

Ranger vor Gericht das Recht, anstelle des traditionellen breitkrempigen Huts einen Turban tragen zu dürfen.

In Deutschland wird bisher hauptsächlich um das Recht von Schullehrerinnen, also (noch) nicht Professorinnen und Kindergärtnerinnen, gestritten, im Schulgebäude und im Unterricht ein Kopftuch zu tragen. Da die vom Staat bezahlte Referendarzeit von angehenden Lehrern überwiegend als Teil der Ausbildungszeit und nicht als Berufstätigkeit angesehen wird, können Referendarinnen in deutschen Schulen jedoch weiterhin ein Kopftuch tragen. Diskutiert wird aber auch das Recht von Richterinnen, Staatsanwältinnen, Polizistinnen und anderen Beamtinnen, Angestellten und Arbeiterinnen im Öffentlichen Dienst, während ihrer Berufstätigkeit ein Kopftuch zu tragen oder nicht. In Deutschland steht noch nicht wie in der Türkei zur Debatte, ob Abgeordnete und Ministerinnen ein Kopftuch tragen dürfen. In Frankreich wie in der Türkei geht es nicht nur um das Recht von Lehrerinnen, sondern auch von Schülerinnen und Studentinnen, dieses Kleidungsstück auf dem Schul- oder Universitätsgelände zu tragen. Am 10. Februar d. J. beschloß die französische Nationalversammlung mit überwältigender Mehrheit aus allen großen Parteien ein Gesetz zur Durchsetzung der Laizität, das in Artikel 1 besagt: „An öffentlichen Schulen ist das Tragen von Zeichen oder Kleidungsstücken, mit denen die Schüler demonstrativ die Zugehörigkeit zu einer Religion manifestieren, verboten." Damit wird das Tragen von kleineren christlichen Kreuzen implizit erlaubt, das von Kopftüchern hingegen verboten. Schülerinnen und Lehrerinnen, die das Kopftuch nicht ablegen wollen, werden damit zum Besuch privater Schulen gezwungen.

Viel spricht dafür, daß das Gesetz in Frankreich das Gegenteil des Beabsichtigten erreicht, nämlich die gesellschaftliche und schulische Segregation von kopftuchtragenden und kopftuchlosen französischen Staatsbürgerinnen. Viele reiche Musliminnen werden wahrscheinlich gut ausgestattete, renommierte katholische Privatschulen besuchen. Für die armen kopftuchtragenden Musliminnen werden islamistische Organisationen, z. T. mit ausländischen Geldern, die auch aus dem Erdölverbrauch laizistischer Franzosen herrühren, islamische Privatschulen errichten. Die staatliche Schule degeneriert tendenziell zur Schule für Laizisten und solche Armen, die sich aus wirtschaftlicher Not äußerlich dem staatlichen Zwang unterwerfen. Für streng traditionell oder religiös denkende Muslime wird der Besuch einer staatlichen Schule zum Ausweis von Charakterlosigkeit. Nicht die Einheit der Gesellschaft ist dann das Ergebnis des Kopftuchverbots, sondern im Gegenteil ihre Spaltung und Polarisierung.

Nach dem Urteil des Bundesverfassungsgerichts machten sich die Regierung des Landes Baden-Württemberg und einiger anderer Bundesländer sofort daran, entsprechende Gesetzesentwürfe in die Landesparlamente einzubringen und brachten damit den Kopftuchstreit in die allgemeine politische Diskussion in den Parlamenten, zwischen und in den Parteien. Lediglich die CDU/CSU zeigt eindeutig eine Präferenz für das Kopftuchverbot.

Ein Kopftuchverbot im öffentlichen Raum bleibt kaum ohne Konsequenzen für den gesellschaftlich-wirtschaftlichen Bereich. Es wurden bereits Arbeitsprozesse gegen Firmen geführt, die Kopftuchträgerinnen aus Stellungen mit Kundenkontakt entlassen oder auch nur in den kundenfernen Innendienst versetzt haben, weil sie meinten, daß das Kopftuch ihrer Beschäftigten erhebliche Folgen für das Kundenverhalten und damit geschäftliche Einbußen zur Folge haben könnte. Auch wenn der ausdrückliche Entlassungsgrund des Kopftuchtragens weiterhin keinen Bestand vor Arbeitsgerichten haben dürfte, so ist das Einstellungs- und Entlassungsverhalten von Unternehmen nicht durch und durch justiziabel. Wenn ein staatliches Kopftuchverbot – in anderen Ländern ein Kopftuchgebot - durch erhebliche Teile der Gesellschaft gefordert und gebilligt wird, dann ist es unwahrscheinlich, daß das staatliche Vorbild nicht in erheblichen Teilen der Wirtschaft und Gesellschaft nachgeahmt wird. Wer das Kopftuch aus den Schulen und staatlichen Amtsräumen verbannen will, muß in Kauf nehmen, daß es höchstwahrscheinlich auch aus den Schalterräumen der Banken, von den Kassen der Kaufhäuser, von den Theken der meisten Einzelhändler verbannt bleibt oder werden wird. Das staatliche Berufsverbot für Kopftuchträgerinnen erzeugt also mit großer Sicherheit eine geschlechtsspezifische Arbeitslosigkeit bzw. eine Verdrängung von Kopftuchträgerinnen auf gesellschaftlich marginale und niedrig geschätzte und bezahlte Arbeitsplätze. Damit wird die soziale und politisch-kulturelle Integration von religiös-kulturellen Moslems beträchtlich erschwert; die an den Rand der Gesellschaft Gedrängten werden unvermeidlich Ressentiments gegen die gesellschaftliche und politische Ordnung des Gastlandes oder der neuen Heimat hegen. Im Extremfall dient die rechtliche und gesellschaftliche Diskriminierung der Kopftuchträgerinnen gar der Förderung gewaltsamer Opposition gegen das bestehende „System".

5 Kopftuchtoleranz als Mittel zur gesellschaftlichen und politischen Integration konservativer Moslems

Die Alternative zur Marginalisierung kopftuchtragender Musliminnen wäre eine Strategie zur Entpolitisierung des Kopftuches durch seine gesellschaftliche Toleranz bei gleichzeitiger Bekämpfung islamistischer Tendenzen, die das

Kopftuch politisch instrumentalisieren. Dies heißt, eine Kluft zwischen religiösen und sittenstrengen Moslems und islamistischen Dogmatikern herbeizuführen, anstatt erstere in die Arme der Islamisten zu treiben, denen das Berufsverbot für kopftuchtragende Musliminnen einen willkommene Gelegenheit zur Agitation bietet. In jedem Falle wären Untersuchungen sinnvoll, die die Motive und Absichten der Kopftuchträgerinnen ebenso wie die Reaktionsweisen von Schulerinnen und Schülern, insbesondere von muslimischen, auf das Tragen von Kopftüchern erkunden. Würden sehr viele muslimische Frauen das Kopftuch nur widerwillig und auf Druck ihrer Familie und Freunde tragen, also ein Kopftuchverbot insgeheim als eine Unterstützung ihres individuellen Emanzipationsbestrebens ansehen können, so sollte man nicht zögern, das Kopftuch zu verbieten. Das Kopftuch scheint jedoch überwiegend freiwillig und unter Anerkennung der Verhaltenserwartungen der Familie getragen zu werden, hin und wieder sogar gegen den Willen der Brüder, Lebenspartner oder Väter. Würde das Kopftuchtragen von Lehrerinnen in muslimischen Familien dazu beitragen, auf Mädchen Zwang nicht nur zum Kopftuchtragen, sondern auch zum sonstigen die Menschenwürde verletzenden Verhalten ausüben, so wäre ein Kopftuchverbot viel eher in Betracht zu ziehen, als im Falle der Unabhängigkeit solchen Zwanges von vermeintlichen schulischen Vorbildern für die Unterdrückung von Frauen und Mädchen. Umgekehrt könnten sozial erfolgreiche, verfassungspolitisch und gesellschaftlich emanzipierte Kopftuchträgerinnen als Vorbilder für eine moderne Evolution des konservativen islamischen Milieus dienen. Es kommt nicht auf das Kopftuch, sondern das Verhalten seiner Träger an.

Sollte die Untersuchung ergeben, daß das Kopftuch überwiegend von seinen Trägerinnen als ein religions-, ethnonational- oder missionarisch-sittliches Symbol für eine menschenrechtswidrige Frauen- und Geschlechterpolitik eingesetzt wird, unter Umständen gar in einer uniformen Farbe, Schnittform und Trageweise, so wäre ebenfalls ein Kopftuchverbot in Betracht zu ziehen. Der Mißbrauch des Kopftuches für menschenrechtswidrige Zwecke durch einzelne Organisationen und Trägerinnen sollte hingegen kein Vorwand für ein Kopftuchverbot sein. Die Tatsache, daß manche Sozialdemokraten rote und manche Freidemokraten gelbe Kleidungsstücke bevorzugen und hier und da demonstrativ auch in der Schule tragen, sollte ja auch nicht zum Verbot politisch besetzter Farben bei der Kleiderwahl des Lehrpersonals führen. Nur in den Fällen, in denen das Kleidungsstück zur politischen Agitation genutzt wird, sollte disziplinarisch eingeschritten werden. Dabei muß die erkennbare Absicht des Trägers des Kleidungsstücks entscheidend sein, nicht die Empfindlichkeiten derjenigen, die bei einem roten Kleidungsstück rot und beim Kopftuch einen islamistischen

Einfluß sehen. Rechtsradikale bekunden bekanntlich ihre Gesinnung oft durch Glatzköpfigkeit. Es wäre nicht abwegiger, den Rechtsradikalismus durch ein Perückengebot für kahlköpfige Lehrer bekämpfen zu wollen als den islamistischen Fundamentalismus durch ein Kopftuchverbot für Lehrerinnen.

Eine weitere Untersuchung müßte klären, wie Schüler und Schülerinnen auf das Kopftuch von Lehrerinnen reagieren. Anscheinend haben sehr viele Schülerinnen und Schüler kein Problem, Kopftücher als Ausdruck individueller Lebensauffassung von Lehrerinnen zu tolerieren, wie sie auch sonstige Eigenarten von Lehrern hinzunehmen gewohnt sind. Schülerinnen und Schüler lernen es auch zu ertragen, wenn Lehrer und Lehrerinnen ihnen Gesichter zeigen, die ihnen zuvor auf den Plakaten und Broschüren politischer Parteien begegnet sind und für ein bestimmtes politisches Programm stehen. Die optische Präsenz politischer, ethnischer, religiöser Vielfalt einer demokratischen Gesellschaft auch in der Schule läßt sich durchaus mit der Verbannung politischer, ethnischer und religiöser Propaganda und Indoktrination vereinbaren. Kopftuchträgerinnen sollten als ein ganz wesentlicher Schritt zur gesellschaftlichen Integration von Zugewanderten und Eingebürgerten in den Schulen willkommen geheißen werden, denn sie können als Vorbilder einen wichtigen Beitrag zur freiheitlich-demokratischen Sozialisation, zur Bildung und zum sozialen Leistungs- und Aufstiegswillen der eingewanderten Bevölkerung leisten. Denn diese stammt überdurchschnittlich aus weniger gebildeten Familien, die nicht nur in traditionellen Sitten und Geschlechterverhältnissen, sondern auch in autoritären oder diktatorischern Staaten aufgewachsen sind. Die Anerkennung der neuen religiös-ethnischen Vielfalt und ihrer Symbole in der Gesellschaft läßt sich als Voraussetzung zur erfolgreichen politischen und sozialen Integration der neuen Minderheiten begreifen; erzwungene und symbolische, aber letztlich mißlingende Assimilation könnte hingegen die soziale und politische Marginalisierung der Einwanderer befördern und eine Brutstätte für zukünftige ethnonationale Konflikte in Deutschland und Europa schaffen.

Hinter dieser Vorgehensweise steht die Überlegung, daß das Haartuch als ein zulässiges Kleidungsstück behandelt wird wie viele andere, aus anderen Ländern übernommene auch. Würde der Gesetzgeber festsetzen wollen, daß nur solche Lehrerinnen ein modernes, freiheitlich-demokratisches Verständnis von Menschenwürde, Geschlechterbeziehungen, Frauenemanzipation, Sexualität, Grundrechte der Schüler als Adressaten des Unterrichts kenntlich machen, die bereit sind, ihre Waden und Knie zu entblößen und im kniefreien Rock zu unterrichten, so würde ein entsprechendes Gesetz sicherlich als ein unverschämter politischer Eingriff in die Persönlichkeitsrechte und die Intimität der Frauen angesehen werden. Sicher wird man nicht behaupten können, daß jede

Lehrerin, die keinen kniefreien Rock trägt, Vertreterin einer rückständigen Sexualmoral und eines grundgesetzwidrigen Verständnisses von Freiheit und Geschlechterbeziehungen ist. Unsere Gesellschaft duldet recht problemlos, daß manche Lehrerinnen ihre Waden und Knie nicht vor Schülern entblößen wollen und durch lange Hosen oder Röcke verhüllen, warum soll sie es nicht lernen zu dulden, daß manche Frauen ihre Kopfhaare nicht vor Schülern und Lehrerkollegen entblößen möchten. Zweifellos wirken weibliche Haupthaare auf viele Männer attraktiv. Manche Frauen wollen das Kopftuch dazu einsetzen, daß sie die Aufdringlichkeit von manchen Männern abwehren wollen, manche Frauen tragen deshalb keine kurzen Röcke oder andere Kleidung, die die weiblichen Körperformen betonen. Man mag solche Lehrerinnen für prüde halten, aber solche Kleidungsformen sind nicht verfassungsfeindlich.

Es gilt aber auch eine ganze Reihe von Maßnahmen zu ergreifen, die dem Mißbrauch der Kopftuchduldung für islamistische Zwecke entgegenwirken können. Dazu könnten z. B. die Einrichtung von Frauen- und Mädchenhäusern für von ihrer Familie drangsalierte Musliminnen gehören, die gezwungen werden sollen, ihre in einer demokratischen Gesellschaft üblichen Freiheiten und Rechte nicht in Anspruch zu nehmen, unabhängig davon, ob sie ein Kopftuch tragen wollen oder nicht. Dazu könnten ferner Bekundungen der Verbundenheit zwischen demokratischern, kopftuchlosen und kopftuchtragenden Musliminnen gehören. Hilfreich wären auch öffentliche Erklärungen von Kopftuchträgerinnen gegen den Kopftuchzwang in einigen Staaten und gegen das Verlangen, in anderen Ländern wie der Türkei die Kopftucherlaubnis als Vorstufe zum Kopftuchzwang einzuführen.

Die große Zahl immigrierter Araber in Frankreich, Türken in Deutschland und Pakistaner sowie Inder in Großbritannien hat umfangreiche ethnoreligiöse Gemeinden in Westeuropa entstehen lassen, die mit größter Wahrscheinlichkeit nicht mehr christlich und damit auch nicht mehr ethnofranzösisch, ethnodeutsch und ethnoangelsächsisch assimiliert werden können, auch wenn die sprachliche Assimilation der Zuwanderer gelingen sollte. Soziale und politische Integrationserwartungen und der Druck zur Übernahme des Deutschen als landesübliche Kommunikationssprache (nicht als Muttersprache) müssen deutlich von illusionären und verderblichen Assimilationsansprüchen geschieden werden. Mit anderen Worten: soziale und verfassungspolitische Integration sollte durch die Toleranz ethnoreligiöser und kultureller Differenz gefördert werden. Die Toleranz des Kopftuches kann durchaus ein wichtiges Symbol solcher Integrationspolitik sein.

6 Das Kopftuchverbot als Mittel zur Verdrängung wirklicher Integrationsaufgaben

Wenig spricht dafür, daß sich die skizzierte Integrationspolitik, die Kopftuchträgerinnen als Mütter und Erzieherinnen für eine wirkungsvolle soziale und verfassungspolitische Integration unter Duldung ihrer religiös-sittlichen Bedürfnisse und für die Gleichberechtigung der Geschlechter zu gewinnen trachtet, in absehbarer Zeit in den deutschen und europäischen Parteien mehrheitsfähig wird. Somit ist mit einer Zunahme des Berufsverbots nicht nur für islamistische, sondern auch für konservativ-religiöse Musliminnen in Europa zu rechnen. Das föderalistische Deutschland dürfte in Kopftuch-Länder (Kt-Länder) und in kopftuchlose Länder (Ktl-Länder) gespalten werden, was die Schulen oder den gesamten öffentlichen Dienst angeht. Baden-Württemberg hat jüngst als erstes Land das Kopftuch von Lehrerinnen per Gesetz verboten, Niedersachsen ist vor wenigen Tagen seinem Beispiel gefolgt. Bayern und Hessen bereiten ebenfalls entsprechende Gesetze vor. Die fünf neuen Bundesländer, Hamburg und Rheinland-Pfalz gehören zu den kopftuchtolerierenden Ländern, die übrigen fünf Länder sind noch unentschieden. Mit einiger Wahrscheinlichkeit werden jedoch Gesetze, die eine Privilegierung christlich-jüdischer Symbole in oder auf der Kleidung beinhalten, nicht Bestand vor dem Bundesverfassungsgericht haben. Die das Kopftuchverbot anstrebenden CDU/CSU-Regierungen stehen dann vor dem Problem zu entscheiden, was ihnen wichtiger ist: die Beibehaltung christlicher Symbole unter Inkaufnahme islamischer, wozu der Vatikan und hochrangige Vertreter des Judentums zu neigen scheinen, oder das Kopftuchverbot unter Inkaufnahme der Verbannung sichtbarer christlicher Symbole von den Körpern staatlicher Beschäftigter. Das dürfte eine nicht unerhebliche Zerreißprobe für die beiden Parteien werden.

Sollte das Kopftuchverbot in einigen Bundesländern bis zu einer mit Sicherheit angestrengten Gesetzesüberprüfung durch das Bundesverfassungsgericht rechtskräftig bleiben, so entsteht ein neuerliches Problem. Landesgesetze zum allgemeinen religiösen oder auch zum spezifisch islamischen Symbolverbot in den Schulen sind abhängig von parlamentarischen Mehrheiten. In einer Demokratie können solche wechseln. Das Verbot religiöser Symbole im manchem öffentlichen Raum könnte von Legislaturperioden mit dieser oder jener Mehrheitskonstellation abhängig werden. Daraus würde Rechtsunsicherheit für bereits eingestellte und verbeamtete Kopftuch- und Kreuzträgerinnen entstehen, oder es entstünde die Situation, daß Beamtengenerationen mit und ohne Kopftuch entstehen würden. Die Forderung nach gleichen Lebensverhältnissen in

der Bundesrepublik zwänge das Bundesverfassungsgericht, von der föderalis-
musfreundlichen Entscheidung des September 2003 abzugehen.

Unabhängig von der Rechtsfrage entsteht nach der Einbürgerung weiterer
Hunderttausender wahlberechtigter Muslime und der Entchristlichung der Gesellschaft für die CDU/CSU das Problem, ob dies auf die Dauer Folgen nicht
nur für das politische Programm, sondern auch für den Namen der konservativen, teils auch liberalen und sozialen Partei haben muß, will sie nicht ihr Wäh-
lerpotential strukturell beschneiden. Nach der Wahl 2002 wurde bereits gesagt,
daß die schon über hunderttausend Turkdeutschen die ausschlaggebenden
Stimmen für die grünrote Koalition und für den Ausschluß der PDS aus dem
Bundestag (im Berliner Stimmbezirk Kreuzberg-Friedrichshain) abgegeben
hatten. Strukturell dürften die Turkdeutschen wie die meisten Zuwanderer eher
konservativ als linksliberal und sozialliberal eingestellt sein. Sie werden nur solange für eher linke Parteien stimmen, solange diese in der Lage scheinen, ihren
rechtlichen Status dem der alteingesessenen Bürger anzugleichen. Erfolgsorien-
tierte Parteistrategen der CDU/CSU werden darauf drängen, erst die faktische
rechtliche und auch parteipolitische Integration von Muslimen in den Staat und
in die CDU/CSU zu betreiben, was zur Umwandlung in eine konservative,
soziale und liberale, multikonfessionelle Volkspartei und irgendwann auch zu
ihrer Umbenennung führen würde.

Die moderne Gesellschaft ist keine homogene Gesellschaft, sondern besteht aus Hunderten von Parallel- oder Teilgesellschaften, die nur teilweise miteinander zur Gesamtgesellschaft vernetzt sind. Vielerorts leben Katholiken und
Protestanten, Adelige und Industriearbeiter, Manager und Arbeitslose, Homo-
sexuelle und Heterosexuelle, Sporttreibende und Sportenthaltsame weitestgehend getrennt. Die getrennte Lebensweise von muslimischen Familien, in denen
die Frauen und Mädchen Kopftücher tragen, ist an sich gefährlicher für den
Zusammenhalt der Gesellschaft als die getrennte Lebensweise von Mönchen
und Nonnen. Entscheidend für den Zusammenhalt der Gesamtgesellschaft sind
allerdings Überlappungen der Teilgesellschaften, vor allem aber die Beachtung
grundlegender gesamtgesellschaftlicher, verfassungskonformer Verhaltensnor-
men durch die meisten Mitglieder der vielen „Teilgesellschaften" oder „Parallelgesellschaften", die in jeder modernen Gesamtgesellschaft existieren. Da viele
muslimische Einwanderer aus nichtdemokratischen, vormodernen Gesellschaften stammen, besteht für sie zweifellos ein besonderes gesellschaftliches Integ-
rationsproblem, das sowohl die Integrationsfähigkeit der Mitglieder der einge-
sessenen Gesellschaft als auch die der Zuwanderergesellschaft herausfordert.

Noch ist unklar, wie die Musliminnen auf ein stabiles oder fragiles Kopftuchverbot reagieren werden. Wie die meisten Menschen dürfte die Mehrzahl

unter ihnen nach Opportunitätsgesichtspunkten sich der jeweiligen Rechtslage anpassen und einen erstrebten Arbeitsplatz dem Festhalten am Kopftuch vorziehen. Andere werden in solche Bundesländer umziehen, die ihnen die Vereinbarkeit von Kopftuch und Beruf ermöglichen. Eine Minderheit charakterstarker Prinzipialisten unterschiedlichster Art – liberale Menschenrechtlerinnen ebenso wie rigide Islamistinnen – werden hingegen mit erheblicher männlicher Unterstützung den legalen, politischen und möglicherweise auch zivil-gewaltfreien Widerstand oder auch den gewaltsam-terroristischen Kampf gegen das als diskriminierend empfundene Kopftuchverbot fortsetzen oder gar erst eröffnen.

Deutschland – ständiges Sicherheitsratsmitglied? Zu den Bemühungen um eine Reform der Vereinten Nationen[3]

Zusammenfassung

Anläßlich des 60. Jahrestages der Gründung der Vereinten Nationen gab es einen intensivierten Versuch zur Erweiterung des VN-Sicherheitsrates, an der Deutschland seit über einem Jahrzehnt sein Interesse bekundet. Dieser Versuch ist gescheitert und wird auch in nächster Zukunft kaum Erfolg haben.

Konsens besteht lediglich darüber, daß die Zahl der Mitglieder des Sicherheitsrats erhöht und die geographische Verteilung der Sitze repräsentativer gestaltet werden sollte. Weitreichende Übereinstimmung bestand bereits über die Aufnahme Indiens, Japans, Deutschlands, Brasiliens und zweier afrikanischer Staaten als ständige Mitglieder des Sicherheitsrates sowie von drei oder vier zusätzlichen nichtständigen Mitgliedstaaten. Doch unklar blieb, welche afrikanischen Staaten bevorzugt werden sollten (Südafrika, Nigeria, Ägypten), vor allem aber, ob und wann die neuen ständigen SR-Mitglieder ein Vetorecht erhalten oder gar, ob die alten ihr Vetorecht aufgeben oder einschränken sollten.

Alle Regierungsparteien des vereinten Deutschlands befürworten die Erlangung eines ständigen Sitzes im VN-Sicherheitsrat, ohne großen Rückhalt dafür in der Bevölkerung zu besitzen oder anzustreben. Aber in der Wissenschaft und Öffentlichkeit wird darin eine Renationalisierung deutscher Weltpolitik gesehen; demgegenüber wird die Reduzierung auf einen einzigen „europäischen" Sitz im SR befürwortet.

Da eine Charta-Revision außerordentlich schwierig ist, hat sich das VN-System bisher vor allem durch eine dynamische Auslegung der Charta und die Gründung zahlreicher neuer Unterorgane, Sonderorgane und Sonderorganisationen teilweise den jeweils neuen Anforderungen angepaßt. Hier liegt auch die Chance aussichtsreicher Reformbestrebungen in der übersehbaren Zukunft. Die Legitimität von Entscheidungen des SRs kann durch die Schaffung neuer Hilfs-

---

[3] Der Vortrag wurde am 5. Dezember 2005 gehalten. Um das Thema ist es in den letzten Monaten ruhig geworden. Die erörterten Positionen werden jedoch bei nächster Gelegenheit erneut ausgefochten werden.

organe nach Art. 29, durch die stärkere Inanspruchnahme von regionalen Abkommen und Organen nach Art. 52 und 53 und durch das stärkere Engagement der Generalversammlung nach Art. 10-12 der VN-Satzung erheblich gestärkt werden, wodurch auch Nichtmitglieder des SRs an der Entstehung seiner Entscheidungen beteiligt werden können. In einem Unterorgan des SRs für friedenserhaltende und friedenskonsolidierende Aktionen könnten sowohl die Hauptfinanziers als auch die Truppen, Polizisten und ziviles Personal bereitstellenden Staaten Mitwirkungsrechte bei der Vorbereitung von Friedenseinsätzen des SRs erhalten. Deutschland hat als Weltwirtschaftsmacht zahlreiche ungenutzte Möglichkeiten, seinen großen Einfluß in die Politik der VN einzubringen, Bedrohungen des Friedens vorzubeugen und sie zu beseitigen und Brüche des Friedens sowie Angriffshandlungen zu vereiteln.

1 Erhöhung der Legitimität und Effizienz des Sicherheitsrates durch neue ständige (mit oder ohne Veto-Recht) und nichtständige Mitglieder?

Seit Jahrzehnten wird über eine Veränderung der Struktur und Kompetenzen des Sicherheitsrates der Vereinten Nationen gestritten, von Regierungen und Regierungsvertretern ebenso wie von anderen Politikern, von Publizisten und Wissenschaftlern. Dieser Streit ist jedoch niemals zu einem herausragenden Thema der Weltpolitik oder der Innenpolitik in den Staaten dieser Erde geworden, obwohl der VN-Sicherheitsrat das Hauptorgan der Staatenwelt und der Menschheit zur Aufrechterhaltung und Wiederherstellung des Weltfriedens und der internationalen Sicherheit darstellen soll.

Bei der Gründung der Vereinten Nationen bestand der VN-Sicherheitsrat aus 11 von 51 Mitgliedstaaten, also mehr als einem Fünftel derselben. Die fünf ständigen Mitglieder mit dem sogenannten Veto-Recht stellten immerhin fast zehn Prozent der Mitgliedschaft dar. Sie besaßen als alliierte Siegergroßmächte gegen die Mittelmächte eine hohe Autorität in der damaligen Welt. Seither hat sich das internationale System erheblich verändert. Aus den Kolonien wurden selbständige Staaten. Sie wurden seit 1945 ebenso Mitglieder der VN wie die ehemaligen Feindstaaten, die neutralen Staaten und die Kleinststaaten, die alle ursprünglich nicht Mitglieder der VN werden konnten. Heute gibt es fast viermal so viele Mitgliedstaaten wie 1945, nämlich 191. Die Mitgliederzahl im Sicherheitsrat wurde hingegen nur einmal, im Jahre 1965, um vier nichtständige Mitglieder erhöht, so daß heute nur 7,9 % – gegenüber ursprünglich 21,6 % -

der Mitglieder vertreten sind. Bezogen auf die Bevölkerungszahl sind im Jahre 2005 aber immerhin 38 % der Weltbevölkerung im Sicherheitsrat vertreten.

Die Zusammensetzung des Sicherheitsrates gilt vor allem aus zwei Gründen nicht mehr als repräsentativ und wenig legitimiert, für alle Staaten und die Menschheit wichtige Entscheidungen über Frieden und internationale Sicherheit zu treffen. Zum einen sind Asien und insbesondere Lateinamerika und Afrika im SR eindeutig unterrepräsentiert und werden unter den ständigen Mitgliedern nur durch die VR China vertreten, so daß im SR die europäisch-nordamerikanischen Staaten den Ton angeben. Zum anderen sind die ehemaligen Feindstaaten Japan und Deutschland inzwischen stabile Demokratien und als die Weltwirtschaftsmächte Nr. 2 und 3 neben den USA auch die Hauptfinanziers der Vereinten Nationen, die 19,5 und 9,7 % zum ordentlichen Haushalt der VN beitragen, also fast ein Drittel. So ist es nicht verwunderlich, daß seit Jahrzehnten über eine Erweiterung des SRs mit oder ohne Zusammenhang mit anderen Vorschlägen zur Revision der VN-Satzung diskutiert wird, unter den interessierten Experten ebenso wie unter den Regierungen. 1994 setzte die Generalversammlung schließlich eine Arbeitsgruppe zur Frage der ausgewogenen Vertretung und der Erhöhung der Zahl der Mitglieder des Sicherheitsrates ein, die mit offenen Ende diese Frage erörtern sollte. Anläßlich des 60. Jahrestagung der Gründung der Vereinten Nationen in diesem Herbst gab es ernsthafte Versuche, eine Einigung über eine VN-Reform und Charta-Revision einschließlich der Erhöhung der Mitgliederzahl und der Veränderung der Kompetenzen des VN-SRs zu erlangen. Die in der Charta verankerte hohe Hürde für Satzungsänderungen – zwei Drittel der Stimmen der Generalversammlung, Ratifizierung der Änderung durch zwei Drittel aller Staaten einschließlich der ständigen SR-Mitglieder – konnte nicht überwunden werden, sei es aufgrund des Einspruchs einzelner ständiger SR-Mitglieder, sei es aufgrund der Ablehnung mancher Vorschläge durch eine zu starke Minderheit afrikanischer und anderer Staaten.

Die deutsche wissenschaftliche und öffentliche Diskussion über die SR-Erweiterung unterscheidet sich erheblich von der weltweiten. Alle bislang fünf zeitweilig regierenden Parteien im vereinten Deutschland, also CDU, CSU, FDP, SPD und Grüne, verfolgen das Ziel, für Deutschland einen ständigen Sitz im Sicherheitsrat zu erlangen, wobei es recht zurückhaltend, nicht auftrumpfend verfolgt und auch kaum die Öffentlichkeit dafür mobilisiert wird. Auch der Anspruch auf ein Vetorecht wird nicht offensiv vertreten. Ein Teil der Wissenschaft und der politischen Öffentlichkeit ist durchaus kritisch gegenüber dem zwischen den Regierungsparteien konsensualen Streben nach einem ständigen SR-Sitz eingestellt. Manche fürchten grundsätzlich deutsches Großmachtstreben und eine stärkere Verwicklung Deutschlands in die Weltmilitärpolitik, die deutsche Soldaten und indirekt auch deutsche Zivilisten leichter zu Opfern ausländischer Gewalt machen könnte. Andere wollen lieber eine egalitäre Struktur des internationalen Systems und eine Aufwertung der Länder des Südens. Schließlich wird oftmals ein ständiger Sitz eines dritten EU-Mitgliedes als im Widerspruch zur Integration der europäischen Außen- und Sicherheitspolitik angesehen; Frankreich und Großbritannien sollten lieber einen ihrer Sitze aufgeben und den anderen der EU zur Verfügung stellen. Eine solche Regelung ist jedoch nicht realisierbar, da die VN nur souveräne Staaten und nicht Staatenbündnisse als VN-Mitglieder anerkennt.. Eine rechtliche Bindung der französischen Stimmabgabe an vorherige europäische Beschlüsse zur Friedens- und Sicherheitspolitik ist aber auf unabsehbare Zeit völlig unrealistisch und wäre auch kaum praktikabel im Hinblick auf die Dringlichkeit mancher SR-Entscheidungen.

Der Streit um die Veränderung des Sicherheitsrates dreht sich um folgende Fragen: 1. Welche Änderungen sind erforderlich, um den Sicherheitsrat zu befähigen, seine Aufgabe der Aufrechterhaltung und Wiederherstellung des Weltfriedens und der internationalen Sicherheit besser wahrzunehmen? 2. Welche Änderungen können die Legitimität der Entscheidungen des SRs erhöhen, d. h. sowohl von deren Akzeptanz in der Staatengemeinschaft als auch in der Weltöffentlichkeit? 3. Wie kann die Repräsentanz der Vielfalt der Staaten, Völker und Regionen im SR erhöht werden? 4. Durch welche Veränderungen können bestimmte nationale Interessen besser im Sicherheitsrat zur Geltung kommen? Die 4. Frage steht meist im krassen Widerspruch zu den ersten drei Fragen; sie beherrscht aber das vorherrschende politische Denken in allen mächtigeren Staaten. In der ersten Frage wie in der vierten, indirekt auch in der zweiten ist eine 5., eher operationale Frage enthalten, nämlich die Frage nach der Zukunft des Vetorechts einzelner Staaten oder umgekehrt nach bloßen Mehrheitsentscheidungen im Sicherheitsrat.

2 Beharren auf einer Charta-Revision oder pragmatische Reform durch eine Veränderung der Arbeitsweisen und der Charta-Interpretation

Der Streit um die Reform der Vereinten Nationen und insbesondere des Sicherheitsrates verläuft auf der Ebene der Vertretungen der Länder bei der VN und in den Organen und Arbeitsgruppen der VN ganz anders als in den einzelnen Ländern, in denen die Diskussion überwiegend die nationalen Interessen zur Sprache bringt. Auch in Deutschland stehen teilweise ganz andere Standpunkte zur VN- und SR-Reform zur Debatte als auf der New Yorker Ebene.

Strittig war lange auf der VN-Ebene die angestrebte Gesamtzahl der Mitglieder des SRs, die noch eine hinreichende Entscheidungsfähigkeit dieses VN-Organs ermöglichen sollte. Zur Debatte standen vor allem die Zahlen 21, 24 und 25, aber auch höhere. Ferner lagen Vorschläge vor, den neuen ständigen Mitgliedern (vorgeschlagen wurden vor allem die Zahl 6) kein Vetorecht oder eines erst nach fünfzehn Jahren zu gewähren. Nach anderen Vorstellungen sollten für einige SR-Mitglieder längere Perioden als die bisherigen zwei Jahre bei der Mitwirkung im SR eingeräumt werden, z. B. sechs Jahre. Andere Vorschläge wollten das Vetorecht ganz abschaffen oder einschränken. Zuletzt schien der Vorschlag konsensfähig, Japan, Deutschland, Indien, Brasilien und zwei afrikanische Staaten – bis zuletzt gab es keine Einigung, ob das Südafrika, Nigeria oder Ägypten sein sollten – als ständige SR-Mitglieder aufzunehmen. Doch es konnte weder eine Einigung über die afrikanische Vertretung im SR noch über den Kompromiß zwischen den beiden Maximalvorstellungen des sofortigen vollen und des zu versagenden Vetorechts, den neuen ständigen Mitgliedern erst nach 15 Jahren ein Vetorecht zuzubilligen, erzielt werden.

Jede Veränderung der Zusammensetzung bedeutet eine reale Machtverschiebung in der internationalen Politik, oftmals aber auch nur eine symbolische, die Prestigebedürfnisse befriedigen würde. Die derzeitigen fünf ständigen SR-Mitglieder haben kein Interesse, ihr Vetorecht abzutreten, und oft nur ein geringes Interesse, bestimmten einzelnen oder allen neuen ständigen SR-Mitgliedern das gleiche Privileg zuzugestehen. Unterlegene Mitbewerber um die neuen Sitze von ständigen Mitgliedern wie Pakistan, Italien, Indonesien, Argentinien neigen ebenfalls zu einem Nein bei der informellen Vorklärung ihres Stimmverhaltens bei konkreten Erweiterungsvorschlägen. Kleine und mittlere Staaten lehnen oft die Vetorechte neuer wie alter ständiger SR-Mitglieder gänzlich ab und fordern die Gleichheit aller Staaten. Somit könnte man überspitzt sagen, alle sind für eine Erhöhung der Mitgliederzahl des SRs, aber jeder ist für eine andere Zahl und für andere Kompetenzverteilung im SR.

Hier müssen nicht die zahlreichen Vorschläge der einzelnen Staaten und Staatengruppen zu unterschiedlichen Zeitpunkten vorgestellt werden, die alle wenig oder mehr Beifall gefunden haben, denn alle haben keine ausreichende Zustimmung erhalten, um eine Revision der VN-Charta zu ermöglichen.

Es spricht sehr wenig dafür, daß in absehbarer Zukunft eine Konstellation entstehen könnte, die einen Änderungsvorschlag hervorbringen könnte, der für sowohl zwei Drittel der 191 VN-Mitglieder als auch für die fünf ständigen SR-Mitglieder annehmbar wäre.

Auffallend an der Diskussion ist, daß in ihr die Verfechtung nationaler Interessen an Status- und Prestige-Erhöhung absolut überwiegt. Eine gewisse Bedeutung haben auch Vorstellungen von einer ausgewogenen regionalen, hin und wieder auch einer makroethnisch-kulturellen und religiös-kulturellen Repräsentation der Staaten und Völker, vor allem bei der Forderung nach einer Beendigung der „westlichen", atlantischen oder europäisch-nordamerikanischen Hegemonie im Sicherheitsrat. Aus der Größe des Sicherheitsrats und der regional ausgewogeneren Verteilung der Sitze in ihm wird häufig auch auf eine größere Legitimität der Entscheidungen des SRs geschlossen, ohne die Frage aufzuwerfen, ob alle oder einige der SR-Mitglieder selbst legitime, vom Volk des jeweiligen Landes gebilligte und autorisierte Friedens- und Sicherheitspolitik betreiben. Als „Demokratisierung" der Vereinten Nationen wird dann in höchstfragwürdiger Weise die egalitäre Vertretung der Staaten und Staatengruppen nach dem Prinzip „ein Staat – eine Stimme" angesehen, unabhängig davon, ob der Staat 20.000 oder über eine Milliarde Staatsbürger hat. Die radikalste Position des Staatenegalitarismus wäre die Abschaffung des SRs und die Übertragung seiner Kompetenzen an die Generalversammlung, die mit absoluter oder qualifizierter Mehrheit Entscheidungen über die Aufrechterhaltung oder Wiederherstellung des Weltfriedens und der internationalen Sicherheit treffen könnte. Eine solche Position liegt jedoch aus mehreren Gründen außerhalb jeglicher politischen Realisierbarkeit. Eine Erhöhung der Legitimität könnte man sich auch durch die Vertretung eines größeren Anteils der Weltbevölkerung im SR vorstellen, etwa indem der englische Sitz im SR an Indien geht und der französische an die Europäische Union. Allein mit den fünf ständigen Mitgliedern wären dann schon 51,7 % der Weltbevölkerung im SR vertreten. Ein solcher Vorschlag wurde jedoch m. W. von niemanden verfochten und träte auch auf später zu erörternde prinzipielle Hindernisse.

Die zentrale Frage einer SR-Reform wird jedoch in politischen Kreisen höchst selten, eher schon im Kreise der Wissenschaften des Völkerrechts und der Internationalen Beziehungen erörtert. Sie lautet, ob die Fähigkeit des SRs, die Aufrechterhaltung und Wiederherstellung des Weltfriedens und der internationalen Sicherheit durch eine Erhöhung der Zahl der ständigen und nichtständigen Mitglieder dieses VN-Organs und durch eine Veränderung des Vetorechts eher gestärkt oder eher geschwächt wird. Eine größere Repräsentanz der Staaten- und Völkervielfalt im SR könnte durchaus mit einer geringeren Effizienz seiner Entscheidungen im Sinne der Aufgaben und Ziele der VN einhergehen. Zwar bedarf die Effizienz der SR-Entscheidungen einer gewissen Zustimmung in der Staatengemeinschaft, d. h. in der Gemeinschaft der Regierungen, sowie in der Weltöffentlichkeit, aber erhöhte Legitimität muß nicht mit erhöhter Effizienz korrespondieren.

Geht man von der Unwahrscheinlichkeit einer Charta-Revision aus, so handelt es sich bei dem Streit um den besten Veränderungsvorschlag um ein recht müßiges, akademisches Spiel. Politisch und demzufolge auch politikwissenschaftlich sollte viel mehr Aufmerksamkeit auf die Möglichkeiten einer schrittweisen pragmatischen Verbesserung der VN-Friedens- und Sicherheitspolitik und ihrer institutionellen Instrumente gerichtet werden.

Um sich in der Frage einer Charta-Revision ein Urteil zu bilden, bedarf es einer Einsicht in die Wirkungsweise der VN und ihrer friedens- und sicherheitspolitisch relevanten Strukturen sowie in ihre zeithistorischen Entstehungsbedingungen.

3   Die satzungsbedingten Reformhindernisse im Völkerbund und in den Vereinten Nationen und die bisherigen Charta-Revisionen

Die heute oftmals als ungerecht empfundene elitäre Konstruktion des Sicherheitsrates und zuvor schon des Völkerbundsrates neben der egalitären Struktur der General- bzw. Vollversammlung beider Weltorganisationen sowie die Vorherrschaft des Westens in den beiden Räten läßt sich nur aus dem Entstehungszusammenhang der Weltorganisation erklären. Die Gründung des Völkerbundes im Jahre 1919 ist zum einen auf das liberal-demokratische Denken zurückzuführen, daß es bereits seit etwa zwei Jahrhunderten für möglich hielt und bis heute weiterhin hält, durch die Weiterentwicklung des Völkerrechts, das Bündnis rechtsstaatlicher und den Bürgerwillen ausdrückender Staaten, die Entfaltung und weltweite Vernetzung der liberalen Marktwirtschaft und die Ausbildung einer Weltöffentlichkeit, die die Regierungen anleiten und kontrollieren soll, einen dauerhaften Weltfrieden zu stiften. Nach der Erschütterung des traditionellen konservativen Denkens durch die Greuel des Ersten Weltkrieges und dem Demokratisierungsschub infolge des Zusammenbruchs der alten Staatenordnung erhielt der Völkerbund-Gedanke, vor allem in den USA, aber auch in Europa und Lateinamerika so starkes Gewicht, daß an die Verwirklichung der Völkerbund-Idee gedacht werden konnte. Dabei waren jedoch zahlreiche Kompromisse mit dem traditionellen konservativen, vordemokratischen und illiberalen politischen Denken und den ihm zugrundeliegenden staatlichpartikularen Interessen zu schließen. Seit dem Wiener Kongreß hatten sich die Großmächte Europas nach den Wirren des Revolutionszeitalters bereit erklärt, eine auf dem Gleichgewicht und der Kooperation der fünf Großmächte Vereinigtes Königreich, Frankreich, Österreich, Preußen und Rußland beruhende Staatenordnung zu schaffen, die im folgenden Jahrhundert nur teilweise verändert wurde, etwa durch die Einigung und Stärkung Deutschlands, den Aufstieg Italiens zu einer 6. Beinahe-Großmacht und die Entstehung der außereuropäischen Großmächte USA und Japan, schließlich auch in ersten bescheidenen Ansätzen China. Der Anspruch der Großmächte (insbesondere der Kolonialmächte Großbritannien und Frankreich), die Ordnung der Staatenwelt zu garantieren, ist in die konkrete Gestaltung des Völkerbundes Nationen eingegangen. Hinzu kommt, daß der Völkerbund wie dann auch die Vereinten Nationen aus Weltkriegen hervorgegangen sind, die außer durch die Großmächtekonkurrenz an sich auch „ideologisch" geprägt waren, der zweite Weltkrieg noch stärker als der erste, so daß die bereits schon liberal-demokratisch orientierten Siegermächte dem Völkerbund ihren Stempel aufdrücken konnten und wollten. Ohne den militärischen Sieg der zur liberalen Demokratie tendierenden Westmächte gäbe es sicherlich weder politisch-programmatisch, noch machtpolitisch eine weltweite internationale Organisation mit dem Hauptzweck der Stiftung eines dauerhaften Weltfriedens zwischen souveränen Nationalstaaten. Der westliche Bias, gesellschaftspolitisch wie machtpolitisch, ist also keine Verformung eines Konzepts egalitärer Staaten, sondern historische Entstehungsbedingung der Weltorganisation. Die traditionalen nichtwestlichen Staaten wären weder willens noch in der Lage gewesen, eine eigene Weltorganisation der Staaten zu errichten. Lediglich die Kommunisten versuchten ein Gegenmodell zum Völkerbund souveräner Nationalstaaten zu verwirklichen, nämlich ursprünglich einen kommunistischen multinationalen Weltbundesstaat, der „internationalen Sowjetrepublik". Die traditionalen nichtwestlichen, nichtliberalen und nichtdemokratischen Staaten haben sich der Hegemonie der westlichen liberalen Demokratien gebeugt, letztere haben den Völkerbund auch nicht als einen exklusiven, ideologisch konformen Bund von „Republiken" konstituieren wollen. Allerdings wurden zunächst nur traditionale und marktwirtschaftliche Staaten in den Völkerbund aufgenommen; die Sowjetunion wollte und konnte erst 1934 Mitglied des Völkerbundes werden, als die Gefahr für den status quo der Staatenordnung durch die antidemokratischen und antikommunistischen Mittelmächte für die Westmächte wie die Sowjetunion offenkundig wurde.

Bei der Gründung der Vereinten Nationen wurde das elitäre Element der Weltorganisation auf doppelte Weise gegenüber dem stärker egalitären Völkerbund verstärkt. Zum einen erhielt der Sicherheitsrat die alleinige Kompetenz für Entscheidungen zur Weltfriedens- und internationalen Sicherheitspolitik unter Einschluß des Rechtes, Sanktionen und militärische Zwangsaktionen gegen Staaten zu verhängen, die den Frieden bedrohen, ihn brechen oder Angriffshandlungen ausführen. Der Generalversammlung wurden nur Empfehlungen in diesem Politikbereich zugestanden. Dies geht auf die historische Erfahrung der Westmächte zurück, daß die Vollversammlung des Völkerbundes sich als unfähig erwies, konsensuale oder Mehrheitsentscheidungen zur effektiven Unterbindung von Aggressionen zu treffen, und daß die ausschlaggebende Rolle beim Widerstand gegen die Mittelmächte allein die westlichen Großmächte und die Sowjetunion gespielt hatten. Die Erfahrung der west-östlichen Koalition gegen die Mittelmächte zur Aufrechterhaltung der bestehenden Staatenordnung cum grano salis ermöglichte die Mitgliedschaft der Sowjetunion und des kommunistischen Jugoslawiens zu der ansonsten westlich-kapitalistischen Organisation der Vereinten Nationen. Um eine Majorisierung der Sowjetunion im heiklen sicherheitspolitischen Bereich zu verhindern, die auch nicht durch die Konzession von zwei zusätzlichen sowjetischen Sitzen in der Generalversammlung kommunistischen Staaten (durch die Aufnahme der sowjetischen Gliedstaaten Weißrußland und Ukraine als VN-Mitglieder analog der Aufnahme britischer Dominions in den Völkerbund) beseitigt war, wurde das Vetorecht der fünf Großmächte USA, UdSSR, Vereinigtes Königreich, Frankreich und China geschaffen, von dem vor allem die Sowjetunion bis 1989 ausgiebig Gebrauch machte.

Das Vetorecht verurteilte zwar den Sicherheitsrat in den meisten gewaltsamen und gewaltträchtigen Konflikten und Kriegen während des Ost-West-Konflikts zur Untätigkeit, wie häufig vermerkt wird; es hat aber vor allem das große Verdienst, das Auseinanderbrechen der Vereinten Nationen zu verhindern, die sich zu einem wichtigen Forum und Organ der weltweiten Wirtschafts-, Sozial-, Entwicklungs- und Umweltpolitik entwickeln konnte und gleichzeitig ein wichtiges Forum zur Mäßigung und antagonistischen Kooperation zwischen West und Ost im Kalten Krieg wurde. Das Vetorecht, das ja indirekt allen Verbündeten der fünf Großmächte zugute kam, war wohl die entscheidende Voraussetzung dafür, daß die Vereinten Nationen zwar relativ ohnmächtig blieben, aber doch zu einer universalen Organisation werden konnte, ein Prozeß, der erst im Jahre 2002 mit der Aufnahme der Schweiz fast abgeschlossen wurde. Diese positive historische Funktion des Vetorechts von 1945 bis 1990 wird meist übersehen. Nach dem Zusammenbruch der kommunistischen Parteiherrschaft wurde das Vetorecht kaum mehr angewandt.

Das Vetorecht ist das entscheidende Hemmnis für eine Charta-Revision. Aber auch ohne Vetorecht wurde die Völkerbundsatzung nur in denselben Kleinigkeiten geändert wie die VN-Charta. Auch das Erfordernis einer qualifizierten Staatenmehrheit von zwei Dritteln ist einer äußerst heterogenen Staatenwelt bereits ein kaum überwindbares Hindernis für eine Charta-Revision, positiv interpretiert auch eine Garantie für die Stabilität der Charta gegenüber kurzlebigen Mehrheitsstimmungen. So wurden nach 1918 wie nach 1945 die Satzungen nur zum Zwecke der Erweiterung der Zahl der nichtständigen Ratsmitglieder, im Falle der VN auch der Zahl der Mitglieder des ECOSOC, also des VN-Wirtschafts- und Sozialrates, geändert.

Gleichzeitig wird das Vetorecht in seiner Bedeutung überschätzt. Nicht das Vetorecht war und ist in der internationalen Politik entscheidend, sondern die faktische militärische und politische Stärke. Die mächtigsten Staaten setzen ihre Interessen und ihren Willen meist außerhalb der Vereinten Nationen durch, wenn es ihnen nicht innerhalb derselben gelingt. So schützte das Vetorecht einerseits Großbritannien und Frankreich in der Suezkrise des Jahres 1956 vor dem Frieden erpressenden Druck der USA mit Unterstützung der UdSSR, andererseits hätten die UdSSR und die USA, wie auch oftmals Großbritannien und Frankreich, ihre militärisch interventionistische Politik in ihrem unmittelbaren Interessengebiet auch ohne Vetorecht höchstwahrscheinlich ungehindert durchführen können, da der Rest der Welt in diesen Fällen zum Risiko eines Groß- und Weltkrieges bereit gewesen wäre. Indien und Pakistan genießen als Groß- und Nuklearmächte auch ohne Vetorecht einen ähnlichen Grad von Sicherheit gegenüber Interventionen von Seiten anderer Großmächte und selbst der einzig verbliebenen Weltmacht USA wie die ständigen Mitglieder des Sicherheitsrates.

Was die relative Stabilität des Staatensystems nach 1945 im Vergleich zu dem nach 1918 herbeigeführt hat, ist nicht auf eine bessere rechtliche Struktur der Vereinten Nationen im Vergleich zu der des Völkerbundes, sondern auf die territoriale Saturiertheit der Großmächte und ihren Verzicht auf eine eindeutige Eroberungs- und Vernichtungspolitik und ihre Beschränkung auf gesellschaftspolitische Interventionspolitik zurückzuführen, eine Enthaltsamkeit, die sicherlich durch die erhöhten Kriegsrisiken infolge der nuklearen, teilweise auch chemischen Bewaffnung gefördert wurde und bis heute gefördert wird.

Der Sicherheitsrat als „Weltpolizist", wie oft irreführend salopp gesagt wird, irreführend, weil es keine Weltregierung, auch keine kollektive Weltregierung zum Gebrauch eines weltstaatlichen Gewaltmonopols gibt; der Sicherheitsrat als, richtiger gesagt, intergouvernementales Organ mit einem gewissen Recht zur Erzwingung des Friedens auf der Welt, ist strukturell unfähig, und zwar rechtlich wie machtpolitisch unfähig, Frieden gegen den Willen der Groß- und Nuklearmächte mit militärischen Mitteln zu erzwingen. Als Friedenserzwingungsorgan taugt der Sicherheitsrat nur gegen bündnispolitisch isolierte kleinere und mittlere Mächte wie den Irak, die Bundesrepublik Jugoslawien oder Afghanistan.

Gegen einen möglichen Ausbau der durch die VN-Charta bereits vorgesehenen und organisatorisch detailliert geplanten Zwangsmittel sind heute nicht nur alle fünf ständigen SR-Mitglieder und insbesondere die USA, sondern im Grunde auch fast alle anderen Staaten, weil sie in einem solchen Ausbau eine kollektive Großmachthegemonie anstelle der bisherigen konkurrenzbestimmten Hegemonialkonkurrenz der Großmächte sehen, nicht zu Unrecht.

Die Starrheit der rechtlichen Grundordnung der VN verweist Reformpolitik in der Weltorganisation auf ganz andere Mittel als die Satzungsänderung. Da sind zum einen die vielfach genutzten Instrumente des Abschlusses neuer internationaler Konventionen und Verträge zu nennen, zum anderen die Möglichkeiten einer konsensualen Neuauslegung der VN-Charta und älterer Verträge. In unserem Zusammenhang sind vor allem zwei einschneidende Neuerungen zu nennen. Das eine war die Schaffung des Instruments der friedenserhaltenden Aktion (peace-keeping operation oder PKO) im Jahre 1956 – mit Vorläufern seit 1948 – im rechtlichen Zwischenbereich zwischen den friedlichen Instrumenten laut Kapitel VI und den Zwangsmitteln lauf Kapitel VII der VN-Charta. Friedenserhaltende Aktionen werden vorwiegend von Militärs, aber auch von Polizisten zur Überwachung eines von den Konfliktparteien vereinbarten Waffenstillstandes oder Friedensvertrages durchgeführt. Sie setzen die Zustimmung der Konfliktparteien, also die Neutralität der VN-Friedensmission voraus. Ein Bruch des bestehenden Friedens wird nicht von den Konfliktparteien selbst befürchtet, sondern von einzelnen Personen und Kleingruppen aus den Konfliktparteien. Waffengewalt darf demzufolge nur im Falle der Bedrohung der Mitglieder der Friedensmission angewandt werden, wozu in aller Regel leichte Waffen ausreichen. Bei einer zweiten Generation von PKO, vor allem seit 1988, wurde verstärkt auch ziviles Personal eingebunden, da die Friedensmission oft auch zu einem Instrument des Friedensausbaus bzw. der Friedenskonsolidierung ausgebaut wurde. Ab 1992 gab es auch eine dritte Generation der PKO, die sogenannten „robusten friedenserhaltenden Aktionen", bei denen die Schwelle zur Friedenserzwingung nach Kapitel VII der VN-Charta überschritten wurde und die viele Kommentatoren als eine Fehlentwicklung der PKO ansehen. Seit den Friedensmissionen in Kambodscha, Osttimor und Kosovo wird auch von einer vierten Generation der PKO gesprochen, die dadurch gekennzeichnet sind, daß sie die exekutiven, teilweise sogar die legislativen Aufgaben des Regierens, der Gesetzgebung und des Verwaltens für eine Übergangszeit übernehmen, also viel mehr fachlich qualifiziertes ziviles und polizeiliches neben dem militärischen Personal als bei früheren PKO erfordern. Letzteres wird zur Gewährleistung der Sicherheit gegen gewaltsame Attacken benötigt, die auch nach einer Einigung der Bürgerkriegsparteien oder nach einer internationalen militärischen Intervention erfolgen können.

Der friedliche Charakter der PKO wurde ursprünglich dadurch unterstrichen, daß sich die Großmächte nicht an ihnen beteiligen sollten, die Truppen also vorzugsweise von kleineren und mittleren Staaten gestellt wurden. Am besten ausgebildet waren bald die skandinavischen, niederländischen, kanadischen und auch indischen Truppen. Später und vor allem bei der Aufweichung der PKO durch die „robusten" Aktionen mit schweren Waffen und infolge der Vermehrung der PKO engagierten sich zunehmend auch die Großmächte mit ihren Truppen bei den Friedensmissionen, darunter bald nach der deutschen Einigung auch die Bundesrepublik Deutschland.

Die zweite wichtige Neuerung war die extensivere Auslegung des Friedensbegriffes in der VN-Charta seit der robusten PKO in Somalia 1992. Unter Frieden wird laut der Absicht der Schöpfer der VN-Charta ausschließlich ein Zustand des Nichtkrieges und der Nichtaggression zwischen Staaten verstanden. Die Vereinten Nationen hielten sich lange Zeit nicht für Bürgerkriege als eine innere Angelegenheit der souveränen Staaten zuständig. Auch wenn die Achtung der Menschenrechte als ein wichtiges Ziel der Staatenorganisation angesehen wurde, so galt der Schutz der Menschenrechte ausschließlich den einzelnen Staaten. Gegen massive Menschenrechtsverletzungen von eigenen Staatsbürgern sind in der VN-Charta keine internationalen Sanktionen vorgesehen. In den letzten Jahrzehnten fand jedoch ein massiver Ausbau des Menschenrechtsbestimmungen in zahlreichen Konventionen, Verträgen und Erklärungen statt, der schließlich dazu beitrug, daß seit dem Ende des Ost-West-Konflikts massive Menschenrechtsverletzungen, insbesondere Völkermord, nicht mehr als innere Angelegenheit eines Staates angesehen wird, sondern als Bedrohung oder Bruch des internationalen Friedens. Vor allem in Ländern, in denen es keine funktionierende Staatsgewalt mehr gibt, maßte sich der Sicherheitsrat ein Recht an, in die inneren Angelegenheiten eines Landes einzugreifen, in dem die Menschenrechte massiv verletzt werden. Dasselbe gilt für Länder mit schwacher Staatsgewalt oder mit einer Regierung, die unfähig oder unwillens ist, selbst die Menschenrechtsverletzungen zu verhindern oder zu unterbinden.

In beiden Fällen der internationalen Sicherheitspolitik – bei den friedenserhaltenden und friedenskonsolidierenden Aktionen und bei der Unterbindung von schwerwiegenden Menschenrechtsverletzungen – ist nicht große Militärmacht gefragt, sondern politische Neutralität oder glaubwürdige Polizeiautorität zur Gewährleistung von Sicherheit, fachliche kompetente Friedensaufbauarbeit und breite Unterstützung in der Weltöffentlichkeit. Dies sind alles politische

Instrumente, die ein größtmögliches Maß an internationaler Kooperation, Kompromiß- und Koordinationsbereitschaft, auch an interkultureller Sensibilität erfordern, also Qualitäten, die gemeinhin nicht von den großen und starken Militärmächten gepflegt werden. Diese friedens- und sicherheitspolitischen Instrumente erfordern jedoch viel hochqualifiziertes Personal – militärisches, polizeiliches und ziviles – und erhebliche finanzielle Ressourcen, wenn auch weit weniger als für Kriege, militärische Interventionen und Machtdemonstrationen. Deutschland als Weltwirtschaftsmacht hätte die größten Chancen sich weltfriedenspolitisch in diesen Bereichen noch weit mehr zu betätigen als es gegenwärtig schon tut. Für diesen Zweck benötigt Deutschland keinen Sitz im VN-Sicherheitsrat.

4   Legitimitätsverlust des Sicherheitsrats oder Effizienzeinbuße durch Charta- Revision

Der Sicherheitsrat hat nie großes Ansehen erwerben können, weil er während des Ost-West-Konflikts überwiegend gelähmt und entscheidungsunfähig war. Kurze Zeit hat er bei der Beendigung oder Regelung einiger Konflikte zu Beginn der 90er Jahre an Bedeutung und Ansehen gewonnen, weil die Abhängigkeit zahlreicher Bürgerkriegsparteien von Ost und West nach dem Untergang des kommunistischen Ostens zu erheblichen Veränderungen der Konfliktkonstellationen führte, als einerseits die kommunistische Unterstützung ausblieb, andererseits die antikommunistische Motivation mancher Kriegsführung und Kriegsunterstützung hinfällig wurde. So konnten z. B. die Kriege in Namibia und Angola beendet, das Apartheidsystem in Südafrika friedlich überwunden werden. Die Zahl der friedenserhaltenden Aktionen wuchs enorm an, allerdings führten auch einige ins Desaster (Somalia 1993, Bosnien-Herzegowina 1995) und beschädigten das Ansehen der VN. Das Versagen der VN in Ruanda 1994 beeinträchtigten die Autorität der VN ganz erheblich. Auch die Ermächtigung einer großen Staatenallianz unter Führung der USA Kuwait im Jahre 1991 von der irakischen Okkupation zu befreien und insbesondere das anschließende militärische Kontrollregime der USA und Großbritanniens förderten in der arabisch-muslimischen Bevölkerung und darüber hinaus kaum das Prestige des Sicherheitsrates. In der Irakkrise 2002/03, in der der SR entweder dem Verlangen der USA folgen mußte oder untätig die vielfach als völkerrechtswidrig empfundene Intervention zum Sturz Saddam Husseins durch die USA und einige andere kriegswillige Staaten hinnehmen mußte, wurde der ganzen Welt die

Schwäche der Legitimität und Autorität des SRs und auch der Generalversammlung und des Generalsekretärs überdeutlich.

Diese Schwäche ist keinesfalls durch die satzungsbedingte Struktur der VN und des SRs bedingt, sondern allein durch die Uneinigkeit und mangelnde Kompromißfähigkeit von Regierungen der meisten Staaten – und wie man hinzufügen muß, auch oft von nationalistischen Bevölkerungsmehrheiten, die nicht selten hinter ihren Regierungen stehen oder gar die Regierungen wegen ihrer kompromißbereiten Friedenspolitik kritisieren. Aus dieser Sackgasse führen keine Charta-Revisionen heraus.

Auf den ersten Blick würde ein Sicherheitsrat mit 21, 24 oder 25 Mitgliedern höhere Legitimität besitzen als der bisherige, vor allem wenn er hin und wieder zu Entscheidungen fähig wäre. SR-Entscheidungen mit größerem Rückhalt würden die Wahrscheinlichkeit von Desastern wie in Somalia und in einigen anderen Fällen verringern. Andererseits ist es realistisch zu erwarten, daß ein erweiterter SR bei vielen Konflikten noch seltener zu effizienten Mehrheitsentscheidungen unter Einschluß der Stimmen aller vetoberechtigten Mitglieder kommen würde als bisher. Der scheinbare Legitimitätszuwachs wäre dann durch Effizienzverlust erkauft. Und die Unfähigkeit des SRs zu Entscheidungen in vielen Konfliktfällen würde dann letztlich auch die Legitimität des erweiterten SRs beeinträchtigen wenn nicht fast vollständig unterminieren.

5   Erhöhung der Legitimität des Sicherheitsrates ohne Charta-Revision

Daraus folgt, daß eine wirkliche tiefgreifende Reform der VN und des SRs nur durch eine Reform der VN-Politik der Regierungen im Sinne einer größeren Bereitschaft, Konflikte multilateral durch Kompromisse, vor allem durch Anreize und Druck zur friedlichen Konfliktregulierung, durch die Beachtung des Völkerrechts und der Menschenrechte, die Bereitstellung drastisch erhöhter finanzieller Ressourcen und qualifizierten militärischen, polizeilichen und zivilen Personals für VN-Aktivitäten aller Art möglich ist. Dies schließt auch ein stärkeres Engagement der Generalversammlung durch Empfehlungen nicht aus, sowie die Schaffung neuer VN-Institutionen. Beispiele hierfür gibt es durchaus im letzten Jahrzehnt: die Einberufung zweier Kriegsverbrechenstribunale (ICTY für Jugoslawien 1993, ICTR für Ruanda 1994), die Bildung des Internationalen Strafgerichtshofes (ICC) im Jahre 2002, die Einrichtung einer Abteilung für friedenserhaltende Aktionen im Generalsekretariat (DPKO) im Jahre 1994. Weitere Institutionen wären durchaus angebracht, so z. B. ein beratendes Gremium für den SR, das aus den Staaten besteht, die besonders viel Personal und

Finanzen für Friedensmissionen der VN bereitstellen, ferner ein Gremium, das die Bedrohung durch bevorstehende und laufende Völkermorde oder besser allgemein durch Massenmorde, also einschließlich von Morden am eigenen Volk (Ethnos) bereitstellt. Eine derartige pragmatische Reformpolitik ist meist nur möglich, wenn die Regierungen durch eine VN-förderliche öffentliche Meinung unter Druck gesetzt oder unterstützt wird. In Deutschland fehlt eine solche Öffentlichkeit fast immer noch gänzlich; sie besteht lediglich in einem gewissen Umfang schon im akademischen Bereich der Völkerrechtswissenschaft und der Sozialwissenschaften, insbesondere der Internationalen Beziehungen.

Deutschland, d. h. die Regierung wie die Öffentlichkeit, könnte noch weitaus mehr tun, als es bisher für eine Stärkung der Vereinten Nationen allgemein und der friedens- und sicherheitspolitischen Aufgaben im besonderen getan hat. Ein erster Schritt wäre bereits getan, wenn es in vielen Feldern den Vorbildern der skandinavischen Staaten, der Niederlande und Kanadas folgen würde, was die Einhaltung übernommener Pflichten (z. B. Erhöhung der Entwicklungshilfe auf 0,.7 des Bruttosozialprodukts, pünktliche Zahlung der Beiträge für den ordentlichen und PKO-Haushalt der VN) wie die Übernahme freiwilliger Verpflichtungen (Bereitstellung von militärischen, polizeilichen und zivilem Personal, von Ausbildungseinrichtungen für solches Personal), die Anbietung von diplomatischen Guten Diensten und die Werbung für multilaterale VN-Politik im Einflußbereich Deutschlands angeht.

6   Bescheidene Reformen in der Arbeitsweise ohne Charta-Revision

Was ist die wahrscheinlichste Entwicklung des VN-Sicherheitsrates? Eine Charta-Revision bleibt wohl auf unabsehbare Zeit eher unwahrscheinlich. Nach dem gescheiterten Anlauf hierzu im Herbst 2005 werden die Revisionsbemühungen vermutlich für einige Zeit wieder nachlassen. Vorerst gibt es auch keine Trendwende in der US-amerikanischen Politik, die eine Abkehr von der nationalen Hegemonialpolitik und eine Umkehr zu einer multilateralen Politik erkennen läßt. Dies wird sich vermutlich erst ändern, wenn die Mißerfolge der unilateralen Weltpolitik auch für die amerikanische Öffentlichkeit erkennbar und untragbar geworden ist. Ein kurzes, wohl eher taktisch gemeintes Strohfeuer der Aufwertung der VN in der US-amerikanischen Politik gab es nach den Terroranschlägen vom 11. September 2001, als die USA plötzlich einen erheblichen Teil ihrer Schulden an die VN zahlten und für eine weltweite Allianz gegen den Terrorismus warben. So billigten die NATO und die VN den USA und ihren Verbündeten das Recht zu, in Afghanistan zur Bekämpfung des Regimes und der Terrorgruppen zu intervenieren, die die Verantwortung für den 11. September trugen. Auch das Desaster der militärischen Intervention im Irak zwingt die USA erneut zu multilateralen Politikansätzen.

Dennoch kann nicht davon ausgegangen werden, daß tiefergreifende Erschütterungen des internationalen Systems und der amerikanischen Hegemonialposition in ihm eine Stärkung der Vereinten Nationen hervorrufen werden. Nur unter besonders günstigen Bedingungen begünstigen internationale Krisen die Bereitschaft zur internationalen Kooperation und Integration. In vielen anderen Fällen fördern solche Krisen eher die nationalistische Regression, den Rückzug auf nationale Interessen und nationale Interessensgebiete. Das ist im Falle der kleinen und schwachen Staaten nur das eigenen Territorium, im Falle der größeren und mächtigeren Staaten die regionale und im Falle der USA die global selektive Interessensphäre.

Schübe der Internationalisierung bedürfen immer zweierlei: der Situation und des Gefühls der Bedrohung durch manifeste und latente Gefahren, aber auch der Chance und der Zuversicht, Probleme als Herausforderungen für die Problembewältigung, die Konfliktregulierung und hier und da auch der Konfliktlösung. Eine Analyse der Problem- und Gefahrensituation muß also durch eine Analyse der Handlungschancen und Handlungsoptionen ergänzt werden. Eine kritische Öffentlichkeit, die über den Horizont der Bevölkerungsmehrheit und der Regierungen hinauszuschauen vermag, und eine aufklärende Wissenschaft können dazu beitragen, daß die manifesten und latenten Gefahren nicht national-regressive Folgen haben, sondern die Zuversicht für eine internationale Problembewältigung und Konfliktregulierung stärken.

Dabei müssen die Entwicklungstendenzen realistisch eingeschätzt werden. Wie dargelegt, ist das Korsett der Verfassungsstruktur der Vereinten Nationen recht starr und wohl kaum veränderlich. Aber dieses Korsett muß keineswegs Bewegung verhindern, ebenso nicht die wenig VN-förderlichen Einstellungen in den meisten Staaten der Welt. Wie auch im Falle der Europäischen Union sind die Eliten und die Regierungsapparate entgegen einem weitverbreiteten Vorurteil oft viel mehr kooperations- und integrationsbereit als die Mehrheit der Bevölkerung, die dazu neigt, unrealistische und rasch enttäuschte Vorstellungen von einer Weltregierung durch die als Einheit vorgestellten Vereinten Nationen mit einem kruden „realistischen" Beharren auf engstirnig gefaßten nationalen Interessen zu verknüpfen.

Welche Veränderungen lassen sich in den kommenden Jahren mit einiger Wahrscheinlichkeit erwarten? Entscheidend bleibt der Wandel der öffentlichen Meinung in den USA, die allein einen Politikwechsel in der Tradition des US-amerikanischen Engagements für die Vereinten Nationen und multilaterale

Kooperation sowie für die Beachtung des Völker- und der Menschenrechte herbeiführen kann. Die Europäer und andere können einen solchen Politikwechsel in den USA, sei es der bestehenden Regierung und des bestehenden Senats, sei es durch einen Regierungswechsel und durch Parlamentswahlen, lediglich fördern, aber keinesfalls erzwingen. Eine multilaterale Kooperation der kleineren Großmächte und der Mittelmächte zur Isolation der USA wird zwar häufig beschworen, ist jedoch wegen der Gegensätze zwischen diesen Staaten und ihrer unterschiedlichen Abhängigkeit oder freiwilligen Bindung an die USA außerhalb einer realistischen Perspektive. Außerdem ist der etwa von Rußland, China und anderen Mächten beschworene Multilateralismus kaum völkerrechts-, menschenrechts- und VN-freundlich, sondern lediglich national-imperial motiviert. Vorerst ist das größte VN-förderliche Potential, nicht nur was die Finanzen und das qualifizierte Personal, sondern auch die Bevölkerungseinstellung angeht, Resourcen für die VN bereitzustellen, in Europa, Nordamerika und Ozeanien, in schwächerem Umfange wohl auch in Indien zu finden.

Die Finanznot und der Druck der USA haben bereits zu einer beträchtlichen Reform und Effizienzsteigerung des VN-Sekretariats geführt. Ein bescheidener Ausbau der PKO-Kapazitäten und der Friedenseinsätze ist großenteils auch ohne die aktive Mitwirkung, wenn auch mit erforderlicher Duldung der USA, wahrscheinlich. Die Autorität des Internationalen Strafgerichtshofes dürfte langsam und stetig wachsen und könnte eines Tages auch die Widerstände in den USA und noch einigen anderen Ländern gegen die Ausdehnung seines Tätigkeitsbereichs überwinden. Die Aspirationen Japans und Deutschlands auf einen Sitz im Sicherheitsrat werden weiterhin das finanzielle Engagement und die kompromißbereite Haltung der beiden Wirtschaftsgroßmächte in den Vereinten begünstigen. Aber dennoch werden diese Länder vermutlich eine geringere Rolle bei der Initiierung neuer Aktionen, Arbeitsweisen und hin auch wieder Unterorganen der VN spielen als dies manche der kleineren Staaten tun, die nicht ständig auf die Großmacht-Konkurrenten der größeren Staaten Rücksicht nehmen müssen. In Deutschland dürfte nach der Bildung der großen Koalition ein gewisser, wenn auch recht bescheidener Elan, der in der deutschen VN-Politik unter der rot-grünen Koalition beobachtbar war, eher abgebremst werden – schon aus finanziellen Gründen -, aber nicht im Kern gebrochen werden, da Deutschland weiterhin großen Wert auf internationale Anerkennung legt und aufgrund seiner Außenhandelsabhängigkeit und wegen seiner jederzeit gegen Deutschland instrumentalisierbaren nationalsozialistischen Vergangenheit auch Wert legen muß.

Konfliktregulierung und Friedenskonsolidierung auf dem Balkan[4]

Zusammenfassung

Vor wenigen Tagen, im Dezember 2005, haben die Generalversammlung und der Sicherheitsrat der Vereinten Nationen Frieden eine Friedenskonsolidierungs-Kommission (peacebuilding commission) und die Einrichtung eines Büros für Friedenskonsolidierungsunterstützung im VN-Sekretariat beschlossen. Damit wird der neuen Aufgabe der VN, zur Konsolidierung des Friedens nach innerstaatlichen Gewaltkonflikten und zur Vorbeugung vor Bürgerkrieg beizutragen, deutlich mehr Gewicht verliehen. Voraussetzung hierfür war die Erweiterung des Friedensverständnisses der VN. Im Sinne der Satzungen des Völkerbundes und der Vereinten Nationen wurde im „kurzen 20. Jahrhundert" (1914-1991) als ein Zustand des Nichtkrieges zwischen den Staaten verstanden, ein System der internationalen kollektiven Sicherheit, das im äußersten Falle internationalen kriegerischen Zwang einschloß, sollte regionale, zwischenstaatliche Kriege verhindern oder rasch beenden. Bürgerkrieg und Völkermord in einem Staat galten hingegen als innere Angelegenheit eines Staates, in die allenfalls die Weltöffentlichkeit mit friedlichen Mitteln intervenieren durfte. Seit dem Staatszerfall in Somalia 1992 und dann vor allem seit der Eskalation der Bürgerkriege im ehemaligen Jugoslawien werden unter Bedrohung des Friedens und Friedensbruch zunehmend auch schwerwiegende Menschenrechtsverletzungen durch Bürgerkrieg und Massenmord verstanden, die ein militärisches und ziviles Eingreifen des VN-Sicherheitsrates und anderer internationaler Organisationen erlauben oder gar erfordern.

Dabei kam fast das ganze Spektrum des internationalen friedenspolitischen Instrumentariums zum Einsatz: Friedenserzwingung (*peace enforcement*), Friedensschluß durch Waffenstillstand und Friedensvertrag (*peacemaking*), Friedenserhaltung durch eine Vereinbarung zwischen den Konfliktparteien und internationalen Regierungsorganisationen über den friedlichen Einsatz von Truppen, Polizisten und Zivilisten in einer Pufferzone (*peacekeeping*) und neuerdings auch Friedenskonsolidierung durch internationale Verwaltung und international vermittelte Kooperation zwischen den Konfliktparteien (*peacebuilding*).

---

[4] Vortrag vom 9. Januar 2006.

Der Mißerfolg und die Risiken zahlreicher Friedensbemühungen haben Stimmen aufkommen lassen, die vor einer Überforderung internationalen Friedensengagements warnen und empfehlen, Bürgerkriegsparteien sich ausbluten zu lassen, bis die beteiligten Bevölkerungsgruppen kriegsmüde geworden sind; Frieden könne nicht von außen gebracht werden. Andere Stimmen fordern hingegen ein verstärktes militärisches und vor allem ziviles Eingreifen in Ländern, die unter Bürgerkrieg und Massenmord leiden oder zu leiden drohen. In Bosnien-Herzegowina und im Kosovo wurden nach Bürgerkriegen und Völkermorden, in Mazedonien aber bereits präventiv neue internationale Ansätze zur Friedenskonsolidierung praktiziert.

1 Innerstaatliche und regionale tödliche Konflikte sowie die internationale Verantwortlichkeit für den Frieden am Beispiel der Balkankriege

Hochgebirge wie der Himalaja, die Anden, der Atlas, das Äthiopische Hochland, die Alpen, der Kaukasus und der Balkan begünstigen die Kleinkammerigkeit ethnischer Siedlungsstrukturen und Vielfalt und haben weithin die administrative und staatliche Vereinheitlichung in der Gebirgsregion verhindert oder erschwert. Sie sind oftmals Rückzugsgebiete für militärisch unterlegene Völker, Religionsgemeinschaften und soziale Gruppen gewesen. Die kleinkammerige Siedlungsstruktur und die Lebensweisen von Hirten, Bauern und Handwerkern erlaubten die friedliche Koexistenz zahlreicher ethnischer Gemeinschaften auf engem, aber kaum durch Verkehr verbundenem Raum. Konflikte zwischen ihnen blieben meist lokal begrenzt.

Nur selten machen Bodenschätze und andere wirtschaftliche Ressourcen den Besitz der Bergregionen für Großmächte attraktiv. Viel häufiger gründet deren Herrschaftsinteresse an den Gebirgsgegenden auf der ökonomischen oder militärischen Transitfunktion von Bergtälern und Gebirgspässen. Wird die Siedlungsstruktur einer Gebirgsregion durch eine Veränderung der Wirtschaftsweise oder durch freiwillige oder erzwungene Migration erheblich verändert oder gefährdet, so haben sehr viele wirtschaftliche, soziale, politische und militärische Vorgänge a priori einen ethnischen Charakter, da sie das Verhältnis zwischen den Ethnien grundlegend verändern. Dabei wird das Recht auf Bewahrung der alten ethnischen Siedlungs- und Herrschaftsstrukturen dem Anspruch auf Veränderung, manchmal auch auf Restauration eines alten angenommenen Zustandes ausgesetzt. Die innerstaatlichen und regionalen Konflikte werden oftmals durch die wirtschaftliche, politische und militärische Intervention der angrenzenden Großmächte und der Weltmächte verstärkt oder gar ausgelöst. Somit lassen sich intra- und extraregionale Faktoren unterscheiden, die die Konflikte in einer Region bestimmen.

Der Balkan ist ein alter Konfliktherd, der wesentlich zum Ausbruch des Ersten und zum Verlauf des Zweiten Weltkrieges beitrug und auch im Kalten Krieg wiederholt eine wichtige Rolle bei der Anspannung der Beziehungen zwischen Ost und West spielte. In diesen Jahrzehnten waren innerstaatliche und regionale Konfliktparteien auf vielfältige Weise mit den untereinander im heftigen Konflikt oder Krieg befindlichen Großmächten verbündet, was die Auseinandersetzungen erheblich verschärft hat. Der Balkan, eigentlich ein eng begrenztes Gebirge in Nordbulgarien, bezeichnet oft ganz Südosteuropa oder große Teile davon. Das Negativimage des Balkans führt oft dazu, daß jeweils gerade die Teile Südosteuropas als Balkan bezeichnet werden, in denen ethnische Zerklüftung, Verfeindung und gewaltsame Konfliktaustragung sowie soziale und ökonomische Rückständigkeit vorherrschen. Mit dem Begriff der Balkanisierung wird sogar von der geographischen Region Balkan abstrahiert; man meint damit auch in anderen Teilen der Welt einen Prozeß der ethnischen Zersplitterung und Verfeindung, der gewaltsamen ethnischen Konfliktaustragung, der politischen Zerklüftung und der Kleinstaaterei.

Beim näheren Hinsehen wird erkennbar, daß nicht der ganze Balkan oder ganz Südosteuropa Konfliktherd war und ist, sondern nur spezifische Gegenden mit zwei spezifischen Eigenschaften: sie werden entweder von Menschen mit einem oftmals unklaren und schwankenden ethnischen und nationalem Bewußtsein und mit nicht allgemein anerkannter ethnischer und nationaler Zugehörigkeit bewohnt oder sie wurden früher von einer anderen Ethnie besiedelt, die auf diese Gegend einen staatlichen Herrschafts- und manchmal sogar einen ethnischen Wiederbesiedlungsanspruch erhebt, der dann implizit meist auch einen ethnischen Vertreibungswunsch enthält, der manchmal sogar explizit artikuliert wird. Ein Siedlungskonflikt ist in aller Regel weit gewaltträchtiger als ein bloßer Herrschaftskonflikt. In verschiedenen Geschichtsperioden standen immer nur einige der besonders konfliktträchtigen Gegenden des Balkans im Mittelpunkt des Gewaltgeschehens.

Beim Zusammenbruch der kommunistischen Parteiherrschaft im Osten waren es überwiegend die Gebirgsregionen des Kaukasus und des Balkans, in denen manche ethnische Konflikte zu gewaltsamen Konflikten eskalierten. Diese Konflikte unterscheiden sich in vieler Hinsicht erheblich von den Konflikten vor und nach dem Ersten Weltkrieg. In den Balkankriegen vor 1914 war vor allem das heutige Gebiet Mazedoniens und sein Umfeld ein herausragender Zankapfel auf dem Balkan zwischen dem Osmanischen Reich und den im 19.

und beginnenden 20. Jahrhundert entstandenen neuen Nationalstaaten Griechenland, Rumänien, Serbien, Bulgarien und dann auch Albanien. Hinzu kamen die konkurrierenden imperialen Interessen Österreich-Ungarns und Rußlands sowie vermittelt auch Großbritanniens, Frankreichs und Deutschlands an der politischen Zukunft des Landes. Damals gab es noch keine Klarheit über die Existenz einer eigenständigen mazedonischen Sprache, Ethnie und Nation. Auch die ethnische und nationale Zugehörigkeit der Bevölkerung Bosnien-Herzegowinas war lange Zeit heftig umstritten und ist es auch weitgehend noch heute.

Nach dem Auseinanderfallen der Sozialistischen Föderativen Republik Jugoslawien in den Jahren 1990/91 gehörte Mazedonien, ein Land mit im Jahre 1981 67 % (slawischen) Mazedoniern und 20 % Albanern, zu den Gebieten, in den es zwar heftige Nationalitätenkonflikte gab, die aber bisher recht gewaltarm blieben. Auch in Bulgarien, Rumänien und Albanien wurden und werden die Nationalitätenkonflikte insgesamt recht gewaltarm ausgetragen, wie das auch seit langem in Griechenland der Fall ist. Der politische Druck der EU auf diese Länder im Zusammenhang mit ihren Beitrittsaspirationen hat nicht wenig zur Mäßigung der Konflikte beigetragen. Hingegen fanden erbitterte bewaffnete Kämpfe um die räumliche Verknüpfung und Ausweitung des serbischen Siedlungsgebietes in Kroatien (1981 12 % Serben), Bosnien-Herzegowina (32 % orthodoxen Serben, 18 % katholischen Kroaten, 40 % muslimischen Bosniaken) und schließlich im Kosovo (13 % Serben) statt. Viele Serben wollten sich nicht mit dem Untergang Jugoslawiens und dem Verlust der serbischen Hegemonie in dessen Territorium abfinden und einen neuen großserbischen Staat schaffen. Auch viele Albaner haben sich nicht mit der staatlichen Zerteilung des geschlossenen albanischen Siedlungsgebietes seit der schrittweisen Auflösung des Osmanischen Reiches abgefunden.

In den Bürgerkriegen im Zerfallsprozeß Jugoslawiens kam es auch zu zahlreichen Aktionen des Völkermordes vor allem von Serben, aber auch von Kroaten, Bosniaken und albanischen Kosovaren. Den Kriegen und Völkermorden fielen über 300.000 Menschen zum Opfer. Dabei gab es keine regelrechten zwischenstaatliche Kriege, sondern ethnonationale Bürgerkriege, in die auswärtige Mächte militärisch auf unterschiedliche Weise intervenierten, durch die Entsendung oder Duldung der Beteiligung von bewaffneten Kämpfern und Soldaten oder gar von Truppenverbänden des eigenen Landes im Bürgerkriegsgebiet. Bemühungen der OSZE und der VN, mit diplomatischen Mitteln, dann auch mit einer friedenserhaltenden Aktion das Blutvergießen zu beenden, blieb der Erfolg versagt. Daraufhin griff die NATO mit Autorisierung der VN 1995 in Bosnien-Herzegowina und ohne eine solche 1999 in der Bundesrepublik

Jugoslawien mittels Luftbombardements in die Bürgerkriege ein. Sie beendete damit rasch mit überlegener militärischer Gewalt die Kriege und die Völkermorde. Kroatien setzte 1995 durch einen Rückeroberungskrieg der Separation der serbischen Republik Krajina ein Ende. In Mazedonien verhalfen massiver militärischer, wirtschaftlicher und politischer Druck der NATO und das politische Einwirken der VN, der OSZE und der EU zu einer bisher erfolgreichen Befriedung des Nationalitätenkonflikts durch eine Stärkung der konstitutionellen und sozialen Besserstellung der albanischen Minderheit.

Wie zuvor schon in Somalia und einigen anderen Ländern Afrikas und der Karibik wurde nach dem Friedensvertrag von Dayton für Bosnien-Herzegowina und nach dem Waffenstillstand im Kosovo deutlich, daß weder eine bloße Friedensvereinbarung, noch eine klassische Friedenserhaltungsaktion ausreichen, um auf Dauer ein Wiederaufflammen des Bürgerkrieges und erneuten Völkermord zu verhüten. Deshalb werden seither erhebliche internationale Anstrengungen unternommen, neue Methoden der Friedenskonsolidierung, des *peacebuilding*, zu entwickeln und einzusetzen. Zur Zeit finden weltweit zehn friedenskonsolidierende Missionen der VN mit 2344 Personen statt. Diese Aktivitäten sollen in Zukunft durch eine im Dezember 2005 geschaffene Friedenskonsolidierungs-Kommission (Peacebuilding Commission, Commission de Consolidation de la Paix), bestehend aus Vertretern des Sicherheitsrates, des Wirtschafts- und Sozialrats, weiterer internationaler Organisationen sowie finanziell und personell engagierter Staaten, beraten und vielleicht auch koordiniert werden. Außerdem wird im Sekretariat der VN ein eigenes Büro für die Unterstützung von Friedenskonsolidierung eingerichtet, das also von der Abteilung für friedenserhaltende Aktionen (DPKO) getrennt ist. In den derzeitigen 17 friedenserhaltenden Aktionen der VN sind 67.132 Soldaten, Polizisten und Zivilpersonen beteiligt, die zum Teil durchaus auch friedenskonsolidierende Aufgaben wahrnehmen. Wichtige Voraussetzung für ein intensiveres internationales Engagement auf dem Balkan war, daß die Großmächte West- und Mitteleuropas und die USA anders als die Großmächte vor 1945 nicht mehr in kriegsbereiter imperialer Konkurrenz zueinander stehen und dementsprechend auch nicht jeweils die Bürgerkriegspartei militärisch und politisch unterstützen, von deren Sieg sie eine Begünstigung ihrer imperialen Interessen erwarten. Sie betreiben vielmehr eine im großen und ganzen einvernehmliche Politik, die die Verhinderung einer militärischen Veränderung des Status quo der staatlichen Ordnung und der ethnischen Siedlungsstruktur sowie die Erzielung von Kompromissen zwischen den Bürgerkriegsparteien zum Ziel hat. Die Ansätze eines schärferen Konfliktes zwischen NATO und Rußland im Zusammenhang mit dem Kosovo-Krieg konnten wegen der militärischen und politischen Schwäche Rußlands auf dem Balkan eingedämmt werden. Demgegenüber ist die Interessenkonkurrenz zwischen Rußland und den USA, dem Iran und der Türkei im Kaukasus viel schärfer und dem traditionellen imperialen Konkurrenzmuster noch stark verhaftet, so daß die Großmächte dort mehr Interesse an der militärischen und politischen Unterstützung einer einzelnen Bürgerkriegspartei haben als an einem Friedensprozeß zwischen den Bürgerkriegsparteien und an regionalen Machtkompromissen zwischen den Großmächten selbst.

Auf dem Balkan lassen sich alle drei Typen von Anstrengungen zur Friedenskonsolidierung und Konfliktregulierung studieren, derjenige zur präventiven Kriegsverhütung (Mazedonien), der zur Verhinderung einer Kriegseskalation (Kroatien, Bosnien-Herzegowina, Bundesrepublik Jugoslawien) und der am meisten beachtete zur Überwindung der Feindschaft nach einem Bürgerkrieg und Völkermord (Bosnien-Herzegowina, Kosovo und in geringerem Maße auch im übrigen Serbien und Montenegro).

2 Konfliktparteien ausbluten lassen oder militärisch bzw. zivil in lokalen und regionalen Konflikten intervenieren?

Die Bezeichnung „ethnischer Konflikt" enthält keine Aussagen über die Ursachen des Konflikts, sondern lediglich über die Beteiligten desselben. Wie bei jedem Konflikt zwischen gesellschaftlichen Großgruppen gibt es auch bei ethnischen und ethnonationalen Konflikten immer einige Angehörige der in die Auseinandersetzungen verstrickten Ethnien, die die Existenz eines Konflikts in Abrede stellen, die Gründe und Ziele eines solchen ablehnen und die gewaltsame Konfliktaustragung verabscheuen.

Zwar sind auch kleine Ethnien nicht sozial homogen, sondern sozial geschichtet und hierarchisch strukturiert, so daß das Verständnis ethnischer Interessen sozial und machtpolitisch differenziert ist; das ändert aber nichts daran, daß manche Konflikte von der großen Mehrheit einer Ethnie selbst als Konflikte mit anderen Ethnien verstanden und geführt werden. Insofern muß jegliches Engagement für eine Transformation von Konflikten aus gewaltsamen in friedliche die gesamten Ethnien einbeziehen. Konfliktmanagement kann sich nicht nur auf den Umgang mit den gewählten oder selbst ernannten Repräsentanten und den Eliten der Ethnien beschränken, auch wenn deren Partikularinteressen eine herausragende Rolle in einem Konflikt spielen.

Ein reduktionistisches Konfliktverständnis begünstigt eine bloß militärische Konfliktbearbeitung, in der lediglich die Entmachtung von Eroberungskriege führenden und massenmordenden Diktatoren und etablierten Machteliten im Irrglauben betrieben wird, damit allein schon Frieden schaffen zu können. Auf dem Balkan wurden wiederholt Politiker in nicht ganz unfreien Wahlen gewählt, die Eroberungskrieg führten und Völkermord organisierten oder begünstigten, während friedensbereite Politiker nur wenig Resonanz fanden. Herrschaftsinteressen werden nur wirksam, wenn sie mit Gefolgschaftsinteressen übereinstimmen. Friedensstrategien müssen deshalb auf die Verhaltensweisen der Völker selbst einwirken, die oft mehrheitlich oder durch eine starke Minderheit gewalttätige Regime hervorbringen oder dulden. Dementsprechend müssen Friedensstrategien differenziert auf die Bevölkerungsgruppen eingehen, die in unterschiedlicher Weise in den Konflikt involviert sind: als führende Akteure, die unbedingt den Konflikt gewaltsam austragen wollen, als andere, die zur gewaltlosen Konfliktaustragung bereit sind, als ausführende Akteure in mehreren Hierarchiestufen, als duldende oder lediglich widerwillig Mitwirkende, als bloße Mitläufer oder als gegen Gewalt oder Kompromißlosigkeit der dominanten Konfliktparteien opponierende Akteure.

Daraus folgt, daß die Erzwingung einer bestimmten Friedensregelung gegen den Willen einer oder beider Konfliktparteien durch andere Staaten oder durch die Vereinten Nationen nur durch erhebliche Opfer an Finanzen und meist auch an Menschenleben möglich ist. Dazu fehlt oft nicht nur der Wille der Regierungen, sondern häufiger auch der Bevölkerungsmehrheit in den am Konflikt nicht beteiligten Staaten, ganz unabhängig von den meist fragwürdigen rechtlichen Grundlagen für eine militärische oder massive zivile Intervention in die inneren Konflikte anderer Länder. Zudem überfordert die Vielzahl der Bürgerkriege und Massenmorde auf der ganzen Erde die Staatengemeinschaft. Das begünstigt das weitverbreitete Verhalten, stillschweigend über viele gewaltsame Konflikte hinwegzusehen oder sie gar nicht zur Kenntnis zu nehmen. Hin und wieder wird auch offen argumentiert, daß die gewaltsamen Konfliktparteien eigenverantwortlich seien und sich ausbluten müßten, bis eine Kriegsmüdigkeit und eine Erschöpfung der Massenmörder eintrete. Erst dann sei ein Friedensschluß möglich, falls keine der beiden Seiten den Sieg im Bürgerkrieg erringen und die verfeindete Bevölkerungsgruppe unterwerfen, vernichten oder vertreiben könne.

Die offenen Befürworter des Ausblutenlassens sind nicht sehr zahlreich, die stillschweigenden Befürworter und Dulder desselben hingegen in einer großen Mehrheit. Die Anhänger einer militärischen Intervention befinden sich meist in der Minderheit, diejenigen einer zusätzlichen oder alternativen zivilen Intervention in aller Regel in einer noch kleineren Minderheit.

3   Vom internationalen Friedensschluß (*peacemaking*) zu friedenserhaltenden (*peacekeeping*) und friedenskonsolidierenden Aktionen (*peacebuilding*)

In der internationalen Friedenspolitik lassen sich vier Etappen der Friedensbemühungen erkennen.

1. Unter Frieden wurde seit der Entstehung souveräner Territorialstaaten über Jahrhunderte und wird bis heute oftmals ein Zustand des Nichtkrieges zwischen Staaten verstanden, der in aller Regel mit einem vereinbarten Waffenstillstand beginnt und früher oftmals in den Abschluß eines Friedensvertrages mündete. Dementsprechend bestand Friedenspolitik vor allem in der erfolgreichen diplomatischen Kriegsverhütung sowie während und nach einem Krieg in der Vorbereitung eines Friedensschlusses durch Waffenstillstand und Friedensvertrag.

2. Erst im 20. Jahrhundert wurde das Interesse am zwischenstaatlichen Frieden zur institutionalisierten Aufgabe der sich schrittweise universal verbündenden Staatenwelt. Der Völkerbund (1920-1946) und die Vereinten Nationen (seit 1945) haben sich als ihr wesentliches Ziel die Aufrechterhaltung bzw. die Wiederherstellung des Weltfriedens und der internationalen Sicherheit gestellt, worunter die Satzungen der beiden Weltorganisationen allein einen zwischenstaatlichen Frieden und eine Sicherheit vor äußerer Aggression verstanden. Bürgerkriege und Massenmorde sowie andere schwerwiegende Menschenrechtsverletzungen galten und gelten weithin immer noch als innere Angelegenheiten der souveränen Staaten, auch wenn andere Staaten sich immer wieder einmal widerrechtlich in zerrissene Gesellschaften militärisch einmischen.

Im System der Vereinten Nationen, das erst seit den 1970er Jahren annähernd und seit 2002 fast vollständig alle Staaten der Welt umfaßt, hat der Sicherheitsrat die Verantwortung für die Aufrechterhaltung und Wiederherstellung des Weltfriedens. Dazu soll er vorwiegend friedliche Mittel verwenden (nach Kapitel VI der Satzung der VN). Im äußersten Falle darf er jedoch auch diplomatische und ökonomische sowie auch militärische Zwangsmaßnahmen ergreifen, also kollektiven Krieg zur Wahrung oder Wiederherstellung des Friedens führen (*peace enforcement* nach Kapitel VII SVN). Die Generalversammlung aller Mitgliedsstaaten der VN kann lediglich Empfehlungen für die Weltfriedenspolitik geben, auch wenn sie zwischenzeitlich beanspruchte, im Falle der Handlungsunfähigkeit des SRs selbst mehrheitlich Entscheidungen treffen zu können (Resolution ,Vereint für den Frieden' 1950).

3. Seit 1945 hat sich das Verständnis des Friedens und der legitimen Mittel zu seiner Aufrechterhaltung und Wiederherstellung erheblich gewandelt. Zunächst wurde 1956, in Ansätzen schon 1948, das Instrument der friedenserhaltenden Aktionen (*peacekeeping operations*, PKO) entwickelt, das den Einsatz von Truppen, teilweise auch von Polizisten und Zivilisten zur Überwachung eines zwischen zwei Staaten vereinbarten Waffenstillstandes oder Friedensvertrages dient. Die Truppen haben keinen Kampfauftrag und sind mit Zustimmung der Konfliktparteien in einem Grenzraum stationiert, um Verletzungen der Friedensvereinbarungen durch kleinere bewaffnete Gruppen aus den beiden Staaten zu beobachten und ihre Unterbindung durch die Konfliktparteien zu veranlassen. Diese Truppen tragen leichte Waffen, die nur zur persönlichen Verteidigung dienen. Lange Zeit wurden solche Truppen der VN nur von kleineren Staaten zur Verfügung gestellt, um den neutralen Charakter der VN-Friedensmission zu unterstreichen. Die Konfliktregulierung obliegt damit den Konfliktparteien, die internationalen Friedenstruppen haben nur eine unterstützende Funktion hierbei.

4. Nach dem Ost-West-Konflikt hat sich das Friedensverständnis der VN erheblich erweitert, als erstmals in Somalia 1992 die VN eine aktuelle oder drohende schwerwiegende Verletzung der Menschenrechte, also einen Bürgerkrieg in einem Land, der oftmals mit Massen- und Völkermord verbunden ist, als einen Friedensbruch oder eine Bedrohung des Friedens auffaßten und militärisch eingriffen und damit die staatliche Souveränität relativierten. Anfangs wurde zur Rechtfertigung angeführt, daß sich die Friedensbedrohung aus den internationalen friedensgefährdenden Wirkungen eines Bürgerkrieges ergebe, insbesondere infolge der grenzüberschreitenden Flüchtlingsströme, dann galt die massenhafte Menschenrechtsverletzung als solche bereits als Friedensbedrohung oder Friedensbruch. Vor allem im Falle des Zusammenbruchs aller staatlichen Autorität in einigen Ländern, den sogenannten „scheiternden oder gescheiterten Staaten" (*failing* oder *failed states*) wurde ein Recht der Staatengemeinschaft erklärt, sich militärisch in die inneren Angelegenheiten solcher Länder einzumischen und den inneren Frieden wiederherzustellen. Zu diesem Zweck mußte das Mandat der friedenserhaltenden Aktionen erweitert werden (zweite Generation der PKO). Es galt nicht mehr nur, einen bestehenden Frieden zu erhalten, sondern ihn zu konsolidieren (*peacebuilding*). Die PKO erhielten Aufgaben des Wiederaufbaus staatlicher Gewalt (z. B. in Kambodscha, Ost-Timor, Kosovo), wozu vor allem die Aufstellung einer die innere Sicherheit gewährleistenden Polizei, aber auch zahlreicher anderer staatlicher und auch

einiger nichtstaatlicher Institutionen gehört. Dies bedeutet, daß zunehmend Polizisten und Zivilisten in solchen Friedensmissionen benötigt werden.

Da in Ländern mit schwacher oder zerfallener Staatsgewalt kaum ein allgemein beachteter Waffenstillstand oder ein Friedensabkommen geschlossen werden kann, wurde das Mandat einiger PKO zu einem sogenannten „robusten" erweitert (dritte Generation der PKO), in denen schwerer bewaffnete Truppen im Auftrag der VN einen beschränkten Kampfauftrag erhielten. Viele Autoren und auch viele Staaten halten die „robusten" PKO für eine Fehlentwicklung und fordern deshalb eine Rückkehr zu den klassischen Formen des PKO ohne Kampfauftrag sowie eine Ausweitung des zivilen Friedensauftrags.

Seit der Agenda für den Frieden des VN-Generalsekretärs im Jahre 1992 nennt man die neuen Aufgaben der Errichtung von stabilen, nachhaltigen Friedensstrukturen *peacebuilding,* wörtlich eigentlich Friedensaufbau. Der Ausdruck ist allerdings nicht glücklich gewählt, da er ein anderes Friedensverständnis enthält, als dasjenige, das in *peacemaking* (Friedensschluß) und *peacekeeping* (Friedenserhaltung) enthalten ist. Bei den beiden letzteren Begriffen wird gemeint, daß Frieden besteht, wenn der Krieg durch einen Waffenstillstand oder Friedensvertrag beendet ist. Einen solchen, wie auch immer prekären Frieden gilt es zu erhalten, z. B. auch mit Hilfe von *peacekeeping operations* der VN. *Peacebuilding* hingegen suggeriert, daß der Frieden noch gar nicht besteht, also erst aufgebaut werden muß. Gemeint ist, daß ein prekärer Frieden noch eines sicheren Fundaments bedarf, daß er erst untermauert, d. h. konsolidiert werden muß. Um im Bild des Bauens und des Gebäudes (*building*) zu bleiben: oftmals wird mit einem Waffenstillstand oder Friedensabkommen erst ein Dach auf brüchigen, provisorischen Stelzen gebaut, ehe die festen Wände und das solide Fundament des Hauses errichtet werden können. Wie man die Sache auch immer nennen mag, der internationalen Gesellschaft und Staatengemeinschaft stellt sich neuerdings die Aufgabe, nicht nur Frieden zu schließen (*making peace*) und zu erhalten (*keeping peace*), sondern auch einen brüchigen Frieden zu konsolidieren (*building* oder besser *consolidating peace*), und zwar durch zivile Friedensfachkräfte. Dazu braucht man Polizisten, staatliche Verwaltungsfachleute und privatgesellschaftliche Fachkräfte. Friedenskonsolidierung ist vor allem eine nationale Aufgabe (*national peacebuilding*), sie kann aber international initiiert und tatkräftig unterstützt werden (*international peacebuilding*). Werden die Aufgaben der Friedenskonsolidierung in eine friedenserhaltende Aktion integriert, so wird gelegentlich schon von einer vierten Generation der PKO gesprochen (Winfried Kühne). Die neue Kommission für Friedenskonsolidierung und das Büro zur Unterstützung der Friedenskonsolidierung geben ihr ein institutionelles Gerüst.

Um Friedenskonsolidierung kümmert man sich meist erst nach einem Krieg oder Massenmord (sogenanntes *post-conflict peacebuilding*, d.h. Friedenskonsolidierung nach massenhafter Gewaltanwendung), sie kann aber auch zur Verhinderung solcher Ereignisse betrieben werden (präventive Friedenskonsolidierung) und – eher selten – während eines Bürgerkrieges und Massenmordes, in dem es noch Freiräume für Friedensarbeit gibt. Hier stehen Friedensarbeit und Vernichtungstätigkeiten im Wettstreit miteinander (kompetitive Friedenskonsolidierung in regionalen Friedenszonen, die nicht vom Krieg oder Morden erfaßt sind).

Nicht nur der Ausdruck *peacebuilding* ist unglücklich, sondern auch *post-conflict*, weil er den Begriff des Konflikts auf Krieg, bewaffnete Konflikte und Massenmord reduziert und damit die Illusion eines konfliktfreien, harmonischen Friedens und oftmals einer Versöhnung zwischen den Konfliktparteien nährt. Er macht blind für die Tatsache, daß viele Konflikte gar nicht gelöst, sondern nur transformiert (von gewaltsamen zu gewaltarmen oder gewaltlosen Austragungsformen) und reguliert (institutionalisiert und verrechtlicht) werden können. Oftmals ist es auch gar nicht wünschenswert, daß Konflikte endgültig gelöst werden, da Konflikt durchaus eine nützliche Funktion haben und Fortschritt, Entwicklung, Bewegung, Neuerung ermöglichen können. Es hat sich allerdings noch nicht allgemein die Auffassung durchgesetzt, daß ethnische Konflikte, die zu Bürgerkrieg und Völkermord führen können, nicht zu lösen sondern nur zu regulieren sind. Vor allem ist die weitverbreitete Auffassung illusionär, daß die Politisierung fast aller großen Ethnien zu Nationen und nationalen Gruppen, die seit dem 19. Jahrhundert im Gange ist, sich kurz- und mittelfristig rückgängig machen läßt in einer multiethnischen Gesellschaft ohne ethnisch fundiertes Nationalbewußtsein. Weitaus aussichtsreicher sind Bemühungen zur Begründung multinationaler Gesellschaften, die die nationale Konstitution von Ethnien anerkennen und ihren gesellschaftlichen und verfassungsrechtlichen Status regeln und somit in eine übergreifende staatlich-bürgerliche Nation einbetten. Das schließt nicht aus, daß manche nationalen Streitfragen endgültig, d. h. für eine lange, unbefristete Zeit gelöst werden, etwa eine Grenzfrage zwischen Staaten, Gliedstaaten oder administrativen Untereinheiten von Staaten. Auch verfassungsrechtliche Kompromisse können einige ethnonationale Streitfragen zumindest für einige Jahrzehnte in dem Sinne lösen, daß sie die Spannung zwischen den ethnischen Gruppen beseitigen, damit Kooperation oder zumindest Koexistenz zwischen ihnen vorherrschen kann.

Entsprechend gilt es, mittel- und langfristige Friedenskonsolidierung zu betreiben. Innerstaatliche ethnonationale Konflikte lassen sich prinzipiell auf drei Arten regulieren.

1. können die ethnonationalen Konfliktparteien territorial getrennt werden, wobei die radikalste Form die der nationalstaatlichen Separation darstellt. Dies geschah im Falle der 15 sowjetischen, von fünf jugoslawischen und den zwei tschechoslowakischen Nationen, die bereits einen föderativen Gliedstaat besaßen. Noch unklar ist, ob der serbisch-montenegrinische und auch der Konflikt zwischen Kernserbien und der Provinz Kosovo auf diese Weise reguliert werden. Eine andere Form ist die territoriale Trennung der ethnonationalen Konfliktparteien in föderierte Gliedstaaten, wie es in Bosnien-Herzegowina mit weitgehender Inkaufnahme der gewaltsamen Veränderungen der ethnischen Siedlungsstruktur geschehen ist, wo eine serbische und eine bosniakisch-kroatische „Entität" und innerhalb der letzteren zehn „Kantone" mit einem meist monoethnischen, in zwei Fällen auch mit einem biethnischen Gepräge geschaffen wurden. Viele Politiker des Westens streben auch für den Staat Serbien und Montenegro noch eine Föderation mit drei gleichberechtigten Gliedstaaten (also auch mit Kosovo) an, auch wenn diese Idee fast keine Resonanz in der Konfliktregion selbst findet. Ziel der territorialen Separation ist die Gewährleistung der sprachlichen, kulturellen und damit gewöhnlich auch ethnischen Suprematie in einem Gebiet, keineswegs jedoch völlige ethnische Homogenität des Territoriums. Faktisch ist die territoriale Separation nach heftigen ethnonationalen Gewaltkonflikten auch mit umfangreicher Flucht und mit der Vertreibung von ethnischen Minderheiten verbunden.

2. Gelegentlich gelingt es, ethnische Gruppen als nationale Personalverbände konstitutionell als gleichberechtigte Teile eines polyethnischen und multinationalen Staatsvolkes zu etablieren, wie es ansatzweise in Mazedonien geschehen ist.

3. Ein Ersatz für und meist auch eine Ergänzung zur territorialen oder personalen Staatlichkeit ist im Falle einer Politisierung, d. h. Nationalisierung einer Ethnie, ist die Organisation der großen Mehrheit der politisch aktiven Teile in einer oder besser noch in mehreren ethnonationalen Parteien und zahlreichen Verbänden und Vereinen. Eine gelingende Konfliktregulierung wird versuchen, solche Parteien für die Mitwirkung im bestehenden Staat zu gewinnen, sei es als Partner in einer Regierungskoalition, sei es als konstruktive, prinzipiell regierungsbereite Opposition. Die Verlagerung und Regulierung des ethnischen Konflikts durch geeignete Proporz- und Kompromißregeln in gesamtstaatlichen, polyethnischen Parteien wird nur äußerst selten und nur langfristig gelingen, falls der ethnonationale Konflikt bereits eine gravierende Schärfe erreicht hatte.

Eine Regression von einer Nation mit eigener (Glied-)Staatlichkeit zu einer bloßen Ethnie ohne staatlich-politische Aspirationen ist in unserem Zeitalter kaum zu verwirklichen, wodurch bestehende Staaten („multikulturell") durch entsprechendes polyethnisches *nation-building* konsolidiert werden sollen. Dabei wird meist die entscheidende Konfliktursache ignoriert, welche Ethnie in einem Staat die Mehrheit und damit die sprachlich-kulturelle und die politisch-ökonomische Hegemonie besitzen solle.

Frieden in einer durch Bürgerkrieg und Völkermord zerrissenen Region läßt sich zwar durch überlegene internationale Militärmacht erzwingen, wenn der oktroyierte Waffenstillstand oder der Friedensvertrag auch durch internationale Militärpräsenz und Protektoratsverwaltung anschließend abgesichert wird. Aber dadurch ist er noch längst nicht als sich selbst-tragender, d. h. von den Konfliktparteien getragener Frieden konsolidiert. Ist wegen der verschachtelten ethnischen Siedlungsstruktur, der Ablehnung von umfangreichen ethnischen Umsiedlungen oder aus sonstigen Gründen eine nationalstaatliche Separation ausgeschlossen oder unerwünscht, so hat Konfliktregulierung nur Aussicht auf Erfolg, wenn die ethnonationalen Konfliktparteien als solche anerkannt, einen rechtlichen Status erhalten und somit Partner in einem multinationalen, also nicht bloß polyethnischen Staat werden, in dem mit den unvermeidlichen ethnonationalen Konflikten auf friedliche, zivilisierte Weise umgegangen werden kann.

4 Gefahren der Reanarchisierung des internationalen Systems und des euro-amerikanischen Friedensimperialismus

Der Nationsaufbau (nation-building) und die Staatsbildung (state-formation) in vielen polyethnischen Gebieten, deren Grenzen von den Kolonialmächten willkürlich und ohne Rücksicht auf ethnische Siedlungsgebiete gezogen worden waren und in deren Rahmen die nationalstaatliche Unabhängigkeit insbesondere seit den 1960er Jahren errungen und gewährt wurde, sind in vielen Fällen gescheitert. Nach dem Wegfall der vielfach übergestülpten gesellschaftspolitischen Ost-West-Konfliktstruktur haben die Großmächte ein weit geringeres Interesse, zur Stabilisierung der Herrschaftsordnung in vielen Staaten des Südens beizutragen. Dies begünstigt die Auflösungstendenzen und gewaltsamen Auseinandersetzungen in vielen Staaten und Gesellschaften, im Extremfalle den Zerfall der Staatsgewalt und die Entstehung blutiger Anarchie. Andererseits sind auch Tendenzen unübersehbar, daß die USA und manchmal mit ihnen auch europäische Staaten den Anspruch erheben, als einzelne oder kollektive Weltordnungsmacht scheiternden oder von Bürgerkrieg und Massenmord zerrütteten Ländern ihre Wertvorstellungen von Frieden und innerer Ordnung aufzuzwingen, vor allem wenn von den lokalen und regionalen Gewaltkonflikten auch wirtschaftliche oder militärisch-strategische Interessen des Westens beeinträchtigt werden könnten. Die Friedenserzwingung, ob mit oder ohne VN-Mandat, wird in der südlichen Welt oftmals als neue Form der Kolonialisierung und des US-amerikanischen und europäischen Imperialismus wahrgenommen. Neben diesem Vorwurf steht gleichzeitig unvermittelt der andere Vorwurf, manche Länder in ihren zerstörerischen Konflikten zu belassen, anstatt diese mit militärischen und zivilen Mitteln zu unterbinden. Ein Rückzug der USA und anderer Großmächte von den zahlreichen lokalen Konfliktherden wird wahrscheinlich militärische und zivile Interventionen von Mittelmächten mit eigenen imperialen Interessen begünstigen, also kaum zur Gewaltminderung in der Welt beitragen. Umgekehrt wird ein überzogener westlicher Interventionismus, der nicht durch die Vereinten Nationen und eine breite Weltöffentlichkeit legitimiert wird, zur Verschärfung und Globalisierung gewaltsamer Konfliktaustragung, vor allem in der Form des Terrors und Konterterrors, führen. Anscheinend können nur die - schon in der letzten Vorlesung thematisierte - Reform der Vereinten Nationen und ein Ausbau ihrer friedenspolitischen Instrumente eine weltweite Eskalation der Gewalt verhindern und sie vielleicht sogar eine Deeskalation einleiten. Das Ausblutenlassen der lokalen und regionalen Konfliktparteien wird kaum eine solche Entwicklung hervorrufen.

5   Ausweitung der internationalen zivilen Konfliktregulierung und der zivilen Friedenskonsolidierung

Die Möglichkeiten einer Friedenserzwingung und einer Militärintervention zum Schutze vor schweren Menschenrechtsverletzungen sind strukturell auf einige wenige Länder und Regionen begrenzt. Ökonomische Zwangsmittel sind zwar häufiger anwendbar, aber nur mittel- oder längerfristig wegen vieler Unzulänglichkeiten in der internationalen Solidarität und des Lastenausgleichs zwischen den Hauptträgern des Boykotts oder des Embargos wirksam. Somit kommt der internationalen zivilen Konfliktregulierung und Friedenskonsolidierung eine herausragende Rolle zu. Beide bedürfen zweifellos der militärischen Absicherung, sei es der nationalstaatlichen oder einer internationalen, gegen größere äußere und innere Bedrohungen durch bewaffnete Gruppen. Zivile Konfliktregulierung im weiteren Sinne hat eine polizeiliche, also mit beschränkter Gewaltdrohung und -anwendung verbundene Dimension, außerdem eine zivile im engeren Sinne, also eine gewaltlose (situative Gewaltvermeidung), im besten Falle sogar eine gewaltfreie (prinzipielle Gewaltmeidung). Hierzu fehlt es noch weithin an Ideen und Strategien, vor allem aber auch an der breiten Akzeptanz von geeigneten Ideen und Strategien der Konfliktregulierung und Friedenskonsolidierung, außerdem an geschulten Friedensfachkräften, an Ausbildungseinrichtungen und an Schulungsplänen (Curricula) für sie, sowie an Einsatzplänen und rechtlichen Regeln für den Einsatz von Friedensfachkräften.

Die allgemeinen politischen Optionen für eine Konfliktregulierung wurden bereits genannt: staatliche Separation (Sezession oder Anschluß eines Territoriums an einen Nachbarstaat), föderale Gliedstaatlichkeit, territoriale Autonomie oder Konstitution als staatsrechtlicher nationaler Personalverband. Um eine der möglichen Optionen zu vereinbaren, bedarf es bereits einer Bereitschaft, einen bisher gewaltsam ausgetragenen oder möglicherweise bald gewaltsamen Konflikt in der Form von Verhandlungen fortzusetzen. Konfliktregulierung ist also sowohl prekäre Voraussetzung als auch nachhaltiges Ziel der Transformation eines Konflikts von gewaltsamen zu gewaltlosen Austragungsformen.

Auf der Grundlage der wechselseitigen Anerkennung und rechtlichen Trennung und Fundierung der Konfliktparteien können dann Formen der geregelten Konfliktaustragung entwickelt und eingeübt werden, sei es aufgrund weithin etablierter völkerrechtlicher Regeln (so zwischen den alten und neuen Staaten des Balkans), sei es aufgrund neu geschaffener staats- und verfassungsrechtlicher Regeln (innerhalb der Staaten zwischen dem Zentralstaat und seinen Organen, den eventuellen föderierten Gliedstaaten, den autonomen und nichtautonomen Gebieten, den sonstigen staatlichen Untereinheiten). Die innerstaatliche Konfliktregulierung beinhaltet eine Phase der kooperativen Regelfestsetzung, also der Verfassungsgebung, und dann die lange Phase der Regelpraktizierung und der Erzeugung gesellschaftlich tief verankerter Akzeptanz der Konfliktregeln. Dies erfordert geregelte Repräsentanz und Vetopositionen der Konfliktparteien bei der Verfassungsgesetzgebung, im Parlament, im Justizwesen und meist auch in der Regierung. Wiederum gilt, daß die Regelakzeptanz teils Voraussetzung, teils das Ergebnis erfolgreicher Praxis von Regeln der gewaltlosen Konfliktaustragung ist.

Die Aufgaben der Friedenskonsolidierung nach einer umfangreichen Gewaltanwendung oder zur Vorbeugung vor Gewalt sind schwer von den üblichen anderen Zielsetzungen des Aufbaus einer Staatsnation, der Rechtsstaatlichkeit und der Achtung der Menschenrechte, des guten Regierens, der Demokratisierung, der Entwicklung usw. zu trennen, mit denen sich seit langem auch verschiedene Organe der VN befassen. Auch wenn sie sich praktisch oft überlappen, so macht es doch Sinn, sie zunächst analytisch zu trennen und in sich systematisch differenzieren. So können systematisch folgende friedenskonsolidierende Aufgaben unterschieden werden: 1. Überlebenssicherung und Befriedigung der Grundbedürfnisse (Nahrung, Kleidung, Wohnung), 2. Gewährleistung der äußeren (militärischen) und inneren (polizeilichen) Sicherheit, 3. Aufbau minimaler staatlicher und gesellschaftlicher Strukturen zur Konfliktregulierung, 4. öffentlich-diskursive, psychotherapeutische und pädagogische Aufarbeitung der Gewaltgeschichte, 5. Einübung von friedlicher Konfliktaustragung und Kooperation mit der verfeindeten Konfliktpartei.

Entsprechend dem weithin verbreiteten konfliktfeindlichen Friedensverständnis, das auf Aussöhnung und Kooperation als Zielsetzungen fixiert ist, werden oft begrenztere und realistischere Zielsetzungen vernachlässigt. Sie lassen sich als Koexistenz (ohne oder mit nur geringer Kooperation) und Konfliktregulierung bezeichnen. Vor allem nach einem umfassenden Bürgerkrieg und Völkermord ist oft nur friedliche Koexistenz der räumlich oder zumindest gesellschaftlich deutlich getrennten Konfliktparteien möglich. Minimale Kooperation kann allenfalls Regeln für eine Fortsetzung des Konflikts mit friedlichen Mitteln schaffen. Nur wenige Individuen besitzen in solchen Situationen die Kraft, sich als Vorreiter für intensive Kooperation oder gar für langfristige Versöhnung zwischen den verfeindeten Konfliktparteien zu betätigen. Friedenskonsolidierung muß sich deshalb zunächst oft auf Einstellungs- und Verhaltensveränderungen in den Konfliktparteien konzentrieren (separate Aktivitäten), kann nur langsam auch mit gemeinsamen Aktivitäten beginnen. Gemeinsame Veranstaltungen können entweder die friedliche Konfliktaustragung und Kooperation zwischen den Konfliktparteien einüben (separative Kooperation) oder neue frontüberschreitende Kooperations- und Konfliktstrukturen schaffen. So macht es einen Unterschied, ob man etwa in Mazedonien Fußballspiele zwischen slawischen und albanischen Mazedoniern oder von gemischtethnischen Mannschaften veranstaltet oder veranstalten kann, um ein spielerisches Beispiel von kooperativer Konfliktaustragung zu nennen.

Um den Prozeß der Konfliktregulierung in Gang zu setzen, müssen sich die friedens- und kooperationsbereiten Kräfte in beiden verfeindeten Ethnien in Verbindung setzen, unter Umständen mittels einer oder mehrerer der bekannten internationalen Vermittlungstätigkeiten (Verhandlungserleichterung = *fascilitation*, Verfahrensvermittlung = *non-directive mediation*, Vorschlagsvermittlung = *directive mediation*), dann aber vor allem die gemäßigten Kräfte in den bewaffneten Konfliktparteien. Beide Gruppen gehören zu Beginn einer Konfliktregulierung oft nicht zu den Spitzenleuten der Konfliktparteien, aber auch nicht zu der mit dem täglichen Überleben befaßten gesellschaftlichen Basis und zu den lokalen Führungsleuten, sondern zur mittleren Ebene der gesellschaftlich einflußreichen Eliten. Erst das Umschwenken der bisherigen gewaltausübenden und gewaltrechtfertigenden gesellschaftlichen und politischen Kräfte zur Kooperation zugunsten einer friedlichen Konfliktregulierung, gegebenenfalls die gesellschaftspolitische Isolierung und Bekämpfung einer unversöhnlich gewaltausübenden Minderheit innerhalb der bisherigern Kriegs- und Gewaltparteien Dazu müssen essentielle Interessen und Bedürfnisse der Angehörigen dieser Parteien befriedigt werden, vor allem das Verlangen nach Amnestie oder stillschweigender Nichtverfolgung begangener Verbrechen. Die öffentliche Aufarbeitung der jüngsten Gewaltgeschichte ohne Strafverfolgung von Gewalttaten ist ein jüngst systematisch betriebener Kompromiß zwischen den Bedürfnissen nach Konfliktaufarbeitung und Straflosigkeit als Voraussetzung für das Niederlegen der Waffen.

6 Zusammenspiel von nationalimperialem Hegemonismus und schrittweiser Internationalisierung von ziviler Konfliktbearbeitung

Wie ist die wahrscheinliche Entwicklung? Es gibt durchaus Chancen, daß die VN ihr Instrumentarium zur Durchführung von Friedenskonsolidierungsmaßnahmen ausbauen werden und dabei die Unterstützung derjenigen Staaten erhalten, die traditionell friedenserhaltende Maßnahmen besonders mitgetragen haben, so die skandinavischen Staaten, Kanada, die Niederlande, Indien, darunter auch Deutschland. Aber es wird auch immer wieder Blockaden von Seiten ständiger Mitglieder des SRs der VN geben, insbesondere der USA, sofern eine vermehrte Aktivität der VN den nationalen Interessen der jeweiligen Großmacht zu widersprechen scheint. Umgekehrt überlassen die Großmächte den VN gern den Vortritt, wenn eine Übereinstimmung ihrer Interessen mit denen der Mehrheit des VN-SRs besteht und es inopportun scheint, die nationalen Großmachtinteressen unmittelbar durch eigene Truppen oder polizeilich-ziviles Personal zur Geltung zu bringen. Dieser Mechanismus begünstigt den Eindruck in großen Teilen der Weltöffentlichkeit, daß die VN letztlich nur ein nationalimperiales Instrument der USA und anderer Großmächte und vor allem des Westens sei.

Tatsächlich können weder das VN-Sekretariat noch die Mehrheit der VN-Mitglieder eine Friedenspolitik gegen die Großmächte durchsetzen, wohl aber wird es immer wieder Freiräume für friedenspolitische Initiativen der kleineren Staaten und auch von relevanten Teilen der Öffentlichkeit in den demokratischen Großmächten geben, die schließlich von den Großmächten gebilligt oder geduldet werden. Somit werden wohl in einigen Jahren umfangreichere polizeiliche und zivile Kontingente in vielen Ländern bereitstehen. Es werden Institutionen für deren Ausbildung und Einsatz sowie Finanzierung geschaffen werden. Größere Teile der Öffentlichkeit werden mehr Aufmerksamkeit für friedenskonsolidierende Missionen aufbringen und sie kritisch begleiten. Die Erfolge solcher Missionen werden aber wiederum neue Strategien zur Störung und Verhinderung unerwünschter Friedenspolitiken hervorrufen, die ihrerseits komplexere friedenspolitische Vorgehensweisen erforderlich machen. Insgesamt läßt die weitere Verflechtung der internationalen Gesellschaft erwarten, daß internationale Friedensmissionen eine größere Rolle in der Zukunft spielen werden.

Erinnerung an Völkermord als politische Waffe in der Gegenwart. Das Beispiel des osmanischen Genozids an den Armeniern[5]

Zusammenfassung

Dieser Tage, am 27. Januar 2006, gedachten die Vereinten Nationen erstmals eines Völkermordes, nämlich des deutschen nationalsozialistischen Mordes an den europäischen Juden. Die Erinnerung oder auch die Verdrängung und Leugnung von Völkermord dient fast nie ausschließlich dem Gedenken der Opfer des Massenmordes oder der Verweigerung dieses Gedenkens, sondern verfolgt in aller Regel zahlreiche politische Zwecke. Die Erinnerung soll z.B. die Bestrafung der Täter und Mittäter des Mordes, die politisch-moralische Verurteilung der gesellschaftlichen Führungsschicht, der Partei, Teile der Wählerschaft und des Staatsvolkes, die die Völkermörder an die Macht brachten und ihnen keinen Einhalt geboten, oder die Verhinderung zukünftiger Völkermorde haben. Die Anerkennung der Tatsache eines Völkermords durch den dafür verantwortlich gemachten (Nachfolge-)Staat fordert deshalb erhebliche gesellschaftliche Kosten. Aber auch die Nichtanerkennung kann sehr kostspielig sein und die internationale Ächtung und Isolation des betreffenden Staates mit erheblichen Folgen für dessen wirtschaftliche und kulturelle Entwicklung zur Folge haben.

Der osmanische ittihadistische Völkermord an den Armeniern wurde lange Zeit und wird teilweise auch heute noch geleugnet oder verschwiegen, weil die heutige türkische Führungsschicht und Teile des Volkes sich großenteils noch mit der für den Völkermord verantwortlichen „jungtürkischen" Führungsschicht im Osmanischen Reich identifizieren und weil die verbündeten Staaten der Türkei die Bündnisinteressen für gewichtiger halten als die Interessen eines kleinen Volkes, das zudem durch den Völkermord drastisch dezimiert und aus großen Teilen seines ehemaligen Siedlungsgebietes vertrieben wurde.

In den letzten drei Jahrzehnten wuchs erheblich die öffentliche Aufmerksamkeit für zahlreiche Völkermorde. In vielen Ländern hat die wissenschaftliche und öffentliche Auseinandersetzung mit ihnen Auftrieb erhalten. Auf manche Länder wird erheblicher innen- und vor allem außenpolitischer Druck auf An-

---

[5] Vortrag vom 6. Februar 2006.

erkennung der Tatsache eines historischen Völkermordes nach dem deutschen Beispiel ausgeübt, so vor allem auf Japan, Frankreich, die USA, Rußland und insbesondere die Türkei. Im Falle der Türkei besteht die Gefahr, daß die Nichtanerkennung des Völkermordes an den Armeniern zu einer Waffe der innertürkischen und auswärtigen Gegner des Beitritts der Türkei in die Europäische Union wird. Die wissenschaftlich-öffentliche Aufarbeitung des ittihadistischen Massenmordes an den Armeniern und die Klärung des Völkermordbegriffs ist einerseits ein unabdingbares Element der Liberalisierung und Demokratisierung der Türkei, ein Junktim zwischen der Anerkennung der Tatsache des Völkermordes und der EU-Mitgliedschaft wäre jedoch äußerst schädlich für die Aussichten auf eine Liberalisierung und Demokratisierung dieses Landes.

1   Politische Interessen an der Nichtthematisierung des Schicksals der Armenier unter osmanischer Herrschaft

Dieser Tage, am 27. Januar 2006, gedachten die Vereinten Nationen erstmals eines Völkermordes, nämlich des deutschen nationalsozialistischen Mordes an den europäischen Juden. Dies trägt zum einen dem einzigartigen Charakter dieses Völkermordes Rechnung, zum anderen kann es auch Aufmerksamkeit für das Gedenken an andere Völkermorde in der Vergangenheit wecken. Die Erinnerung an einen Völkermord dient fast nie ausschließlich dem Gedenken der Opfer, sondern verfolgt in aller Regel auch zahlreiche politische Zwecke, wie das auch die Verdrängung und Leugnung des Völkermords tut. Ziel der Erinnerung soll z.B. sein: die Bestrafung der Täter und Mittäter des Mordes, die politisch-moralische Verurteilung der gesellschaftlichen Großgruppe (Führungsschicht, Partei, Teile der Wählerschaft) und des Staatsvolkes, die die Völkermörder an die Macht brachten und ihnen keinen Einhalt geboten, die Wiederherstellung oder Bildung eines eigenen Staates der Überlebenden des Völkermordes, die Restitution von Privateigentum an überlebende Erben der Opfer, Entschädigungszahlungen an die überlebenden Opfer oder an die sie repräsentierenden Organisationen und Staaten, Einschränkungen des außen- und militärpolitischen Handlungsspielraums der Regierungen in den (Nachfolge-) Staaten, die Verantwortung für einen Völkermord tragen, oder die Verhinderung zukünftiger Völkermorde. Die Anerkennung der Tatsache eines Völkermords durch den verantwortlichen (Nachfolge-)Staat fordert deshalb erhebliche gesellschaftliche Kosten. Aber auch die Nichtanerkennung kann unter Umständen sehr kostspielig sein und die Ächtung und Isolation des betreffenden Staates in der internationalen Gesellschaft mit erheblichen Folgen für dessen wirtschaftliche und kulturelle Entwicklung zur Folge haben.

Die Leugnung des nationalsozialistischen Holokausts der Juden durch den iranischen Staatspräsidenten Mahmud Achmadinedschad in den letzten Wochen und Monaten verfolgt beispielsweise offen den Zweck, das Existenzrecht Israels zu bestreiten sowie zur Beseitigung dieses Staates und damit der Präsenz der meisten Juden im Nahen Osten aufzurufen, gleichzeitig aber auch, einen zwingenden monokausalen Zusammenhang zwischen dem Holokaust und der Staatsgründung Israels herzustellen, also die Deutschen und die anderen antisemitischen Europäer für die Verdrängung und Vertreibung der Araber aus großen Teilen Palästinas mitverantwortlich zu machen.

Der deutsche und internationale Umgang mit dem nationalsozialistischen Judenmord wird oftmals zum Maßstab für den Umgang mit anderen Völkermorden gemacht. Der von der Führung der politischen Bewegung und Partei *İttihad ve Terakki* (Einheit und Fortschritt), den sogenannten Jungtürken oder Ittihadisten, systematisch organisierte Massenmord an den osmanischen Armeniern und sein Charakter als Völkermord wird bis heute von der türkischen Regierung und dem größten Teil der türkischen öffentlichen Meinung und Wissenschaft geleugnet. Allenfalls wird zugegeben, daß einige Hunderttausend (300.000 oder mehr) Armenier im Zusammenhang mit ihrer Deportation nach Mesopotamien, wo nur wenige ankamen und überlebten, und mit der Niederschlagung armenischer Aufstände umgekommen seien. Insgesamt seien weit mehr Moslems (Türken, Kurden und anderen) von den verbündeten Russen und Armeniern umgebracht worden als Armenier von den Türken und Kurden. Die wechselseitigen Massaker – der Ausdruck Völkermord wird in der offiziellen und offiziösen türkischen Literatur kategorisch abgelehnt – seien durch die armenischen Nationalrevolutionäre, die von Rußland, Großbritannien, Frankreich und den USA angestachelt und finanziert worden seien, ausgelöst worden. Alle Opfer der Massaker seien somit bedauerliche, schreckliche Begleiterscheinungen eines von den Armeniern begonnenen Bürgerkrieges im Rücken der osmanischen Fronten im Westen, Nordosten und Südosten des Osmanischen Reiches, das sich in der Defensive befand und von der Zerstückelung bedroht war, und in dem das türkische Volk um seine Existenz rang.

In der armenischen Literatur wird hingegen überwiegend von einem osmanisch-türkischen Völkermord an 1,5 Millionen Armeniern gesprochen und einer geringen Zahl von muslimischen Opfern (Türken, Kurden, Aserbaidschanern und anderen) infolge von armenischen Revanchemassakern, die bei armenischen Widerstandsaktionen und im Rücken der in das Osmanische Reich eingedrungenen rußländischen Armeen stattfanden.

Einige Autoren werfen dem Deutschen Reich, das im Ersten Weltkrieg die politisch-militärische Kontrolle über das Osmanische Reich ausgeübt habe, die Hauptverantwortung oder gar die Urheberschaft für den Völkermord an den Armeniern vor und weisen den Türken, Kurden und anderen Moslems eher ausführende Funktionen zu. So wurde der Völkermord an den Armeniern auch als „Holokaust vor dem Holokaust" an den Juden bezeichnet und eine Kontinuität deutscher Vernichtungspolitik konstruiert.

Der deutsche Bundestag hat am 16. Juni 2005 erstmals gewagt, auf Antrag aller vier Fraktionen, der „Vertreibungen und Massaker an den Armeniern 1915" zu gedenken. Dabei wurde der Ausdruck Völkermord vermieden, aber es war von „Verbrechen am armenischen Volk" die Rede. „Deutschland muß zur Versöhnung zwischen Türken und Armeniern beitragen" hieße es im Titel des Beschlußantrages. In den Jahren zuvor waren entsprechende Initiativen mit Rücksicht auf den NATO-Partner Türkei und die deutschen Interessen in der Türkei stets gescheitert. Bis zum Gedenken im Bundestag hatten allerdings die Regierungen oder die Parlamente schon in zahlreichen anderen Ländern den Völkermord an den Armeniern verurteilt und die Türkei zur Anerkennung der historischen Tatsache desselben aufgefordert. Die Aufforderungen vor allem türkischer Autoren zur Anerkennung der historischen Tatsache von Massakern armenischer Aufständischer und Truppenverbände sowie rußländischer Streitkräfte an den Moslems in Ostanatolien und im Kaukasus blieben ohne Resonanz. Hierbei zeigte niemand ein Interesse aus offenkundigen, wenn auch entgegengesetzten politischen Motiven für diese Taten den Ausdruck Völkermord zu benutzen.

Beim Streit um den massenhaften Tod der Armenier im Osmanischen Reich geht es um mehrere, analytisch trennbare Gegenstände. Nicht wenige Mißverständnisse werden schon durch unterschiedliche Verständnisse des Begriffs Völkermord ausgelöst, der heute einen immer noch nicht völlig klar umrissenen völkerrechtlichen Strafbestand bezeichnet, im Ersten Weltkrieg aber noch gar keiner war. Überwiegend wird er als ein politisch-moralischer Begriff benutzt. Wahrscheinlich ist vom Mord an Völkern schon sehr früh gesprochen worden, das Wort Genozid ist aber erst 1943 von dem Polen Raphael Lemkin in Hinblick auf die Ermordung von Polen durch Deutsche geprägt worden und im Jahr darauf auch auf die Ermordung der Juden angewandt. Holokaust (griech. für Brandopfer) hingegen ist ein schon vor sehr langer Zeit im Deutschen gebrauchtes Wort für Massenmord, wurde aber in widersinniger Sprachgewohnheit erst in amerikanischer Schreibweise und Aussprache als Holocaust durch den gleichnamigen Film aus dem Jahr 1979 allgemein bekannt. Die Debatte über den Völkermord an den Armeniern wird dadurch erschwert, daß er oftmals auch als Vorläufer-Holokaust mit dem außergewöhnlichen und einzigartigen Völkermord an den Juden gleichgesetzt wird, nicht aber als ein eigenständiger, unter den besonderen Bedingungen eines Weltkrieges und einer drohenden Teilung des Landes entstandener Völkermord unter vielen anderen. Durch die Gleichsetzung der beiden Völkermorde werden von der Türkei ähnliche Entschädigungsleistungen wie Deutschlands erwartet.

Umstritten ist ferner die Zahl der armenischen Opfer, sind die Bedingungen, unter denen sie sterben mußten, absichtlich herbeigeführten, bloß in Kauf genommenen oder kaum abwendbaren in einem schrecklichen Krieg auf osmanischem Territorium. Verschwiegen, betont oder propagandistisch überzeichnet wird eine sich hinziehende Grausamkeit des Tötens oder Sterbenlassens durch Hunger, Durst, Krankheiten, Selbstmord, werden die vielfältigen Demütigungen vor dem Tod und die Leiden der wenigen Überlebenden.

Auch die Leugnung eines Völkermordes kann viele Facetten besitzen. Sie kann von einem schieren Verschweigen und Bestreiten des massenhaften Tötens unbewaffneter Angehöriger eines Volkes als solchen, über eine Minimierung der Opferzahl bis zur Rechtfertigung des Tötens als Vergeltung für die Verbrechen reichen, die von Angehörigen des Opfervolkes tatsächlich oder angeblich begangen wurden. Außerdem finden Massenmorde als Reaktion auf Massenmorde oftmals großes Verständnis. Vergeltungsmassenmorde werden nur selten als Völkermord bezeichnet, sondern gar manchmal als verdiente kollektive Strafe angesehen.

2   Wechselseitiges Bürgerkriegsgemetzel oder Völkermord?

Gab es überhaupt einen Völkermord an den Armeniern? Die Beantwortung dieser Frage setzt zweierlei voraus, zum einen eine Klärung des Begriffs Völkermord, zum anderen eine Sichtung der Literatur über die empirischen Belege, die einen Völkermord im Osmanischen Reich beweisen oder widerlegen sollen. Hier kann nicht über eigene Forschung über die Vorgänge im Osmanischen Reich berichtet werden und auch nur über einen kleinen, jedoch die wichtigsten kontroversen Positionen berichtenden Teil der Literatur hierzu.

Der engste Begriff von Völkermord bezeichnet einen Vorgang, mit dem die Ausrottung eines ganzen Volkes als solches, ihm also die Existenzberechtigung auf der ganzen Welt abgestritten wird, nicht nur beabsichtigt sondern auch weitgehend ausgeführt wird. Nach diesem Verständnis gab es zwar viele Völkermorde in der fernen Vergangenheit, als die Völker nur einige Hunderte oder Tausende Menschen umfaßten, aber in der jüngsten Geschichte nur einen einzigen, den deutschen nationalsozialistischen Mord an den Juden in dem vom Deutschen Reich zeitweise beherrschten Europa. Oft wird für dieses einzigartige Ereignis auch der Ausdruck Holokaust monopolisiert, als ein besonderer Völkermord unter vielen anderen, gewöhnlichen Völkermorden. Einige Autoren gebrauchen allerdings das Wort Holokaust im Plural für die ganz großen, massenhaften Völkermorde mit Hunderttausenden und Millionen Opfern im Unterschied zu den häufigeren Völkermorden mit weit geringerer Opferzahl, etwa dem von Srebrenica im Juli 1995 mit 7-8.000 bosniakischen Opfern oder dem von Sumgait vom 27./28. 2.1988 mit Dutzenden armenischen Opfern (nach sowjetischen Behörden: 26 Armenier und 6 Aserbaidschaner) oder von Xocalı am 25.2.1992 mit nach unterschiedlichen Angaben 161 bis 613 aserbaidschanischen Opfern.

Eine sehr weite Definition von Völkermord enthält die „Konvention über die Verhütung und Bestrafung des Völkermordes" der Vereinten Nationen vom 9. Dezember 1948, die am 12. Januar 1951 in Kraft trat. Danach bedeutet „Völkermord eine der folgenden Handlungen, die in der Absicht begangen wird, eine nationale, ethnische, rassische oder religiöse Gruppe als solche ganz teilweise zu zerstören: (a) Tötung von Mitgliedern der Gruppe; (b) Verursachung von schwerem körperlichem oder seelischem Schaden an Mitgliedern der Gruppe; (c) vorsätzliche Auferlegung von Lebensbedingungen für die Gruppe, die geeignet sind, ihre körperliche Zerstörung ganz oder teilweise herbeizuführen; (d) Verhängung von Maßnahmen, die auf die Geburtenverhinderung innerhalb der Gruppe gerichtet sind; (e) gewaltsame Überführung von Kindern der Gruppe in eine andere Gruppe. Hiernach kann sogar ein Völkermord vorliegen, wenn kein einziger Mensch getötet wird.

Gemäß der weiten VN-Definition ist das Verbrennen von fünf Mitgliedern einer Familie in ihrem Haus in Solingen am 29. Mai 1993, aus dem einzigen Grund, daß sie Türken waren, bereits ein Völkermord, da keine Mindestgröße für einen Völkermord angegeben wird. Lediglich der Plural „von Mitgliedern der Gruppe" besagt, daß die Ermordung eines Menschen noch kein Völkermord sein, wohl aber die von zweien. Legt man den weiten Völkermordbegriff von 1948 zugrunde, so kann es nicht den geringsten Zweifel an einem Völkermord an den Armeniern im Osmanischen Reich geben, da unstrittig – auch in der Sicht fast aller türkischer Wissenschaftler – seinerzeit viele Menschen ermordet wurden, nur weil sie Armenier waren. Der türkischen offiziellen und offiziösen Leugnung eines Völkermords an den Armeniern liegt ein weitaus engerer Völkermordbegriff zugrunde als der der Vereinten Nationen.

Zunächst sei aber im Zusammenhang mit der allgemeinen Definitionsfrage darauf hingewiesen, daß einige Autoren kritisieren, daß die Völkermordkonvention der VN in mancher Hinsicht viel zu eng ist, da sie das Töten von Mitgliedern des eigenen Volkes nicht verbietet. Nur der Völkermord (Genozid), nicht der Volks- oder Bevölkerungsmord (Demozid) wird in der VN-Konvention verurteilt, da die Sowjetunion und wohl auch andere Staaten als Mitunterzeichner der Konvention seinerzeit ein Interesse hatten, die staatlichen Massenmorde am eigenen Volk von einer Strafverfolgung auszunehmen. Die Konvention ist somit auch nicht anwendbar im Falle eines sozialen Klassenmords (Soziozid) oder eines politischen Massenmords (Politizid) wie im Falle der Ermordung von 500.000 tatsächlichen und angeblichen Kommunisten in Indonesien im Jahre 1965.

Von den Überlegungen zum Völkermordbegriff und seinen nach Zeit und Ort höchst wechselhaften Verwendung vor Gericht abgesehen lassen sich doch einige Tendenzen im Sprachgebrauch beobachten. Auf wenige Stunden oder Tage begrenzte Morde an Mitgliedern nationaler, ethnischer, rassischer oder religiöser Gruppen (im weiteren zusammenfassend fremden Gruppen genannt), die oft zwar privat organisiert und veranstaltet, aber staatlich geduldet und angestiftet werden, werden häufig als Pogrome bezeichnet, im Unterschied zu fremdenfeindlichen privaten Mordaktionen, die sofort von staatlichen Organen bekämpft werden und die auch fast nie als Völkermord bezeichnet werden wie die erwähnten fremdenfeindlichen Morde in Solingen. Völkermord ist demnach ein länger anhaltender, staatlich organisierter oder geduldeter Fremdenmord. Sumgait und vielleicht auch Xocalı wären demnach Pogrome, aber keine Völkermorde, während Srebrenica ein längerfristig organisierter und durchgeführter Völkermord war. Auch im Falle der Ermordung zahlreicher Juden am 9. November 1938 spricht man von der „Reichspogromnacht", nicht von einem ersten größeren nationalsozialistischen Völkermord.

Auch die in unmittelbaren Zusammenhang mit kriegerischen Aktionen stehende Ermordung von zahlreichen Zivilisten gilt in der Regel nicht als Völkermord. In früheren Zeiten wurden oftmals eroberte Städte und Landstriche für ein bis drei Tage den siegreichen Truppen von ihren Militärkommandeuren zur Plünderung, zum Vergewaltigen und Ermorden freigegeben, ehe man danach trachtete, die militärische Disziplin und rechtliche Ordnung wiederherzustellen. Solche frontnahen Massaker an Zivilisten und Kriegsgefangenen fanden auch im Ersten Weltkrieg sowohl auf osmanischer wie auf rußländischer Seite unter Beteiligung von Armeniern in großem Umfang statt. Mit dem mehrmaligen Vorrücken und Rückzug der Truppen steigerte sich das Rachebedürfnis der Massaküberlebenden wechselseitig. Nachdem beispielsweise die osmanischen Truppen mit deutscher Unterstützung im September 1918 Baku erobert hatten, wurde es den osmanischen Truppen drei Tage lang freigestellt, die örtlichen

Armenier zu berauben, zu vergewaltigen und zu ermorden, wobei 30.000 Menschen umgekommen sein sollen. Diejenigen osmanischen Soldaten, die ihre Greueltaten auch noch am vierten Tag fortsetzten, ließ das Militärkommando an einigen zentralen Straßenkreuzungen aufhängen. Nicht bestreiten läßt sich, daß auch rußländische Truppen, unter denen sich 150.000 Armenier befanden, und mit ihnen verbündete armenische Kampfeinheiten mit wenigen tausend Freiwilligen, die sowohl aus rußländischen als auch osmanischen Staatsangehörigen bestanden, die Unsitte der frontnahen Zivilistenmorde gepflegt hatten, solange sie in der Lage waren, osmanische Dörfer und Städte zu erobern.

In wenigen Städten und Landstrichen wie um Van waren Armenier in der Lage, einen bewaffneten Aufstand auszuführen, wobei sie nach armenischer Lesart auf die Deportationsbeschlüsse der osmanischen Regierung und die ersten Greuel an Armeniern reagierten, während sie nach türkischer Lesart mit Rußland, Großbritannien und Frankreich kollaborierten, um die Separation der östlichen Provinzen des osmanischen Reiches zu erzwingen. Bei diesen Aufständen wurden auch zahlreiche muslimische Zivilisten umgebracht, wobei die Zahlenangaben beider Seiten drastisch divergieren. Ausschreitungen gegen die Armenier in den Folgemonaten werden von türkischen Autoren wiederum mit armenischen Massakern an Muslimen (wohl meist Kurden, seltener Türken) erklärt oder gar gerechtfertigt.

Eine neuere Studie von Guenter Lewy betont einen weiteren Faktor im tödlichen Geschehen seit dem Deportationsbeschluß der osmanischen Regierung vom Mai 1915. Zu diesem Zeitpunkt waren die Deportation und die Greueltaten schon einige Wochen im Gange. Die Alliierten kündigten deshalb öffentlich eine Bestrafung der dafür Verantwortlichen nach dem Krieg an. Erst daraufhin veranlaßten die drei hauptverantwortlichen Minister den offiziellen Deportationsbeschluß des gesamten Kabinetts, um es in die Mitverantwortung einzubeziehen. Nach Lewy gibt es keine Dokumente (mehr), die die Vernichtungsabsicht der Zentralregierung belegen. Er hält es für plausibel, daß viele armenische Opfer nicht auf Vernichtungsabsichten zentralstaatlicher oder provinzialer Behörden zurückzuführen seien, sondern schlicht auf die durch den Krieg geförderte chaotische Desorganisation des Reiches, das nicht in der Lage war, eine Deportation einigermaßen geordnet und unter Beachtung humanitärer Mindeststandards zu veranstalten. Als Indiz hierfür wird angeführt, daß auch ganze osmanische Truppenverbände dem Tod durch Verdursten, Verhungern oder Seuchen ausgeliefert blieben. Nach der Desorganisationsthese waren staatliche Behörden auch nicht in der Lage, die Kolonnen der Deportierten, die zu Fuß, zu Pferde oder in vom Vieh gezogenen Wagen unterwegs waren, vor privaten kriminellen, vor allem kurdischen Banden zu schützen, die die wehrlosen

Armenier beraubten, quälten, vergewaltigten und nicht selten äußerst grausam ermordeten, ihnen auch Frauen und Kinder wegnahmen, um sie zu verkaufen oder in die eigenen Familien aufzunehmen, zu kurdisieren oder zu türkisieren, was laut VN-Konvention auch unter den Tatbestand des Völkermords fällt. Es gibt auch Berichte von Muslimen, die aus Mitleid armenische Kinder retteten und in ihre Familien aufnahmen.

Lewy lehnt den Ausdruck Völkermord für die osmanischen Massaker ab, da er einen äußerst engen Völkermordbegriff benutzt, der an dem Muster des deutschen Judenmordes orientiert ist und darunter die von einer Zentralregierung beabsichtigte Vernichtung eines ganzen Volkes versteht. Für eine solche Absicht gibt es in der Tat keine Belege; es liegen im Gegenteil sogar zahlreiche Indizien gegen die Absicht vor, alle Armenier vollständig ausrotten zu wollen. Gelegentlich wurde das Ziel genannt, den Armenieranteil an der Bevölkerung überall auf fünf Prozent zu reduzieren. Zwischen dem Judenmord und dem Armeniermord gibt es zweifellos sehr wichtige Unterschiede. Völkermord liegt aber auch dann vor, wenn Teile eines Volkes vernichtet werden und werden sollen, außerdem auch dann, wenn untergeordnete staatliche Stellen oder gar private Organisationen wie eine Partei die Vernichtungstaten befehlen oder durchführen. Die beabsichtigte Vernichtung von Teilen mehrerer slawischer Völker durch die deutschen Nationalsozialisten war zweifellos Völkermord wie auch die Vernichtung „nur" einiger tausend bosniakischer Männer in Srebrenica als Völkermord gilt.

Deutsche, österreichisch-ungarische und amerikanische Diplomaten haben die osmanische Führung mehrmals auf die Greueltaten hingewiesen. Die beiden osmanischen Verbündeten hielten sich zwar mit allzu scharfer und vor allem öffentlicher Kritik zurück, da sie den wichtigen Kriegspartner nicht verlieren wollten, der die eigenen Streitkräfte von höheren Todesraten entlastete, forderten aber eine geordnete und einigermaßen humane Durchführung der Deportation der Armenier. Der US-amerikanische Botschafter Henry Morgenthau hingegen bot die Einreiseerlaubnis für alle Armenier in die USA an, was Mehmet Talat Pascha zunächst annahm, dann aber ablehnte, weil er fürchtete, die in die USA ausgewanderten Armenier würden über die bereits geschehenen Greueltaten berichten. Unzweifelhaft wußte die osmanische Regierung sowohl von den Massenmorden an den Armeniern an ihren Wohnorten oder anderswo sowie von dem Massensterben der Deportierten. Selbst wenn sie ursprünglich nicht die teilweise Vernichtung der Armenier gewollt haben sollte, so gab sie wissentlich die Befehle, die zur fortgesetzten massenhaften Vernichtung von Armeniern durch Taten und Unterlassungen führte.

3 Die Modernität des Völkermordes im Zeitalter der Nationalstaatsbildung

Der Völkermord an den Armeniern steht im Zusammenhang mit der Durchsetzung des ethnisch fundierten Nationalstaatsprinzips in Europa, vor allem in den dynastischen Reichen des Ostens. Dieses beruht auf dem Gedanken, daß ein meist monoethnisches Volk, das sich als Nation versteht, den Anspruch hat, auf seinem mehrheitlichen Siedlungsgebiet einen eigenen Staat zu errichten, dessen territorialer Kern das Siedlungsgebiet der eigenen Nation sein soll. Aus den Diskrepanzen zwischen dem oft nicht geschlossenen und gemischt besiedelten ethnonationalen Siedlungsgebiet und dem Anspruch auf einen territorial geschlossenen und möglichst imperial ein wenig durch fremdes Gebiet arrondierten Nationalstaat folgte die Neigung, ethnische Minderheiten oder gar lokale und regionale Mehrheiten zu vertreiben, im äußersten Fall auch zu vernichten, wenn eine Vertreibung aus dem einen oder anderen Grund nicht möglich war und als nicht ausreichend erschien. Zwar wurde nur selten der ethnisch homogene, aber meist der monoethnisch hegemoniale Nationalstaat unter der Prämisse der Volkssouveränität und der Akzeptanz eines Staats durch die Mehrheit seiner Bevölkerung beansprucht.

Vor 1914 hatte nur das Osmanische Reich bereits riesige Gebiete verloren, während die christlichen Ostreiche bis zum Ersten Weltkrieg ihre Gebiet erhalten oder gar noch ausdehnen konnte. Mit Hilfe der europäischen Großmächte hatten sich bereits Griechenland, Serbien, Montenegro, Rumänien, Bulgarien, faktisch auch Ägypten, und schließlich auch Albanien und Mazedonien als neue Nationalstaaten separiert. Das damals weithin als Armenien bezeichnete Gebiet Ostanatoliens mit den sechs bzw. sieben ostanatolischen Wilayets (Provinzen) Erzurum, Diyarbekir, Harput, Van, Bitlis und Sivas sowie eventuell auch Trabzon hätte nach den Vorstellungen vieler armenischer und christlicher Politiker in Rußland und ganz Europa nach Mazedonien der nächste unabhängige christliche Nationalstaat werden sollen, zumindest aber ein weitgehend autonomes Gebilde nach dem Vorbild Finnlands im Rußländischen Reich. In diesem historischen „Armenien" bildeten die Armenier wahrscheinlich kaum die Hälfte der Bevölkerung und nur in einigen Städten und Gebieten, insbesondere im Wilayet Van, die klare Mehrheit, während in anderen Gebieten die Kurden die Mehrheit und die Türken oft nur eine Minderheit darstellten. Seit 1878 hatte es mehrere international erzwungene osmanische Versprechen gegeben, eine armenische oder auch armenisch-kurdische territoriale Autonomie in den östlichen Wilayets einzurichten.

Osmanische Reformpolitiker versuchten seit Mitte des 19. Jahrhunderts vergeblich die osmanische Herrschaft, die jahrhundertelang auf dem Prinzip der islamischen Vorherrschaft beruht hatte, zu modernisieren und durch die Förderung eines osmanischen Staatsbewußtseins auf der Grundlage der Gleichberechtigung aller Staatsangehörigen und aller Nationalitäten zu stabilisieren. 1908 zeigte sich mit dem Verlust Bulgariens und Bosnien-Herzegowinas endgültig das Scheitern des polyethnischen Osmanismus an. Der Islamismus blieb eine kurze Übergangserscheinung und wurde schließlich durch den Türkismus und Turanismus (Idee einer Vereinigung der Turkvölker) abgelöst, der durch den Ausgang der beiden Balkankriege weiteren Auftrieb erhielt. Der junge türkische Nationalismus stimulierte seinerseits den griechischen, den armenischen, den arabischen und den kurdischen Nationalismus und begrub die Idee eines polyethnischen türkisch-kurdisch-armenisch-griechischen Staates in Anatolien und Ostthrazien. Damit drohte nicht nur die Abspaltung Griechisch-Westkleinasiens, sondern auch die Abspaltung Armeniens bzw. Kurdistans. In Ostanatolien wären die christlichen Armenier und die islamischen Kurden die eigentlichen nationalen Kontrahenten geworden, falls die osmanisch-türkische imperiale Oberhoheit über Ostanatolien zusammengebrochen wäre. Wegen der Sympathie vieler Armenier in Rußland und zum kleineren Teil auch im Osmanischen Reich mit der Allianz Rußlands und der Westmächte im Ersten Weltkrieg war die Gefahr einer armenischen Separation größer als die der kurdischen. Die Kurden konnten also leicht von den Türken gegen die Armenier instrumentalisiert werden, was bereits Sultan Abdul Hamid II. seit 1891 systematisch bei Armenierpogromen betrieb. Schon zu seiner Zeit soll ein Minister gesagt haben, daß man die armenische Frage am besten aus der Welt schaffe, wenn man die Armenier aus der Welt schafft. Von vereinzelten Ausrottungsabsichten läßt sich aber nicht auf eine tatsächliche Ausrottungspraxis schließen.

Im Ersten Weltkrieg benutzten die Westmächte und Rußland den armenischen und griechischen Nationalismus für ihre imperialen Zwecke, wie das Osmanische Reich und die Mittelmächte mit dem Nationalismus der muslimischen Völker (Aserbaidschaner, Tataren etc.) in Rußland und im Britischen Reich ebenfalls taten. Die Nationalisten aller kleinen Völker trachteten ihrerseits, die Großmächte für ihre nationalen Zwecke zu instrumentalisieren.

Anfang 1915, als die Briten ihre Offensive auf Gallipoli/Gelibolu an den Dardanellen begannen und die rußländischen Truppen über den Kaukasus bis weit nach dem Südwesten vordrangen, war die Gefahr einer Separation der ostanatolischen Wilayets als armenischer Nationalstaat auf bislang osmanischem Territorium also durchaus real. Der hier nur kurz skizzierte Zusammenhang zwischen imperialer Großmachtpolitik und Nationalstaatsbildung bildet den Hintergrund für den Völkermord an den Armeniern.

Das kleine Volk der Armenier von rund 4,5 Millionen Menschen hat wohl mehr als ein Siebentel aller Todesopfer des Ersten Weltkrieges erbracht. Man muß aber vier Gruppen von diesen Todesopfern unterscheiden: 1. Soldaten und andere bewaffnete Kämpfer, die im Staaten- oder in armenischen Aufständen gefallen sind, 2. Zivilisten und Kriegsgefangene, die frontnah im engen zeitlichen und örtlichen Zusammenhang mit Kriegshandlungen ermordet wurden (gewöhnliche Kriegsverbrechen), 3. Dorfbewohner und Deportierte, die unbeabsichtigt aufgrund staatlicher Desorganisation sterben mußten wie viele Türken auch und selbst osmanische Soldaten, weil die staatlichen Behörden zur Versorgung von Teilen der Bevölkerung oder der Deportierten nicht in der Lage waren, 4. Zivilisten und politische Inhaftierte, die systematisch von staatlichen Amtsträgern aufgrund amtlicher Befehle erschossen, erschlagen, ertränkt und verbrannt, an private Mordbanden oder an den Tod durch Durst, Hunger, Krankheiten ausgeliefert wurden. Hierbei sollen sich die Sondereinsatzgruppen der *Teşkilât-i Mahsusa* von rund 30.000 Mann hervorgetan haben, die zum Teil aus freigelassenen Schwerstverbrechern gebildet worden waren und dem Kriegsministerium unterstanden. Aber auch Polizeiverbände und zum geringeren Teil auch einzelne Armeeeinheiten haben sich an den Greueltaten beteiligt. Manche Beamte leisteten Widerstand gegen die Armenierverfolgung und wurden schwer bestraft. Es wurden aber auch einige Personen zum Tode verurteilt, die sich durch unerwünschte Grausamkeit hervortaten.

Nur im Falle der vierten Gruppe sollte man von Opfern des Völkermordes sprechen. Ihre Zahl dürfte nach unterschiedlichen Schätzungen um die 650.000 liegen, plus minus 200 – 300.000. Welche der Zahlen auch immer empirisch am stichhaltigsten ist, an der Tatsache eines umfangreichen Völkermordes an Hunderttausenden von Armeniern, im wesentlichen organisiert durch staatliche Behörden im Schatten des Weltkrieges und der drohender Aufspaltung des Osmanischen Reiches, kann kein ernsthafter Zweifel bestehen.

Eine gewisse Rolle im Streit um die Ereignisse spielen die Prozesse des Osmanischen Reiches, dessen Nachkriegsregierung versuchte, die alliierten Sieger dadurch günstig für die Erhaltung des Reiches und des Regierungssystems zu stimmen, daß sie selbst 1919/20 einige Verantwortliche für den Armeniermord vor Gericht stellten, diesen aber nicht als Werk der Regierung und des Staates, sondern der Partei *İttihad ve Terakki* und der prodeutschen Minister, des Kriegsministers Enver Pascha, des Marineministers Cemal Pascha und des Innenministers Talat Pascha darstellten. Damals sprach man offiziell von 800.000 umgekommenen Armeniern. 17 Todesurteile wurden verhängt, die meisten in

Abwesenheit, da die Massenmörder rechtzeitig geflohen waren, zum Teil in die Weimarer Republik. In Berlin wurde 1921 Taalat Pascha von einem Armenier ermordet wurde, der dann in einem spektakulären Prozeß freigesprochen wurde. Drei Todesurteile wurden noch im Osmanischen Reich vollstreckt, an Personen, für die später Denkmäler als Nationalhelden errichtet wurden.

Die Alliierten nahmen keine Rücksicht auf die osmanische Regierung und verlangten von ihr die Unterzeichnung des Vertrages von Sèvres vom 10. August 1920, der nicht nur die Abtretung der letzten äußeren Reichsgebiete, sondern auch die Teilung Anatoliens und selbst die Zerstückelung des türkischen Siedlungsgebietes vorsah. Dies provozierte die von Militärs unter Mustafa Kemal geführte nationalrevolutionäre Bewegung zum Sturz der osmanischen Herrschaft, zur Konstitution der Republik Türkei und zur Rückeroberung Anatoliens. Mustafa Kemal, der später den Ehrentitel Atatürk erhielt, hatte anfangs durchaus den Völkermord an den Armeniern verurteilt, als aber die militärisch und politisch wichtigen Führer der Ittihadisten, die sowohl die osmanische Nachkriegsregierung als auch die Briten vor Gericht stellen wollten, zur nationalrevolutionären Bewegung überliefen, war es nicht mehr opportun, den Völkermord unter osmanischer Herrschaft zu kritisieren. Außerdem dient seither die Leugnung oder gar die Rechtfertigung der Massenmorde als heroische nationale Verteidigungstaten dem Schutz des von den Armeniern geraubten Eigentums vor Restitutionsansprüchen der Verwandten der Völkermordopfer. Die unselige Verknüpfung der territorialen Aufteilung Anatoliens und der Bestrafung der Völkermörder in der alliierten Politik schuf umgekehrt ein Interesse an der Verknüpfung der Wahrung der territorialen Einheit der Türkei und der Leugnung des Völkermords.

Großbritannien plante anfangs ein internationales Kriegsverbrechertribunal gegen die führenden Ittihadisten, was jedoch Frankreich verhinderte. Auch der Plan, jene vor ein britisches Gericht zu stellen, wurde fallengelassen, nachdem die Nationalrevolutionäre zahlreiche britische Geiseln genommen hatten. Die verbündeten Großmächte des Osmanischen Reiches und der Türkei, erst Deutschland und Österreich-Ungarn, dann kurze Zeit Sowjetrußland, später ab 1923 Großbritannien und Frankreich und ab 1945 die USA hielten jeweils ihre Bündnisinteressen mit der osmanisch-türkischen Regionalmacht für gewichtiger als die Interessen eines kleinen Volkes, das zudem durch den Völkermord drastisch dezimiert und aus großen Teilen seines ehemaligen Siedlungsgebietes in Ostanatolien vertrieben worden war und unter sowjetische Herrschaft geriet.

**4   Die Risiken eines internationalen politischen Zwanges zur
Anerkennung der Tatsache des osmanischen Völkermordes an den
Armeniern**

Zahlreiche Parlamente haben bereits Gesetze verabschiedet, die die Leugnung
des ittihadistisch-osmanischen Völkermordes an den Armeniern unter Strafe
stellen, wie umgekehrt die Erwähnung dieses Völkermordes in der Türkei oftmals mit Haftstrafen und mit Morddrohungen von nationalistischen Verbänden
verfolgt wird. Das Europäische Parlament hat am 28.9.2005 die Anerkennung
des Völkermordes durch die Türkei als eine Voraussetzung ihres Beitritts erklärt.

Gesetze, die die allgemeine Anerkennung von historischen Verbrechen erzwingen wollen, sind eine höchst fragwürdige Angelegenheit. Die Durchsetzung
von Geschichtsbildern mit dem Strafrecht statt durch Aufklärung erzeugt zwar
nicht, stärkt aber die Neigung von manchen Staaten, ihrerseits Geschichtsbilder,
die die Verbrechen leugnen, durch das Strafrecht abzusichern. Beides stärkt die
Tendenz, Geschichtswissenschaft und Historiker zu Lieferanten staatlicher und
nationaler Ideologien und zu Agenturen politisch erwünschter, strafbewehrter
Geschichtsbilder herabzuwürdigen. Auf die Dauer ist mit einer Anhäufung
gesetzlich fixierter, international unvereinbarer Geschichtsbilder, die von den
jeweiligen politischen Machtverhältnissen und internationalen Abhängigkeiten
bestimmt werden, zu rechnen. Amtliche, durch Gesetze fixierte Geschichtsbilder lassen sich weit schwerer revidieren als gesellschaftlich hegemoniale, vorur-
teilsgeprägte Geschichtsbilder, die sich langsam durch gesellschaftliche Lernprozesse und die Verbreitung neuer oder gefestigter wissenschaftlicher Erkenntnisse ändern können. Wahrheiten, die allein aus Furcht vor Strafe übernommen werden, haben nur geringen Wert und laufen Gefahr, durch Legenden
im Namen freier Meinungsbildung abgelöst zu werden.

Im Falle gegensätzlicher, unvereinbarer, gesetzlich geschützter Geschichtsbilder zwischen den Staaten werden diese zu Symbolen nationaler Freiheit und
Ehre und tragen zur staatlichen Formierung und Normierung nationaler Ideologien und zur Erschwernis internationaler Beziehungen bei. Sie verhindern
damit eher gesellschaftliche Lernprozesse. Finden unter internationalem Druck
starker Staaten und Staatenbündnisse dennoch Revisionen des offiziellen Ge-
schichtsbildes statt, so besteht die Gefahr, daß die Regierungen, die dies tun,
von einer gesellschaftlichen Mehrheit als nationale Verräter geächtet werden.

Die Anerkennung eines Völkermordes in der Geschichte des eigenen Staates oder eines Vorgängerstaates hat sicherlich Folgen. Mit dem Blick auf die
Zukunft kann dies wesentlich zur Verbesserung der Beziehungen zu dem Volk

beitragen, das von dem Völkermord betroffen war. Vor allem kann es aber die politische Aufmerksamkeit für und den Widerstand gegen die gegenwärtig vielerorts stattfindenden Völkermorde schärfen. Unvermeidlich werden allerdings auch die innenpolitischen Gegensätze zwischen den Apologeten des Völkermords und denjenigen, die sich der historischen Wahrheit stellen, gestärkt und dabei innenpolitische Kräfteverhältnisse verschoben. Das Ansehen einiger verstorbener Politiker, Beamten und Militärs und ihrer Familien wird sicherlich bei der Konfrontation mit der historischen Wahrheit leiden. Manche Heldenmythen werden zerbrechen. Insofern ist die Anerkennung oder Leugnung eines Völkermordes unvermeidlich auch ein Instrument in der Innenpolitik der Türkei.

In erster Linie ist die Anerkennung eines Völkermordes ein wichtiger politisch-moralischer Akt. Sie kann aber auch den Anspruch auf eine Wiederbesiedlung der durch den Völkermord verlorenen Gebiete und im Extremfalle eine Revision der staatlichen Grenzen unterstützen, es sei denn, das Volk der Mordopfer gibt diesen Anspruch explizit auf, was wiederum die Anerkennung des Völkermordes durch den (Nachfolge-)Staat der Mordtäter erleichtert.

Eine ganz andere Sache ist es, ob aus der Anerkennung des Völkermords die Zustimmung zu einer Wiederherstellung geraubten oder zwangsverkauften privaten Eigentums oder von Wiedergutmachungszahlungen an Individuen, Organisationen oder den Staat der Mordopfer folgt. Dies ist zweifellos eine schwierig auszuhandelnde Angelegenheit. Unter Umständen reicht aber eine symbolische Wiedergutmachung in Form von Gedenktagen und Mahnmälern an den Völkermord aus. In vielen Fällen wird die Anerkennung eines Völkermordes mit Restriktionen für die Außen- und Sicherheitspolitik verknüpft, denen andere Staaten nicht unterliegen. Auch dies ist keine notwendige, sondern auszuhandelnde Angelegenheit.

Im Falle des Verhältnisses zwischen der Türkei und Armenien wird eine türkische Anerkennung der Tatsache des Völkermordes sich vermutlich weitgehend auf eine Normalisierung der diplomatischen, wirtschaftlichen und gesellschaftlichen Beziehungen zwischen diesen beiden Staaten sowie ihre Anbindung an und ihre eventuelle Einbindung in die Europäische Union und einige politisch-moralische Gesten beschränken, ganz anders als im Falle des Umgangs Deutschlands und der Deutschen mit dem nationalsozialistischen Judenmord. Man kann dies als einen Ausdruck der ganz unterschiedlichen Machtverhältnisse zwischen der Türkei und Armenien und dessen Verbündeten betrachten, aber auch als Ausdruck des gänzlich anderen Charakters des Armeniermordes als des Judenmordes. Die Unterscheidung zwischen Völkermord und Völkermord ist nicht nur wissenschaftlich unverzichtbar, sondern auch politisch relevant.

5   Wissenschaftliche und öffentliche Thematisierung des Völkermordes ohne politischen Zwang

Eine sinnvolle Alternative zur politischen oder gar gesetzlichen Erzwingung von ausgewählten Völkermorden, die unvermeidlich nach politischen Opportunitätserwägungen und Machtverhältnissen erfolgt oder unterlassen wird, ist eine beharrliche wissenschaftliche und öffentliche Thematisierung von Völkermorden ohne politischen Zwang, aber mit politischer Unterstützung entsprechender wissenschaftlicher und publizistischer Tätigkeit sowie durch Gedenkveranstaltungen. Die langsame Liberalisierung der Türkei und auch der historische Abstand zu dem Völkermord der Jahre 1915/16, die Internationalisierung der wissenschaftlichen und gesellschaftlichen Kontakte vieler Türken haben bereits eine vorsichtige Veränderung des wissenschaftlichen, literarischen und publizistischen Umgangs mit einer der dunklen Seiten der Geschichte der Republik Türkei und ihres Vorgängerstaates ausgelöst. Diese Tendenzen gilt es, behutsam und nachdrücklich zu stärken. Das Angebot der Türkei, die Archive für gemeinsame türkisch-armenische Forschungsprojekte über die Jahre bis 1918 zu öffnen, sollte aufgegriffen werden, auch wenn bekanntlich bereits zahlreiche, die osmanische Regierung und ihre Behörden belastende Dokumente wie sogar die Prozeßakten von 1919/20 verschwunden und wahrscheinlich vernichtet worden sind. Während die westlichen Archivmaterialien bereits gründlich ausgewertet wurden, dürften die Archive der ehemaligen Sowjetunion noch manchen Aufschluß über die Vorgänge bei der rußländischen Offensive nach Ostanatolien und dem späteren Vorrücken der osmanischen Truppen nach der Oktoberrevolution enthalten.

6   Die Gefahr der Instrumentalisierung des osmanischen Völkermordes in dem Streit um den Beitritt der Türkei zur Europäischen Union

Über die bereits angesprochenen möglichen allgemeinen Folgen einer Anerkennung des Völkermords für die Innenpolitik der Türkei hinaus hat die Instrumentalisierung des Völkermords im Osmanischen Reich in dem Streit um den Beitritt der Türkei in die Europäische Union einen faden Beigeschmack. Solange dieser Beitritt nicht anstand, sondern nur vage in Aussicht gestellt war, war der ittihadistische Völkermord kein herausragendes Thema. Die gewachsene Aufmerksamkeit für denselben ist weit weniger auf die starke armenische Emigrationslobby in Frankreich und den USA zurückzuführen als auf die gewachsene internationale Aufmerksamkeit für Völkermorde überhaupt. Der nationalsozialistische Judenmord ist erst seit den späten 1960er Jahren ein großes öffentliches Thema geworden, die Völkermorde in Ruanda, in Jugoslawien sowie in den Kolonien der europäischen Mächte sowie an vielen anderen Orten haben auch den historischen Rückblick auf den ittihadistischen Völkermord begünstigt. Diese neue Sensibilität gegenüber Völkermord hat sicherlich auch aufrichtige Bedenken bei vielen Europäern hervorgerufen, einen Staat in die Union aufzunehmen, der sich einem wichtigen Abschnitt seiner Vorgeschichte nicht stellt. Darüber hinaus kann man sich aber nicht des Eindrucks erwehren, daß das Argument der türkischen Nichtanerkennung des Völkermords oftmals nachgeschoben wird, seitdem die traditionellen Argumente gegen einen Beitritt der Türkei in die Europäische Union (Gefährdung des christlichen Charakters der EU, ungelöste Zypern- und Kurdenfrage, sozioökonomische und rechtsstaatliche Rückständigkeit, Masseneinwanderung von Türken in die heutige EU, Steigerung der Gefahr islamistischer Aktivitäten) an Zugkraft zu verlieren scheinen. Es besteht zu befürchten, daß spätestens bei den Parlaments- und vor allem bei den Volksabstimmungen in einigen europäischen Ländern über den Beitritt der Türkei zur Union die Instrumentalisierung des Völkermordes an den Armeniern eine wichtige, vielleicht sogar ausschlaggebende Rolle spielen wird.

Dem könnte nur vorgebeugt werden, indem so früh wie möglich von den liberalen Demokraten in der Türkei wie von der informierten europäischen Intelligenz in ganz Europa der Weg der behutsamen, aber beharrlichen öffentlichen Aufklärung über die schrecklichen Ereignisse im Osmanischen Reich während des Ersten Weltkrieges weiter beschritten wird, ohne ein nachträgliches Junktim zwischen einer Anerkennung der Tatsache des Armeniermordes und einem Beitritt der Türkei zur EU zu fordern. Dieser Beitritt sollte nach den allgemeinen Kriterien erfolgen oder verweigert werden, die auch für die anderen Beitrittskandidaten galten und gelten.

Die Globalisierung des dänischen Karikaturenstreits[6]

Zusammenfassung

Die Veröffentlichung von zwölf Karikaturen, in denen auch Mohammed bildlich dargestellt wurde, in der konservativ-bürgerlichen dänischen Tageszeitung Jyllands-Posten im September 2005 führte Monate später, Ende Januar und im Februar 2006, zu umfangreichen Massenprotesten in zahlreichen muslimischen Ländern Asiens und Afrikas mit überwiegender oder größerer muslimischer Bevölkerung, bei denen Dutzende von Menschen getötet wurden. Morddrohungen ergingen an mehrere Journalisten und Redakteure. Kostspielige Boykottmaßnahmen trafen dänische und andere Exportgüter. Nicht die Globalisierung der Medien an sich, hier der Verkauf dänischer Tageszeitungen in muslimischen Ländern, sondern die politische Vernetzung von eingebürgerten oder nicht eingebürgerten Migranten mit ihren Herkunftsländern führt dazu, daß manche sie Länder stark betreffenden Meinungsäußerungen Auswirkungen in zahlreichen Ländern haben können.

Der globalen Skandalisierung der dänischen Karikaturen durch eine islamistische Gruppe in Dänemark ging die Mißachtung mehrerer islamischer Gruppen und Regierungen durch dänische Politiker voraus, die Vermittlungsvorschläge unterbreitet hatten. Verschärft wurde der Skandal durch die Unterstellung weiterer, Mohammed und den Islam direkt verleumdender Karikaturen, die als solche nie in Dänemark veröffentlicht worden waren. Die Empörung von Millionen Moslems wurde begünstigt durch die Verknüpfung der Karikaturen mit der als Demütigung der muslimischen Welt empfundenen Kriegführung vieler westlicher Länder im Irak, durch deren Unterstützung der rigiden Repressionspolitik Israels in den Palästinensergebieten und der westlichen und insbesondere amerikanischen Drohpolitik gegenüber Iran, Syrien, Iran und Libanon.

Der Karikaturenstreit eskalierte rasch zwischen den Anhängern unbedingter Meinungsfreiheit, die auch die Mißachtung der religiösen Gefühle eines Teiles der nationalen und internationalen Gesellschaft einschließen kann und auch gegen den Widerstand von gewaltbereiten Minderheiten durchgesetzt werden soll, und denjenigen, die die Achtung der religiösen Tabus eines Teils der nationalen und internationalen Gesellschaft fordern und Verständnis für die

---

[6] Vortrag vom 22. Mai 2006.

Empörung, wenn auch meist nicht für die gewaltsame Äußerung dieser Empörung aufbringen. Faktisch hatten vorerst die Gewaltanwendung und die Gewaltdrohungen weltweit durchschlagenden Erfolg und führten zu einer furchtdiktierten Einschüchterung und Einschränkung der Inanspruchnahme der Meinungsfreiheit, nicht aber zu einer sinnvollen und notwendigen Einschränkung der Meinungsfreiheit aus freien Stücken und humanen Überlegungen.

1 Gewaltsame Proteste gegen Karikaturen mit Mohammed-Bildern

Anfang Februar titelte „Der Spiegel": „Zwölf Mohammed-Karikaturen erschüttern die Welt." Wochenlang beherrschte das Thema die Schlagzeilen. Umstritten sind zwölf Karikaturen, die im September 2005 in der dänischen konservativ-bürgerlichen Tageszeitung Jyllands-Posten veröffentlicht wurden und nach Ausbruch des gewaltsamen Protests nochmals in einigen wenigen Zeitungen Frankreichs („France Soir" und „Charlie hebdó"), Norwegens, Belgiens (De Standaard"), Österreichs („Die kleine Zeitung"), Deutschlands („Die Welt"), Jordaniens, Jemens und des einen oder anderen Landes. Weltweit konnte man die Karikaturen im Internet aufspüren. In mehreren Fällen mußte der Chefredakteur der betreffenden Zeitungen seinen Posten aufgeben. Auffallend war die Zurückhaltung der Medien in den beiden am stärksten in den Irakkrieg involvierten Staaten USA und Großbritannien.

Gemeinsam ist den Karikaturen, daß in ihnen der islamische Prophet und Religionsstifter Mohammed bildlich dargestellt wurde. In den Zusammenhang mit diesen Karikaturen wurde noch eine weitere bildliche Darstellung gebracht, die von radikalen dänischen Antimoslems zur offensichtlichen Beleidigung von Moslems in anonymen Schmähbriefen an islamistische Organisationen in Dänemark benutzt wurden. Ihr liegt das Foto eines bekannten französischen Humoristen zugrunde, der eine karnevalsartige Schweinsnase und Schweinsohren trägt. Es wurde auf einer landwirtschaftlichen Ausstellung in Frankreich aufgenommen und zeigt ein Motiv, das alljährlich bei solchen Ausstellungen zur Belustigung der Ausstellungsbesucher mit Bezug auf die Schweinefleischproduktion und ohne jegliche Anspielung auf den Islam benutzt wird. Bei dieser Veranstaltung in Trie-sur-Baise wird seit vielen Jahren regelmäßig ein Wettbewerb im Schweinsquieken ausgetragen. In den Schmähbriefen wurde das Foto jedoch anscheinend als Darstellung Mohammeds bezeichnet. Die Imame brachten offenbar diese privaten Schmähbrief-Darstellungen mit den öffentlichen Karikaturen in Verbindung, auf welche Weise, aus Dummheit oder aus Infamie, wird nicht genau berichtet. Später gesellten sich zu den Berichten in den islamischen Ländern über die dänischen Karikaturen weitere Gerüchte hinzu, etwa, daß auf einer Karikatur der Geschlechtsverkehr Mohammeds mit einem Tier zu sehen sei, oder daß in Dänemark öffentlich der Koran verbrannt werde. Auf diese Weise wurde die Stimmung in den islamischen Ländern weiter angeheizt. Es würde sicherlich lohnen, die Mechanismen der bewußten oder fahrlässigen Volksverhetzung im vorliegenden Fall detailliert zu erforschen.

Auch auf westlicher Seite waren die Agitatoren fleißig am Werk. Ein dänischer Minister sprach bei der Verteidigung der Meinungsfreiheit, die auch satirische Karikaturen zulasse, von einem Sieg der westlichen Kultur. In Italien wurde der Papst aufgefordert, zu einem Kreuzzug gegen die islamische Gefahr aufzurufen. Andere riefen zum Kampf gegen den islamistischen Totalitarismus auf, von dem zu sprechen die gewaltsame Empörung über die dänischen Karikaturen sicherlich den geringsten Anlaß bietet.

Die meisten Menschen haben die meisten der sogenannten zwölf Mohammed-Karikaturen nie gesehen, so auch der Autor dieser Vorlesung nicht. So ist bis heute nicht allgemein geklärt, was eigentlich in den einzelnen Karikaturen karikiert wird und was der besondere Stein des Anstoßes ist. In der einen Argumentation ist die bloße bildliche Darstellung von Mohammed als Person ein Sakrileg, ein Verstoß gegen islamische religiöse Normen. Zwar wurde in der islamischen Geschichte hier und da Mohammed bildlich dargestellt; in den meisten islamischen Ländern scheint das Bildverbot jedoch beachtet zu werden. In der christlichen Welt ist Mohammed oftmals abgebildet worden, jedoch ohne Anspruch auf Authentizität der bildlichen Darstellung wie bei allen anderen Religionsstiftern oder vielen antiken historischen Persönlichkeiten auch. So reproduzierte z. B. die Frankfurter Allgemeine Sonntagszeitung während des Karikaturenstreits ein eher Sympathie erzeugendes patriarchalisches Mohammed-Bild aus einem Buch des 17. Jahrhunderts, offenbar ohne damit Anstoß zu erzeugen.

Zwei Karikaturen wurden öfter in Kleinformat und undeutlich abgebildet oder verbal geschildert. Die anderen zehn Karikaturen scheinen in ihrem Inhalt weniger anstößig zu wirken. Die eine der beiden häufig erwähnten Karikaturen stellt Mohammed über den Wolken dar, der mehreren gerade von der Erde ankommende Selbstmordattentäter mit den Worten entgegentritt: „Stopp, die Jungfrauen sind ausgegangen". Mit dieser Darstellung wird ganz offensichtlich der massenhafte Selbstmordterror und die Vorstellung religiös inspirierter Terroristen karikiert, die vermittels suizidalen Massenmords sich selbst zahlreicher Jungfrauen im Himmel für ihre männliche Triebbefriedigung bedienen. Es werden nicht Mohammed und auch nicht der Islam karikiert, auch nicht die tatsächlichen Märtyrer, die mit ihrem Leben, das von den Gegnern des Islams gefordert wurde, für das Bekenntnis ihres islamischen Glaubens zahlen mußten. Die andere Karikatur bildet Mohammed mit einem Turban ab, aus dem mehrere Raketen ragen. Diese Karikatur stellt schon eher einen unmittelbaren Zusammenhang zwischen gewaltsamer, kriegerischer Militanz und Mohammed sowie dem Islam dar, kann aber auch als Karikatur der zweifelsohne starken islamischen Gewalttraditionen und des Verständnisses von Dschihad als heiligem Krieg, nicht des Islam schlechthin, angesehen werden. Insofern ist der geläufige Ausdruck „Mohammed-Karikaturen" irreführend und wirkt konfliktverschärfend. Aber selbst wenn man anerkennt, daß weder Mohammed noch der Islam an sich karikiert werden, sondern manche Perversionen des islamischen Glaubens, kann man die Benutzung von Mohammed-Abbildungen im Rahmen von Karikaturen, selbst wenn man das Motiv und den Zweck der Karikaturen billigt, grundsätzlich als ungehörig und als Sakrileg ansehen und verurteilen, wenn man bestimmte religiöse Tabus für geboten oder auch nur für tolerabel hält. Dazu gehört, daß zentrale Gegenstände des religiösen Glaubens wie Gott, die Religionsstifter und Propheten, Heilige usw. nicht für profane Zwecke wie auch die Kritik an menschlichen Fehlern und Schwächen gebraucht werden sollen. Diese Einstellung ist anscheinend die Grundlage dafür, daß weltweit Hunderttausende Moslems zu Massendemonstrationen gegen die Karikaturen mobilisierbar waren und Abermillionen weitere Moslems sich über sie empört haben, wie wenig konkrete Informationen oder wie viele Desinformationen sie auch von den Karikaturen erhalten haben.

Gegen die Veröffentlichung der Karikaturen wurden von einer kleinen islamischen Gruppe in Dänemark zunächst politische und gerichtliche Schritte eingeleitet, die erfolglos blieben, ehe Vertreter dieser Gruppe unter Leitung der Imame Ahmed Akkari und Abu Laban begannen, Medien und Regierungen islamischer Länder gegen Dänemark zu mobilisieren. Auch die Diplomaten dieser Länder erreichten nicht, daß die dänische Regierung sich von der Veröffentlichung der Karikaturen distanzierte. Erst danach wurden gewaltsame Aktionen gegen diplomatische Vertretungen und Firmen Dänemarks und einiger anderer Länder sowie ökonomisch erhebliche Boykottmaßnahmen gegen deren Exportprodukte organisiert, vor allem in Diktaturen, in denen Massendemonstrationen ohne staatliche Autorisierung kaum denkbar sind. Bürger dieser Länder verließen aus Angst um ihr Leben die betreffenden islamischen Länder. Hingegen wurden in solchen Ländern, in denen die Regierungen außer Kontrolle geratene Massendemonstrationen unterbinden oder eindämmen wollten (Libanon, Pakistan, Afghanistan, Somalia, Nigeria, Libyen), insgesamt mehrere Dutzend Menschen von den Sicherheitskräften getötet. Gegen Dänen und Bürger anderer Länder wurden zwar wiederholt ernsthafte Morddrohungen geäußert, bisher scheint aber niemand von ihnen tatsächlich ermordet worden zu sein. In Deutschland wurde der offenbar geplante Mord eines Pakistaners an einem Redakteur der „Welt" vereitelt, der mutmaßliche Täter nahm sich im deutschen Gefängnis selbst das Leben. Daraufhin fanden wiederum Massendemonstrationen in Pakistan gegen die deutschen Behörden statt, die angeblich den Tod des jungen Mannes verursachten.

Der Karikaturenstreit beschäftigte über Wochen Regierungen und die Medien fast der ganzen Welt. Der Vorsitzende der Islamischen Konferenz, einer Vertretung sämtlicher islamischer Länder, der Außenbeauftragte der Europäischen Union, Xavier Solana, und der Generalsekretär der Vereinten Nationen Kofi Annan riefen gemeinsam zur Mäßigung im Karikaturenstreit auf und die Entschuldigung der Jyllands-Posten für den Abdruck der Karikaturen zu akzeptieren. Immer wieder wurde besorgt darauf verwiesen, daß der Huntingtonsche „Kampf der Großkulturen", insbesondere zwischen der westlichen säkularisierten und der islamischen Welt, Wirklichkeit werden könne. Diese Furcht und der Karikaturenstreit wirkten aber vielenorts auch als Antrieb, den islamisch-christlichen Dialog und die Kooperation zwischen westlichen und islamischen gemäßigten politischen und gesellschaftlichen Organisationen zu intensivieren. So entstanden Allianzen gemäßigter Christen und Moslems mit dem ausgesprochenen Ziel, einen Kampf der Kulturen zu verhindern und das interkulturelle Verständnis zu fördern.

2 Meinungsfreiheit versus Respekt vor religiösen Normen

In der weltweiten Debatte über die zwölf Karikaturen der Jyllands-Posten bildeten sich rasch zwei Lager heraus; gleichzeitig wurde aber versucht, vermittelnde Positionen zu suchen, die jedoch häufig mehr in die Richtung des einen oder des anderen Lagers tendierten. In den einzelnen Ländern haben die beiden Lager sowie vermittelnde Positionen selbstredend unterschiedliches Gewicht. Für fast alle Protagonisten des Streits gilt, daß sie weder die Karikaturen selbst verteidigen noch die gewaltsamen Massenproteste gegen die Karikaturisten, die Medien, in denen die Karikaturen erschienen oder die Länder, in denen die Karikaturen veröffentlicht wurden. Die Situation ist also eine etwas andere als in den Fällen, in denen etwa anstößige Literatur wie der Roman „Satanische Verse" von Salman Rushdie, die von vielen Lesern und Experten hoch geschätzt wird, zur Debatte stand. Der Karikaturenstreit hatte sich rasch von den Inhalten und der Qualität der Karikaturen selbst gelöst und wurde zu einem Prinzipienstreit über Meinungsfreiheit und den Respekt vor religiösen Normen.

In ihm ging es um die grundsätzliche Frage, ob religiöse Tabus – gleichgültig ob islamische, christliche oder sonstige – von den Medien geachtet und befolgt werden sollen, auch unabhängig von den unter Umständen humanen oder zumindest tolerablen Zwecken der Tabuverletzung. Strittig war also nicht eine besondere Diskriminierung des Islams und der Moslems bzw. eine Privilegierung des Christentums oder der Christen, sondern die Säkularisierung der Gesellschaft, die es erlaubt, religiöse Tabus zu mißachten und mit religiösen, heiligen Gegenständen, vor allem auch mit Personifizierungen des Göttlichen, in alltäglicher oder gar respektloser Weise umzugehen.

Strittig wurde, ob die religiösen Tabus auch unabhängig von den nationalen Gepflogenheiten einer Gesellschaft und ihrer Rechtsprechung gelten sollen. Denn im Falle der dänischen Karikaturen hatte ein dänisches Gericht es bereits abgelehnt, rechtliche Schritte gegen deren Veröffentlichung einzuleiten. Selbst wenn der Rechtsweg bis zum Europäischen Gerichtshof von den Gegnern der Karikaturen nicht ausgeschöpft wurde, so stellt sich nicht nur das Problem, ob öffentliche Äußerungen wie Karikaturen das religiöse Empfinden einer religiösen Minderheit in einem westlichen, europäischen Land, sondern auch, ob sie das religiöse Empfinden der religiösen Mehrheit in anderen Ländern verletzen dürfen, da die Medien prinzipiell weltweit zugänglich geworden sind. Verteidiger des Rechts, Karikaturen wie die in Jyllands-Posten abgedruckten, unabhängig von der Beurteilung ihres Inhalts und ihrer Qualität, zu veröffentlichen, wollen die Aufklärung sowie die Trennung von Staat und allgemeinen gesellschaftlichen Normen von den Normen religiöser Gemeinschaften verteidigen, die in den westlichen Gesellschaften in einem jahrhundertelangen Kampf errungen worden ist. Sie rufen dazu auf, sich nicht dem Druck, der Einschüchterung und Gewaltandrohung militanter Moslems zu unterwerfen, insbesondere aus anderen, undemokratischen Ländern ohne die Traditionen der Aufklärung und Säkularisation, die es zudem offensiv in der ganzen Welt zu verfechten gelte. Große Zeitungen wie „Le Monde" hatten offen erklärt, daß sie es aus Sorge um das Leben ihrer Korrespondenten in aller Welt nicht wagen, die Karikaturen abzudrucken. Manche Autoren, die vor dem „islamistischen Totalitarismus" warnen, erinnern daran, daß seinerzeit im Kalten Krieg viele aus Furcht vor kommunistischer Gewalt die Verteidigung der Freiheit unterließen.

Manche christliche und jüdische Gegner der radikalen Säkularisierung der Gesellschaft in Europa kritisierten zwar entschieden die Gewaltanwendung und -androhung vieler Muslime, brachten hingegen großes Verständnis für die Ablehnung der Karikaturen und die Einschränkung der Meinungsfreiheit durch das Gebot der Achtung religiöser Tabus auf und erhoffen sich eine gesellschaftliche Abkehr von den „Exzessen" der Meinungsfreiheit auch im Umgang mit christlichen und jüdischen religiösen Normen als Folge der vehementen Kritik der Moslems an den dänischen Karikaturen. Andere Kritiker der Karikaturen argumentieren rein pragmatisch. Sie gehen von der Empfindlichkeit und Gewaltbereitschaft vieler Moslems aus und halten die Karikaturen für eine überflüssige, unangebrachte Provokation muslimischer Empfindlichkeiten, für eine Sache, die es nicht lohne, den Tod so vieler Menschen und die ökonomischen und sozialen Verluste infolge der Entlassung von Hunderten von Arbeitnehmern in den dänischen und anderen Exportwirtschaft in Kauf zu nehmen, die durch die Boykottmaßnahmen in vielen islamischen Ländern ausgelöst wurde.

Wieder andere kritisieren weniger die Veröffentlichung der Karikaturen als vor allem den Umgang der Redaktion der Jyllands-Posten und vor allem der dänischen Regierung und insbesondere des Ministerpräsidenten Rasmussen mit den muslimischen Kritikern der Karikaturen im eigenen Land und insbesondere mit den Diplomaten Ägyptens und anderer islamischer Länder, die von der dänischen Regierung eine Distanzierung von den Karikaturen erwarteten. Diese Kritik bezieht sich somit weniger auf die Auslösung des Karikaturenstreits durch einige Personen, sondern auf den politischen Umgang und das Krisenmanagement der dänischen Regierung mit dem Karikaturenstreit. Erstaunlicherweise bleibt der Umgang des rechtsförmigen Umgangs mit der Karikaturenveröffentlichung durch einige Vertreter der dänischen Muslime und durch die dänischen Gerichte weitgehend von der öffentlichen Debatte ausgespart.

Vermittelnde Positionen kritisieren mit individuell unterschiedlicher Gewichtung und Akzentuierung sowohl die Motive für die Herstellung und Veröffentlichung der Karikaturen als auch ihre demagogische Verwendung durch die Imame und die Medien in islamischen Ländern und vor allem den Umgang der dänischen Regierung mit den Kritikern der Karikaturen sowie die militanten, intoleranten und vor allem die gewalttätigen Proteste gegen die Karikaturen. Ein dänischer Kommentator meinte, Meinungsfreiheit müsse nicht als Freiheit verstanden werden, jegliche Dummheit zu veröffentlichen, während entschiedene Verfechter der Meinungsfreiheit darunter auch die Freiheit verstehen, Blödsinn zu publizieren, schon allein deshalb, weil es keine Instanz gebe, die letztlich wissen könne, ob wirklich Dummheiten oder Blödsinn zur Debatte stehen. Der jordanische Chefredakteur, der die Karikaturen veröffentlichte, stellte z. B. die Frage, was anstößiger sei, die keineswegs beeindruckenden Karikaturen oder die Selbstmordattentate.

3 Die Globalisierung der öffentlichen Meinung

Der dänische Karikaturenstreit ist ein besonders drastisches Beispiel für die Überschreitung des nationalstaatlichen Rahmens und der tendenziellen Globalisierung öffentlicher Meinung. Allerdings gilt es die Bedingungen für die Globalisierung einer Meinung oder eines Meinungsstreites genauer zu bestimmen. Die bloße Möglichkeit technisch oder finanziell ungehemmter und auch zeitlich unmittelbarer, weltweiter Übertragung von Informationen ist zwar eine wichtige, aber keine hinreichende Erklärung für die Globalisierung einer Meinung oder eines Meinungsstreits. Die Jyllands-Posten wie andere Zeitungen konnte man auch schon vor Jahrzehnten in vielen Ländern der Erde lesen. Telefon und Telegraphen ermöglichen schon seit langem die weltweite Verbreitung von Informationen. Das Internet mit seinen Möglichkeiten der billigen und raschen Reproduktion und Massendistribution von Texten und insbesondere auch von Bildern erleichtert allerdings ganz erheblich die potentiell weltweite Verbreitung von Informationen, die ursprünglich vielleicht nur für einen lokalen oder nationalen Adressatenkreis bestimmt waren.

Damit jedoch eine Information auf die öffentliche Meinung zahlreicher Länder und potentiell in der ganzen Welt einwirkt, bedarf es jedoch eines höchst komplexen Prozesses der Entstehung einer Rezeptionsbereitschaft für bestimmte Informationen sowie der gesellschaftlichen Vermittlung, die Aufmerksamkeit für diese bestimmten Informationen in Konkurrenz zu allen anderen Informationen, die von den potentiellen Empfängern und Nutzern der Informationen empfangen werden, erzeugt. Zudem erzeugen die Informationen an sich, hier die Karikaturen, kaum weltweite Aufmerksamkeit, sondern erst ihre Einbettung und Erläuterung in einem bestimmten Informationskontext. Es bedarf besonderer Institutionen und Personen, die in der Lage sind, bestimmten Informationen eine größere Aufmerksamkeit zu verleihen. Solche Vermittler zwischen Informationen und dem Massenpublikum sind unerläßlich, etwa um einen weltweiten Skandal zu inszenieren. Ohne sich läßt sich das Entstehen oder Ausbleiben der Masseninformation oder -desinformation und der evtl. darauffolgender Massenbewegung nicht verstehen.

Die Genese des Karikaturenstreits, hier sicherlich unvollkommen rekonstruiert anhand einiger deutscher Medienberichte, also ohne eigenständige wissenschaftlich gründliche Recherche, ist ein lehrreiches Beispiel für die Globalisierung eines öffentlichen Disputs mit weitreichenden blutigen Konsequenzen und politischen, wirtschaftlichen und kulturellen Wirkungen. Ausgangspunkt war der Wunsch eines Buchautors, das Leben Mohammeds in einem Kinderbuch zu schildern und mit einigen Bildern zu illustrieren. Zu seinem Erstaunen weigerten sich viele bekannte Zeichner, Mohammed bildlich darzustellen, wobei unklar ist, ob aus Respekt vor dem – historisch in der islamischen Welt durchaus nicht immer kategorisch beachteten - islamischen Verbot, Mohammed überhaupt bildlich darzustellen, oder aus Furcht vor Repressalien von seiten der in Dänemark lebenden Muslime. Jahrhundertelang war es in der christlichen Welt durchaus üblich gewesen, Mohammed wie alle anderen Religionsstifter auch, je nach den Vorstellungen ihrer Zeit und ihrer Autoren, bildlich darzustellen. Der Mißerfolg, Illustratoren des Lebens Mohammeds zu finden, erzeugte bei der Jyllands-Posten den Wunsch, der vermuteten Einschüchterung durch eine radikale muslimische Minderheit Widerstand entgegen zu setzen und eine Debatte darüber in Gang zu setzen, ob man sich in einem westlichen Land mit Meinungsfreiheit dem islamischen Bilderverbot unterwerfen solle. Die Zeitung lud viele dänische Karikaturisten ein, jeweils mit einer Zeichnung mit einem Gegenstand freier Wahl gegen das muslimische Tabu zu verstoßen. Die Veröffentlichung der zwölf eingereichten Karikaturen von zwölf Zeichnern in der auflagenstärksten bürgerlichen, manchmal als nationalliberal gekennzeichneten Tageszeitung Jyllands-Posten verfolgte anscheinend auch die Absicht, die Muslime in Dänemark zu provozieren, um dann aufgrund der zu erwartenden muslimischen Proteste besser dem als bereits zu stark empfundenen Einfluß der islamischen Minderheit und ihrer multikulturellen Parteigänger in der dänischen Gesellschaft auf die öffentliche Meinung in Dänemark entgegentreten und eine rigidere Ausländer- und Einwanderungspolitik propagieren zu können. Insofern ging es bei der Veröffentlichung der Karikaturen von Anfang an nicht nur um die Anprangerung der karikierten Gegenstände, sondern bereits um eine allgemeine politische Einstellung zur muslimischen Minderheit und Einwanderung in Dänemark. Das Problem der Zeitung war, daß sich zunächst niemand über die Karikaturen aufregte. Deshalb schickte sie ihre Provokation beabsichtigende Ausgabe mehreren islamische Organisationen in Dänemark zu und forderte sie auf, sich zu den Karikaturen zu äußern. Dies erst brachte den Stein ins Rollen. Im Dezember traf die erste Morddrohung aus Pakistan ein.

Unter den rund 200.000 Muslimen in Dänemark hat nur eine kleine Organisation, die „Islamische Glaubensgemeinschaft" („Islamisk Trossamfunn"), die rund ein Prozent dieser Muslime vertritt, massiv gegen die Karikaturen protestiert. Die große Mehrheit dürfte sie überhaupt nicht zur Kenntnis genommen, stillschweigend mißbilligt, seltener wohl als willkommene Kritik am religiösen Fundamentalismus und Terrorismus akzeptiert haben. Meinungsumfragen unter den dänischen Muslimen hierzu sind nicht allgemein bekannt geworden. Wie in vielen anderen liberal-demokratischen Ländern haben auch in Dänemark manche Moslems, die in ihren Heimatländern mit gemäßigten oder laizistischen autokratischen Regimen als radikale fundamentalistische Islamisten unterdrückt und verfolgt wurden, Asyl und agitatorische Freiräume gefunden. Der Leiter der „Islamisk Trossamfunn" Abu Laban soll ursprünglich in seinem Herkunftsland Ägypten der Muslimischen Bruderschaft angehört haben, sich aber während seines Aufenthalts in Dänemark einer gemäßigten Auffassung des Islam genähert haben. Da Islamisten in einigen islamischen Ländern hart verfolgt werden, befinden sich unter den Moslems, die in westlichen Demokratien Asyl finden und die dortigen Freiheiten nutzen können, nicht wenige Islamisten, die den Ruf der großen Mehrheit der friedlichen und oft auch säkularisierten Moslems schädigen. Diese Organisation erhielt hin und wieder Schmähbriefe von fremden- und islamfeindlichen Dänen, von denen einer oder mehrere offenbar auch das erwähnte Foto eines Gesichts mit einer Schweinspappnase enthielten, das als Abbild Mohammeds deklariert wurde. Nachdem sie vergeblich das Einschreiten eines Gerichts gegen die Karikaturen und ebenso vergeblich ein Gespräch mit dänischen Regierungsvertretern angestrebt hatte, verfaßte die Organisation ein Dossier von 43 Seiten über die Diskriminierung der Moslems in Dänemark, das bisher anscheinend nicht veröffentlicht wurde und von dem es unklar ist, ob die Karikaturen in ihm enthalten waren oder nur verbal geschildert wurden. Im Dezember und Januar schickte sie eine Delegation in mehrere islamische Länder, um dort die dänische Minderheiten- und Ausländerpolitik anzuprangern. Es wurde nicht mitgeteilt, ob es Muslime mit dänischer Staatsangehörigkeit oder ausländische Muslime in Dänemark waren, die sich besonders in der Sache engagierten.

Offenbar nach Veröffentlichung dieser Anklagen fanden sie auch Zugang zu den Regierungen einiger arabischer Länder, die sich der Sache annahmen, als sie erkannten, daß in ihren Ländern damit Stimmung gegen Dänemark und den Westen überhaupt und damit auch gegen sie als Exponenten gemäßigter Autokratien, die sich um gute Beziehungen mit dem Westen bemühen, gemacht wurde. Um das Feld der Empörung über die als antiislamisch dargestellten Karikaturen, die ja nicht durch deren Veröffentlichung, sondern eine verbale Schilderung und Interpretation derselben in den Medien und durch Mund-zu-Mund-Propaganda erzeugt wurde, nicht den radikalen Islamisten zu überlassen, nahmen sich elf islamische Regierungen, darunter die ägyptische und die saudiarabische, des Protestes gegen die Veröffentlichung der Karikaturen an. Sie veranlaßten ihre Botschafter in Dänemark zur Bitte um ein Gespräch mit dem dänischen Ministerpräsidenten Anders Fogh Rasmussen. Dieser verweigerte sich einem Gespräch mit den Diplomaten ebenso wie mit den dänischen Muslimen mit dem Argument, daß die Regierung die Meinungsfreiheit schätze und sich nicht in die Redaktionspraxis ihrer Zeitungen einmische. Die schroffe und

politisch extrem kurzsichtige Zurückweisung durch den dänischen Regierungschef – in ähnlicher Weise verfuhr er in diesen Tagen mit einer Kritik der Europäischen Union an der Diskriminierung von Muslimen in Dänemark - erleich-
terte den Organisatoren der Massenempörung in den islamischen Ländern beträchtlich die Arbeit. Entweder organisierten die islamischen Regierungen oder
den Regierungen nahestehende Organisationen wie in Syrien oder Iran selbst
den Massenprotest oder sie mußten in den Ländern wie Libanon, Pakistan,
Nigeria, Libyen, Afghanistan oder auch der schon erheblich demokratisierten
Türkei, in denen die Regierung eine mächtige konservativ-religiöse oder radikal-
islamistische Opposition nicht gänzlich kontrollieren kann oder will, Massendemonstrationen gegen die Veröffentlichung der Karikaturen und gegen die
dänische und andere westliche Regierungen, die die Veröffentlichung nicht
kritisiert oder unterbunden hatten, dulden. Bei diesen Demonstrationen wurde
oftmals die Karikaturen mit einer allgemeinen westlichen, insbesondere US-
amerikanischen und israelischen Politik der vermeintlichen Demütigung der
gesamten arabisch-islamischen Welt in Verbindung gebracht, obwohl sich nicht
nur die US-amerikanische und israelische Regierung, sondern auch die Öffentlichkeit fast völlig aus dem Karikaturenstreit herausgehalten hatten.

4   Globaler „Kampf der Kulturen" oder Globalisierung der Einschränkung öffentlicher Meinungsfreiheit

Der Karikaturenstreit wurde oftmals als weiterer Schritt zu einem Kampf der
Großkulturen, insbesondere des säkularisierten Westens gegen den unaufgeklär-
ten Islam interpretiert. Dementsprechend wurde im Westen von manchen der
massive und gewaltsame Druck auf die westlichen Gesellschaften, einen Wie-
derabdruck der dänischen Karikaturen und die Veröffentlichung ähnlicher Karikaturen oder überhaupt von Mohammed-Bildern zu verhindern, als ein globaler Sieg der islamischen Normen und Intoleranz, als eine Niederlage der Meinungsfreiheit und der Aufklärung verstanden. Umgekehrt wäre der noch häufi-
gere demonstrative Abdruck der dänischen Karikaturen in westlichen Gesellschaften von Abermillionen Moslems als eine weitere globale Demütigung der
muslimischen Welt und ihrer Kultur wahrgenommen worden. Ein solcher westlicher „Sieg" hätte höchstwahrscheinlich noch viele weitere Menschenleben
gekostet, außerdem erhebliche Beeinträchtigungen der Weltwirtschaft.
    Aber wären wirklich die globale Meinungsfreiheit und die Säkularisierung
der westlichen Gesellschaft gefährdet, wenn entweder infolge freiwilliger Konvention oder rechtlicher Regelung in Zukunft weltweit keine Karikaturen mehr

mit dem Abbild Mohammeds erscheinen oder gar Mohammed überhaupt nicht
mehr bildlich dargestellt würden? Nichts spricht dafür! Eine Unterlassung der
Abbildung des islamischen Religionsstifters läßt sich keinesfalls mit der Akzeptanz anderer islamischer Rechtsnormen, Sitten oder auch Unsitten vergleichen,
die die Menschen- und Freiheitsrechte von sehr vielen Menschen schwerwie-
gend beeinträchtigen. Eine zukünftige Unterlassung von allgemeinen oder spezifischen Mohammed-Abbildungen aufgrund eines soziohistorischen Lernpro-
zesses in der sich globalisierenden Gesellschaft enthält keinerlei Eingeständnis,
daß die Veröffentlichung der dänischen Karikaturen ein Unrecht war, das es
erlauben würde, es durch gerichtliche Strafen oder gar durch eine illegale muslimische Lynchjustiz gegen Karikaturisten, Redakteure oder sie verteidigende
Intellektuelle und Politiker zu ahnden.

5 Freiwillige Rücksichtnahme auf religiös-kulturelle Tabus

In westlichen Gesellschaften ist der skandalöse, auch der blasphemische, religiöse Empfindungen verletzende Gebrauch bzw. Mißbrauch der Meinungsfreiheit für alle möglichen und unmöglichen Zwecke gang und gäbe. Die Meinungsfreiheit schließt die Möglichkeit ein, solchen Mißbräuchen zu widersprechen, sie zu ignorieren oder die Organe zu boykottieren, die unakzeptable Mei-
nungen äußern. In besonders extremen Fällen kann auch gerichtlich gegen eine
eindeutige Überschreitung der Grenzen der Meinungsfreiheit vorgegangen werden, etwa wenn menschenrechtsverletzende oder grob gotteslästerliche Verhaltensweisen propagiert werden. Allerdings ist die Festlegung solch justiziabler
Grenzen der Meinungsfreiheit ein komplexer Meinungs- und Normbil-
dungsprozeß in der Gesellschaft und im Justizwesen, der das Rechtsempfinden
der Mehrheit der Gesellschaft berücksichtigt. Dies ist von Land zu Land unterschiedlich, auch innerhalb der demokratisch-verfassungsstaatlichen Welt. Dies
kann erheblich von dem anderer Länder abweichen, damit auch von dem zuge-
wanderter Minderheiten.

Für gläubige Hindus ist die Kuh heilig. In den Westen emigrierende Hindus können nicht erwarten, daß dort das Schlachten von Kühen und Verzehren
von Rindfleisch eingestellt wird. Sie müssen sich die Vorherrschaft der religiösen oder atheistischen Norm des Westens dulden, die das Schlachten von Kühen für legitim hält. Sie können ihre eigene Norm für sich und ihre Gleichge-
sinnten zweifelsohne privat aufrechterhalten, können ihre Norm aber nicht als
gesellschaftlich und rechtlich verbindliche durchsetzen. Gläubige Muslime aber
in aller Regel nichts dagegen, daß Christen und Atheisten in ihrer Nachbar-

schaft Schweinefleisch essen, auch wenn sie es selbst meiden. Der Rückzug religiöser Normen aus der Gesellschaft insgesamt in die religiöse Glaubensgemeinschaft und die Anerkennung eines eigenständigen moralischen und rechtlichen Normbildungsprozesses, in den religiöse Normen durchaus aufgenommen werden können, indem sie zu allgemeinen Menschen- und Bürgerrechten oder zu schlichten gesellschaftlichen Konventionen transformiert werden, kennzeichnet den Säkularisierungsprozeß, der für die westliche Gesellschaft kennzeichnend, aber nicht völlig auf sie beschränkt ist. Auf christliche Normen gehen z. B. die gesellschaftlich-rechtliche Regelung der Jahreszählung, die Sonderstellung des Sonntags (und damit die Diskriminierung des jüdischen Samstags und des islamischen Freitags) im Laufe der Woche, die Festlegung von gewissen arbeitsfreien Tagen entweder nach dem gregorianischen oder nach dem julianischen Kalender und vieles andere mehr in der säkularisierten Gesellschaft zurück.

Die westliche Gesellschaft und Rechtsprechung lehnt eindeutig manche Normen der islamischen Rechtslehre Scharia und viele Sitten und Unsitten islamischer Länder ab, die sie als im Widerspruch zu den westlichen Rechtsnormen, die oftmals auch universal vereinbart wurden, ansieht. Geläufige Themen in diesem Zusammenhang sind die Beschneidung der Klitoris von Mädchen und Frauen, andere Formen der körperlichen Verstümmelung als Strafe für die Verletzung des Rechts, die Steinigung als kollektiv verübte Hinrichtung, die Todesstrafe für Ehebruch und Homosexualität, kollektiv beschlossene Ermordung von Familienangehörigen oder anderen, die traditionelle Ehenormen mißachten, das allgemeinverbindliche Tragen von Kopftüchern für Frauen usw. Solche Normen werden nicht abgelehnt, weil sie islamisch sind, sondern weil sie gegen das in einem demokratischen gesellschaftlichen Prozeß entstandene Recht verstoßen. Manche fundamentalistische Christen ermorden Frauen und Ärzte, die an der Abtreibung menschlicher Föten beteiligt sind. Sie erklären ihre religiösen Normen zu gesellschaftlich allgemeinverbindlichen. Sie müssen mit harten Strafen rechnen, nicht weil sie Christen sind, sondern Mörder im Sinne des geltenden Rechts und Gesetzes.

In unserem Zusammenhang geht es um die Frage, ob die westliche Gesellschaft die Norm, Mohammed bildlich in keinem Falle oder nur nicht im Zusammenhang von Kritik an gesellschaftlichen Mißständen wie dem Terrorismus (Karikaturen, Satire usw.) darzustellen, übernehmen soll, entweder als Rechtsnorm oder als gesellschaftliche Konvention, weil dies muslimische Minderheiten in der westlichen Gesellschaft oder muslimische Mehrheiten in anderen Ländern fordern. Gegen ein explizites rechtliches Verbot der Abbildung von Mohammed überhaupt oder in gesellschaftskritischen Kontexten spricht, daß konkrete Handlungen wie in Deutschland die öffentliche Benutzung national-sozialistischer Symbole außer in historisch-kritischen Darstellungen und in manchen Ländern die Schändung nationaler Symbole oder die Leugnung des Völkermordes an den Juden, nur äußerst selten strafbewehrt werden sollten. Das Verbot und die Bestrafung der Leugnung des Völkermordes an den Armeniern ist kaum ein geeignetes Mittel, die Einsicht von Türken und anderen in die mörderischen Vorgänge des Jahres 1915 zu fördern. Für ein allgemeines rechtliches Verbot der Mohammed-Abbildung spricht nichts, solange nicht Mehrheiten der muslimischen Minderheit in westlichen Gesellschaften dies fordern und Mehrheiten der Christen ein solches Verbot einsehen. Auch vor einem Verbot von Karikaturen, in denen Mohammed abgebildet wird, sollte man zumindest die Auffassung der muslimischen Minderheit in der jeweiligen westlichen Gesellschaft hierzu feststellen. Gegen ein solches Verbot spricht vor allem, daß es ein gefährlicher Präzedenzfall für die Verallgemeinerung der Rechtsauffassungen von beliebigen Minderheiten oder auch von manchen Mehrheiten wäre, die sich durch Verstöße gegen ihr Rechtsempfinden verletzt fühlen. Zöge man jedoch überhaupt ein rechtliches Verbot von Mohammed-Abbildungen in Betracht, so wäre ein allgemeines öffentliches Abbildungsverbot (ohne eine Bildervernichtung in Bibliotheken usw.) gegenüber dem spezifischen Karikaturenverbot vorzuziehen, um nicht der Feindschaft gegen Gesellschaftskritik Vorschub zu leisten.

In vielen Streitfällen sind gesellschaftliche Vereinbarungen der Verrechtlichung von Normen vorzuziehen. So war es z. B. zweifellos richtig, zwar nicht aus Furcht vor Terroranschlägen, sondern aus Respekt vor den Empfindungen von Millionen Moslems, den Karikaturenstreit nicht zum Gegenstand von Karnevalsumzügen und anderen karnevalistischen Veranstaltungen zu machen. Die Entscheidung der meisten Medien, die Karikaturen nicht während der Hochzeit der weltweiten Massenmobilisierung islamischer Empörung nochmals abzubilden, war gewiß auch eine pragmatische Strategie zur Deeskalation des Konflikts. Die demonstrative Präsentation einer Karikatur auf einem T-Shirt durch den italienischen Minister Roberto Calderoni von der Lega Nord war hingegen eine absichtliche Provokation zur Stärkung moslemfeindlicher Kräfte mit Überfremdungsängsten und der Wahlchancen seiner eigenen Partei in der italienischen Gesellschaft, die in unverantwortlicher Weise eine weitere Anheizung der Emotionen und der Gewaltbereitschaft in Kauf nahm..

Viel spricht dafür, daß die Karikaturen an sich nicht die Heftigkeit und breite Globalisierung des Karikaturenstreits verursacht haben. Entscheidend waren wohl die arrogante Mißachtung der Einsprüche und vor allem die Gesprächsverweigerung der Zeitungsredaktion und der dänischen Regierung gegenüber den Vertretern der sich betroffen fühlenden dänischen muslimischen Organisationen und vor allem gegenüber den elf Botschaftern islamischer Länder. Erstere haben es versäumt, deutlich zu machen, daß die Toleranz des Abdrucks der Karikaturen nichts mit einer Mißachtung islamischer Auffassungen zu den Karikaturen und vor allem zur Abbildung von Mohammed überhaupt durch die Mehrheit des dänischen Volkes, das Justizwesen und durch die Regierung und die Regierungsparteien zu tun haben. Es fehlte an einer öffentlichen Stellungnahme führender dänischer und zum Teil auch europäischer Politiker, die erkennen ließ, daß die eigene Gesellschaft und Politik sich mit den neuen politisch-moralischen Herausforderungen infolge der Zuwanderung und Einbürgerung von Muslimen befassen muß. Sie muß eventuell unbedachte Provokationen und Verletzungen religiöser Empfindlichkeiten der neuen Minderheiten im Dialog mit ihnen abstellen oder überdenken bzw. bei ihnen für die Akzeptanz der säkularisierten Gesellschaft werben. Die Redakteure und Politiker haben selbst in einem fortgeschrittenen Stadium des Konflikts ein politisches Gespür für die Brisanz des Karikaturenstreits und für die Notwendigkeit eigener deeskalierender Schritte vermissen lassen. Umgekehrt haben viele gemäßigte Muslime in Dänemark und in manchen islamischen Ländern es offenbar nicht vermocht, die Empörung über die Karikaturen in rechtsstaatliche und politisch akzeptable, gewaltlose Protestformen münden zu lassen. Die Türkei scheint hierbei großenteils eine Ausnahme gewesen zu sein.

6   Stärkung national-kultureller Fremdenfeindlichkeit

Der Karikaturenstreit dürfte seine Brisanz bereits verloren haben und dann bald in vielen Ländern im Generationenwechsel vergessen werden. Dennoch muß man annehmen, daß er im kollektiven Gedächtnis aller intensiver in ihn verwickelten Länder tief verankert werden wird. Sowohl in den westlicheuropäischen als auch in den arabisch-muslimischen Ländern dürfte die national-kulturelle Fremdenfeindlichkeit gestärkt worden sein. Das geht erheblich über solch kurzfristige Phänomene wie den Popularitätsanstieg der offen einwanderungs- und einbürgerungsfeindlichen radikal-rechtskonservativen „Dansk Folkeparti" hinaus. Die Furcht vor der islamistischen Minderheit innerhalb der islamischen Minderheit des Westens droht, solange sich diese Minderheit nicht offen und scharf politisch spaltet in eine politisch und sozial integrationsbereite, wenn auch teilweise auf kultureller Differenz beharrende Mehrheit, in eine weiterhin politisch und sozial indifferente schweigende, aber abnehmende Minderheit und eine nur kleine radikal islamistische Minderheit, die politische und soziale Ausgrenzung der islamischen Minderheit insgesamt zu begünstigen und damit wiederum deren politische und soziale Integrationschancen zu behindern. Die bloß rituelle Distanzierung etablierter islamischer Organisationen und geistlicher Führer vom gewaltbereiten Islamismus wird auf die Dauer nicht genügen. Die drohende Spaltung der westlichen Gesellschaft entlang formal-religiöser Trennlinien kann nur verhindert werden, wenn die politisch-soziale Integration der Mehrheit der Moslems mit der Mehrheit der Christen, Juden und Atheisten bei gleichzeitiger Anerkennung der kulturellen Differenz bewußt angestrebt und betrieben und eine gemeinsame Frontstellung sowohl gegen die national-kulturelle Fremdenfeindlichkeit einer Minderheit der Alteingesessenen wie auch die national-kulturelle Einheimischenfeindlichkeit einer Minderheit der Zugewanderten und Eingebürgerten erreicht wird.

Die national-kulturelle Fremdenfeindlichkeit in den islamischen Ländern wird durch alle als besonders demütigend wahrgenommene Ereignisse wie die dänischen Karikaturen, die Mißhandlung arabischer Gefangener in Abu Greib, die rechtswidrigen Formen der Inhaftierung von Gefangenen auf Guantanamo immer wieder aufs neue angeheizt. Solche Ereignisse sind nicht nur Wasser auf die Mühlen der radikalen Islamisten, sondern auch Gift für die Seelen derjenigen Eliten, die aus pragmatischen Gründen sich mit den westlichen Mächten arrangieren, aber insgeheim Ressentiments gegen das westliche Gesellschaftssystem mit seiner Toleranz der Intoleranz und seinen widerwärtigen Auswüchsen der Freiheit pflegen. In diesen Ländern dürfte es viel schwieriger sein, national-kulturelle Fremdenfeindlichkeit zu bekämpfen. Zudem dürfte dazu weniger die Anhänger des westlichen Gesellschaftssystems fähig sein als diejenigen Moslems, die die Toleranz der fremden Kulturen und auch Gesellschaftssysteme aufgrund eigener historischer Traditionen und eines gegenwärtigen politisch-sozialen Selbstbewußtseins begründen können, allen Demütigungen von seiten Vertretern des übermächtigen Westens zum Trotz. Das Bewußtsein der globalen Interdependenz nicht nur der Finanzmärkte, sondern auch der politisch-kulturellen Erfahrungen, Demütigungen, Beleidigungen und Ängste, aber auch der wechselseitigen Ermutigungen und Hoffnungen in einer kulturell heterogenen Welt kann sensibler für lokale und nationale Ereignisse machen, die eine potentiell weltweite Auswirkung haben können.

Es muß auch in Zukunft mit der Wiederholung des Abdrucks der Empörung hervorrufenden dänischen Karikaturen oder mit ähnlichen Vorgängen gerechnet werden. In solchen Fällen sollte der interkulturelle Dialog sich frühzeitig bemühen, die schädlichen Wirkungen derartiger Vorgänge einzudämmen. Gegen die Verteidigung derartiger Veröffentlichung mit dem prinzipiellen Argument der Meinungsfreiheit läßt sich einwenden, daß die Meinungsfreiheit

nicht erfordert, jegliche Meinung, auch nicht jegliche legale, öffentlich zu äußern, wenn durch sie viele Menschen psychisch tief verletzt, aber kaum jeman-
dem genutzt wird. Gegen die rigiden Verfechter von Strafaktionen legaler (wie
Boykott, Non-Kooperation verschiedener Art) oder gar illegaler Art, nicht aber
von ernsthaften Demonstrationen des Protests läßt sich einwenden, daß die
Globalisierung der Weltöffentlichkeit Lernprozesse in allen beteiligten Gesellschaften erfordert, vor allem auch in der westlichen, die allzu leicht dazu neigt,
ihre eigenen Normen für die universalen schlechthin zu halten. Die Globalisierung der Normen, die zulässiges von nicht zulässigem Verhalten in Gesetzes-
recht oder gesellschaftlicher Konvention scheidet, läßt sich nur begrenzt aus
allgemeinen theoretischen Reflexionen bewirken, sie erfordert auch den internationalisierten gesellschaftlichen Dialog zu ihrer Aushandlung und Konkretisierung.

Denglisch statt deutsch? Zur Veränderung des Sprachverhaltens in Deutschland[7]

Zusammenfassung

Die dauerhafte oder vorübergehende Übernahme und Anpassung von Wörtern aus anderen Sprachen in eine gegebene Sprache gehört zur Lebendigkeit jeglicher Sprachentwicklung. Aber die Verdenglischung der deutschen Sprache, d. h. die Anglisierung des Wortschatzes, der Wortbedeutungen, der Zeichensetzung und Grammatik sowie des Satzbaus und des Stils nimmt zum Teil unsinnige Formen an. „Denglisch" ist die sicherlich übertreibende Bezeichnung für eine weitreichende, oft nur oberflächliche Durchdringung der deutschen Sprache durch Anglizismen und Pseudoanglizismen. Von der Verdenglischung ist die Ausbreitung des Englischen als Weltverkehrssprache deutlich zu unterscheiden.

Sieben Faktoren lassen sich für die Sprachveränderung ausmachen: 1. die Globalisierung der Wirtschaft und des Tourismus unter der Hegemonie der US-Gesellschaft, 2. die jahrhundertelange Weltmacht Großbritanniens und dann der USA und insbesondere die Nachahmung der US-amerikanischen Alltagskultur, die individuellen Bedürfnissen nach mehr Freiheit und Entfaltung entspricht, 3. die Symbolisierung von Modernisierung, Fortschritt dem letzten Schrei gesellschaftlicher, ökonomischer, technischer und kultureller Entwicklung, 4. die USA als Hort industrieller und wissenschaftlicher Innovation, wo neue Gegenstände und Fertigkeiten neuer Bezeichnungen bedürfen, 5. die USA und andere englischsprachigen Länder als Ausbildungsstätten, in denen der Gebrauch des Englischen zur Gewohnheit vieler Ausländer wird, 6. die Diskreditierung und der Verschleiß vieler deutscher Wörter durch den Nationalsozialismus und die Furcht vor Deutschtümelei, und dem Wiederaufleben eines lächerlichen Sprachpurismus, 7. schlichte Faulheit, englische Wörter zu übersetzen.

Ratsam ist eine Eindämmung der Verdenglischung, die die Gesellschaft in gefährlicher Weise sozial und politisch spalten könnte sowie eine bedachtsame Integration neuer Fachtermini, für die nach Möglichkeit geeignete deutsche Wörter mit neuer Bedeutung gefüllt oder neue Wörter gebildet werden sollten. Denn jede Sprache muß sich ständig an die sich wandelnden Lebensgewohnhei-

---

[7] Vortrag am 12. Juni 2006.

ten anpassen. Eine solche sprachliche Anpassung und gleichzeitig eine Abwehr unsinniger Anglizismen bedürfen keiner staatlich- und akademisch-bürokratischen, sondern einer gesellschaftlich-pluralistischen Organisation des öffentlichen Diskurses, die allerdings staatlich gefördert werden könnte. Europäische und globale Bildungspolitik sollte die Zwei- oder Dreisprachigkeit aller Menschen fördern und die kleinen und mittleren Sprachen vor der Neigung schützen, sie durch die Weltverkehrssprache zu ersetzen. Außer der Muttersprache und Englisch sollte jeder Mensch die Staatssprache oder die Sprache einer Sprachminderheit oder eines Nachbarlandes lernen.

1   Das Vordringen des Denglischen im Wortschatz, in der Grammatik und im Satzbau

Die Internationalisierung der Gesellschaft ist in den meisten Ländern mit einer doppelten Form der Anglisierung verbunden. Zum einen löst die englische Sprache, teils in britischer, aber meist in amerikanischer Variante lokale Muttersprachen geringer Reichweite und vor allem aber auch traditionelle regionale Verkehrssprachen ab, so etwa das Französische, Spanische, Portugiesische, Deutsche, Russische, Arabische, Suaheli usw. Seit dem Untergang des Weltkommunismus wird das Englische kaum noch umstritten zur Weltverkehrssprache, zur *lingua franca* der Menschheit schlechthin. Stalin hatte einmal gemäß seinem gesellschaftlichen Geschichtsschematismus gemeint, daß Latein die internationale Verkehrssprache der Sklavenhaltergesellschaft, Französisch die Sprache des Feudalismus, Englisch die Sprache des Kapitalismus gewesen sei und Russisch die zukünftige Menschheitssprache im Kommunismus sein werde. Parallel zur Ausbreitung des Englischen als Weltverkehrssprache dringen zum anderen Anglizismen in viele Sprachen ein und verändern sie nicht nur im Wortschatz, sondern auch in der Wortbedeutung, in der Grammatik und im Satzbau. Das Deutsche scheint neben dem Russischen aus zeithistorischen Gründen besonders anfällig dafür zu sein.

Der Trend zur Ausbreitung des Englischen bzw. Amerikanischen ist zwar nicht einheitlich, auch nicht von manchen Gegentendenzen des Vordringens anderer internationaler Verkehrssprachen in einigen Regionen frei, aber er ist seit dem Untergang des Sowjetkommunismus, der versucht hatte, das Russische zur zukünftigen Weltverkehrssprache zu erheben, und seit der Einbindung der Volksrepublik China in die Weltwirtschaft eindeutig vorherrschend. Die Anglisierung der Welt wurde jahrhundertelang vorbereitet durch das Britische Empire, das zeitweise ein Fünftel der Landoberfläche der Erde umfaßte und das

Englische zur Muttersprache vieler kolonisierter Völker mit zahlreichen Stammesmundarten und -sprachen machte. In weit mehr als einem Dutzend der gegenwärtig insgesamt 194 Staaten ist Englisch allein oder zusammen mit anderen Sprachen Staatssprache.

Die Ausbreitung des Englischen wird heute vor allem durch die Welthegemonie der USA und der US-amerikanischen Alltagskultur befördert, obwohl keineswegs der Anteil der englischen Muttersprachler an der Weltbevölkerung wächst. Samuel Huntington befürchtet gar, daß in den USA selbst das Spanische in wenigen Jahrzehnten zur Muttersprache der Mehrheit der US-Amerikaner geworden sein wird. Das Englische als Weltverkehrssprache ist jedoch im Begriff, mehrere andere Sprachen, die einen meist nur regional eingelösten Weltherrschaftsanspruch hatten wie das Griechische, Lateinische, das Arabische, das Chinesische und die erwähnten europäischen Sprachen, als Verkehrssprache abzulösen. Es hat durchaus Aussicht, die erste tatsächlich global in vielen Lebensbereichen benutzte Sprache zu werden. Allerdings ist der Preis, den die englische Sprache dafür zu zahlen hat, außerordentlich hoch. Die Globalisierung des Englischen ist mit einer erheblichen Simplifizierung und Verarmung der sprachlichen Ausdrucksmöglichkeiten bei gleichzeitiger Ausweitung des Wortschatzes verknüpft. Basic Simple English oder BSE, wie manche Spötter in Anspielung auf die Rinderkrankheit *Bovine Spongiforme Encelopathy* sagen, könnte zu einer tendenziell globalen Krankheit des Sprachvermögens und damit auch des Denkens werden, wenn nicht rechtzeitig Gegenmaßnahmen dagegen eingeleitet werden. Es scheint aber eher das Gegenteil der Fall. Schon vor vielen Jahren berichtete die Frankfurter Rundschau in einer kleinen Notiz, die hier aus dem Gedächtnis sinngemäß wiedergegeben werden muß, der englische Unternehmerverband habe seinen Mitgliedern empfohlen, in ihrer Korrespondenz keine traditionellen Redensarten, literarischen Anspielungen, Sprichwörter, seltenen Wörter oder komplizierten Satzkonstruktionen zu verwenden, da sie sich mit einem gepflegten Englisch in der englischsprachigen Geschäftswelt isolieren würden und oft unverständlich blieben.

Zu Beginn der Globalisierung im 19. Jahrhundert bis nach dem Ersten Weltkrieg gab es noch ernsthafte Bemühungen, für die Weltwirtschaft und den Welttourismus eine künstliche, recht einfach konstruierte und erlernbare Weltverkehrssprache wie das Esperanto einzuführen, die für alle Menschen zwar den ungefähr gleichen Nachteil des Erlernens einer Fremdsprache, aber keinem Volk den Vorteil verschaffen sollte, keine Fremdsprache lernen zu müssen, weil seine Sprache Weltverkehrssprache ist. Diese Bemühungen sind offenbar in den 20er und 30er Jahren des 20. Jahrhunderts endgültig gescheitert, als Frankreich die Erhebung des sonst bereits allgemein akzeptierten Esperanto zur Völkerbundsprache mit dem Argument ablehnte, Französisch sei schon die diplomatische und kulturelle Weltsprache. Später wies das nationalsozialistische Deutschland Esperanto als eine überwiegend romanische und zuwenig germanische Sprache zurück. Die Kommunisten begrüßten zunächst Esperanto als ein Mittel zur Förderung des Internationalismus, aber mit der Wende der Sowjetunion unter Stalin zum russischen Imperialpatriotismus bekämpften sie Esperanto als ein Werkzeug des Kosmopolitismus.

Die Sinnhaftigkeit der Ausbreitung des Englischen als Weltverkehrssprache soll hier nicht bezweifelt werden. Im Gegenteil: Es ist wünschenswert, daß jeder Mensch auf der Erde die Chance erhält, Englisch gut als erste oder zumindest zweite Fremdsprache zu lernen, um auf dem Arbeitsmarkt, im sich rasant ausweitenden Weltverkehr und im kulturellen Austausch gleiche Chancen mit den bisher sprachlich und damit sozial und ökonomisch Privilegierten zu erlangen.

Zur Debatte steht hier das andere erwähnte Phänomen: die Anglisierung, d.h. die Durchdringung anderer Sprachen nicht nur durch englische Wörter sondern auch die Veränderung der Bedeutung von hergebrachten Wörtern sowie der grammatikalischen, syntaktischen und stilistischen Gewohnheiten.

Am meisten fällt die Übernahme englischer Wörter in den Sprachschatz auf, sei es in die weithin allgemeine Sprache, sei es in die spezifischen Bereichssprachen von Alters- und Berufsgruppen, von Institutionen und Unternehmen. Vereinzelt handelt es sich auch um pseudoenglische Wörter wie z. B. Handy als spezifisch denglischer Ausdruck für das Mobiltelefon, der weder im englischen Sprachraum, noch in anderen Ländern verstanden wird. Die Einfügung der englischen Wörter in die deutsche Sprache geschieht auf mehrerlei Weise. Manche Wörter bleiben als Fremdwörter unverändert erhalten und erkennbar. Das gilt z. B. für den *shareholder value* und den *city call*, die *win-win*-Situation und das *Congress Center* Rosengarten in Mannheim Andere Wörter werden vor allem in ihren Beugungsformen verdeutscht. Das Versenden von elektronischer Post, einer E-mail, wird beispielsweise *mailen* genannt, das Herunterladen von *files* aus dem Internet *downloaden*. Dieser Tage war im Radio zu hören, man könne *drinks enrichen*, also Getränke mit irgend etwas anreichern. Andere Wörter werden von vielen Deutschen zwar englisch geschrieben, aber deutsch ausgesprochen. So hört man *city* auch Zitti oder *computer* auch Komputer aussprechen. Viele Deutsche fliegen nicht nach *Mallorca*, sondern nach Mallorka. In früheren Zeiten, als das gesprochene Wort noch eine stärkere Rolle als das geschriebene Wort gespielt hatte, hatte man die deutsche Schriftversion eines Wortes noch an das gesprochene Wort angepaßt. Damals wurde z. B. noch Majorka geschrieben. Aus den *cakes* wurde der Keks, aus dem *friseur* der Frisör. Mit der neuen deutschen Rechtschreibung werden wiederum zahlreiche eingebürgerte Fremdwörter eingedeutscht. So wird aus dem *Portemonnaie* das Portmonee.

Die Übertragung einer englischen Wortbedeutung auf ein deutsches Wort in Ergänzung oder Verdrängung der deutschen Wortbedeutung findet vor allem bei Lehnwörtern aus dem Lateinischen statt. Z. B. bezeichnete Nation im Deutschen ursprünglich eine gesellschaftliche Gruppe mit gemeinsamer Sprache, Kultur oder Herkunft (*natio*, abgeleitet von *nasci* = geboren werden), Nationalität demzufolge die Zugehörigkeit zu einer solchen, also das, was viele heute Ethnie, ethnische Gruppe und Ethnizität nennen. Heute wird unter Nation in Deutschland oftmals ein Staatsvolk (die Gesamtheit aller Staatsbürger) oder manchmal sogar schon ein Land verstanden, unter Nationalität demzufolge die Staatsangehörigkeit. Aus dem deutschen Visum (Plural: Visa) wird zunehmend das denglische Visa mit dem Plural Visas. Die Verdrängung wenigstens minimaler Grundkenntnisse des Lateins und Griechischen ist dafür verantwortlich, daß Studenten zunehmend Informationen in den „Lexikas" des Internet suchen. Diskriminieren bedeutete im Deutschen früher benachteiligen, im Englischen (*discriminate*) aber auch unterscheiden. Dementsprechend findet man im Denglischen heute schon den Ausdruck der positiven Diskriminierung, was nicht positiv bewertete Benachteiligung, sondern Bevorzugung oder Privilegierung bedeutet. Ein Beispiel für das umgekehrte Phänomen, daß ein Lehnwort im Deutschen eine engere Bedeutung als im Englischen hat, ist das Wort linguistisch, das für sprachwissenschaftlich steht. In vielen Texten findet man aber auch schon die Übernahme der englischen Wortbedeutung im Sinne von sprachlich, wenn von religiösen, linguistischen und anderen kulturellen Merkmalen einer Bevölkerung die Rede ist.

Ein anderes treffendes Beispiel hierfür ist – der Ausflug über das Denglische hinaus zu den selteneren Russizismen möge verziehen werden – das Wort Havarie, das im Deutschen ein Schiffsunglück bezeichnet, im Russischen ein Unglück schlechthin. So sprechen manche deutsche Zeitgenossen von der Havarie in Tschernobyl. Schlechte Übersetzung ist es hingegen, die unterdrückten Völker in der Sowjetunion repressierte Völker (*repressirovannye narody*) zu nennen. wobei das Wort eine kommunistische Beschönigung darstellt, da es nicht nur um Unterdrückung, sondern auch um die Vernichtung erheblicher Teile der Völker ging. Wenn schon ein Fremdwort, dann sollte man von reprimierten Völkern sprechen.

Im Deutschen tragen manche Leute ihre Einkäufe nicht nur in einem Stoffgewebe namens Netz (*net*) nach Hause, auch Straßen oder Schienen können zu einem Verkehrsnetz verknüpft werden. Im Englischen ist letzteres ein *network*. Demzufolge wurde aus dem deutschen Vernetzen das denglische *net-*

working, aus dem Vernetzer der *networker*. NGOs (nichtstaatliche Organisationen) werden heutzutage zu einem Netzwerk verknüpft. Als man in Deutschland nach 1945 *political science* als ein Mittel der Erziehung zur Demokratie einführte, wurde vielenorts die Politikwissenschaft zur Politischen Wissenschaft, was möglicherweise nicht nur schlechtes Deutsch, sondern auch politische Absicht war. Schließlich wurden die *natural sciences* nicht zu natürlichen Wissenschaften erklärt.

In der denglischen Grammatik beginnen bei vielen Wörtern die deutschen Beugungsformen des Dativs und insbesondere des Genitivs zu schwinden. Man gibt dem Präsident die Hand, die Sitzungsdauer des Parlament verkürzt sich unter Umständen, nicht nur das Wort. Die Tochter des Vater verliert das Interesse an dem Genitiv-s. Sparsamkeit ist nicht der Grund dafür, denn der Apostroph findet immer mehr Liebhaber, manchmal im Sinne der englischen Grammatik, manchmal aber auch völlig sinnlos. Kürzlich war in einem Kleidungsgeschäft zu lesen: *Hit's for kid's*. Allerdings sind das nicht nur deutsche Absurditäten, auch in Großbritannien wird der Apostroph mittlerweile oft falsch benutzt. In Deutschland ist der Laden Petras schon längst zu Petra's Boutique geworden, Peters Geschäft wird nun zu Peter's Shop. Aus dem Einkaufen oder dem Einkaufsbummel wird dann das *Shoppen*. Selbst die neue deutsche Rechtschreibung führt ein überflüssiger Apostroph in der Goethe'schen Sprache ein.

Wurde das Weglassen des Kommas bei erweiterten Infinitivsätzen sogar schon (oder nur vorübergehend laut jüngster Re-Reform?) von den neuen deutschen Rechtschreibregeln gebilligt, was oftmals das Lesen erschwert, so wird es gleichzeitig an Stellen eingefügt, wo es im deutschen Satzbau und auch in der deutschen Sprechweise keinen Sinn macht, aber Englischen üblich ist. Bei brütender Sonne fällt bei manchem ein Komma, ehe der Satz mit den Worten fortgesetzt wird: fällt das Lernen der deutschen Sprache besonders schwer. Bei Relativsätzen lassen viele Studenten gern das Komma weg, während sie es zum Abschluß von Aufzählungen setzen. Bei Einschüben fehlt wieder ein Komma. So ist z. B. zu lesen: „Die ursprünglich geachteten religiösen Feiertage oder Fastenzeiten, spielen eine geringere Rolle bei der Einschränkung der Kriegstätigkeiten." „Alle Aktionen, die eine Schwächung oder gar Mißachtung dieser Rolle bewirken sind zu verurteilen." „Auf den Plätzen versammelten sich Deutsche, Franzosen, Briten, und Amerikaner." „Dies ist, meines Erachtens auch in Afghanistan geschehen." Kaum tröstlich ist, daß sich die Gesamtzahl der Kommata wohl kaum verändert hat; sie stehen lediglich am falschen Ort und erschweren das Lesen.

Die verbreitete Unkenntnis der grammatikalischen Formen der Vorvergangenheit, des Plusquamperfekts oder der indirekten Rede ist allerdings nicht auf Anglisierungstendenzen zurückzuführen, sondern auf andere Prozesse im Umgang mit dem sprachlichen Ausdrucksvermögen. Rätselhaft ist, auf welche Weise sich die neuen sprachlichen Unsitten unter der Jugend und dann auch in den Zeitungen verbreiten, manchmal aber auch wieder verschwinden. Jahrelang liebten viele Studenten das zusammengeschriebene Wort „Desweiteren" in ihren schriftlichen Arbeiten. Die Befragung der Studenten, woher sie ihre willkürlichen Regelungen der Zeichensetzung und Schreibweise haben, brachte leider nie ein Ergebnis. Verantwortlich scheint das Bevorzugen der Kommunikation untereinander und die spärliche Lektüre zu sein. Ein Student des 8. Semesters in den Sozialwissenschaften bekannte einmal, noch nie ein Buch in seinem Leben zur Gänze gelesen zu haben. Ihm genügten Fotokopien von Buchkapiteln und Aufsätzen, die ihm die Service-Professoren als *Reader* in die Hand gaben. So mußte er keine Bibliotheken mehr aufsuchen und selbständig herausfinden, welche Literatur wissenschaftlich weiterführend ist. Vorgesetzte Leselisten (*syllabi*) ersetzen das Schulen der eigenständigen Urteilskraft bei der Auswahl von Texten. Zudem gilt zunehmend: *Quod non est in Internet, non est in mundo.* Was nicht zuhause am Computer gelesen werden kann, gibt es in der Welt des modernen Universitätsstudiums nicht mehr. *Fast science* wandelt die Alma Mater in eine Mc Donald's university mit selbst erteiltem Exzellenz-Status.

Die Streitfrage, die hier erörtert werden soll, lautet: Was ist an der Verdenglischung als vorübergehende Mode, was als sinnvolle Anpassung der Sprache an neue Lebensverhältnisse und was als bedenkliche Verluderung der deutschen Sprache anzusehen.

2 Verdenglischung als Modernisierung oder Verdrängung der deutschen Sprache

Sicher finden manche denglischen Unarten wie vor allem die grammatischen keine ernsthaften Befürworter. Ein sinnvoller Streit ist über eine ernsthafte Kernfrage zu führen. Gesellschaftlicher Wandel sowie wirtschaftlich-technische und wissenschaftliche Neuerungen erfordern ständig eine Erweiterung des Wortschatzes. Andererseits fallen durch den Untergang von Staaten, Gesellschaftsordnungen, handwerklichen und landwirtschaftlichen Fertigkeiten herkömmliche Wörter dem Vergessen anheim. Wer weiß heute noch, was haspeln und dengeln ist, was eine Ihle, eine Daube, eine Egge, ein Böttcher. Die Datsche aus DDR-Zeiten mag hingegen noch einige Zeit erhalten bleiben, während der Gau nach der nationalsozialistischen Ära weithin als Gebietseinheit unbekannt geworden ist. Im Atomzeitalter hat GAU eine neue Bedeutung erhalten. Seine Herkunft aus einer Abkürzung wird schon oftmals nicht mehr erkannt, wenn dem größten anzunehmenden Unfall noch ein Super vorgesetzt wird: Supergau.

Für viele Neuheiten sind unvermeidlich neue Wörter zu schaffen, auch im Englischen. Im wissenschaftlich-technischen Bereich werden oftmals Wörter mit einem lateinischen oder griechischen Sprachbezug geschaffen, deren Aneignung in vielen westlichen, vor allem den romanischen und teilromanisierten Sprachen wie dem Englischen leicht fällt. So findet sprachlich im Zuge der wissenschaftlich-technischen Modernisierung indirekt eine gewisse transnationale Relatinisierung Europas und der europäisierten Welt statt.

Manche der Wortschöpfungen (*phishing*) oder der alten Wörter mit neuen Bedeutungen (*cursor, browser*) bleiben auf den engen Sprachbereich der Nutzer einer hochspezialisierten Fachsprache beschränkt, andere dringen jedoch in den allgemeinen Sprachgebrauch ein, vor allem, wenn eine neue Sache in den allgemeinen Alltag einkehrt. Das Land, in dem eine Neuheit geschaffen wird, gibt auch manchmal deren sprachlichen Ausdruck dafür an andere Länder und deren Sprachen weiter. Das liegt manchmal an der Schwierigkeit, ein passendes Wort dafür in einer anderen Sprache zu finden oder zu bilden. Aber das ist keineswegs immer der Fall. Häufig wird nur der Herkunft oder dem Urheber einer Sache Respekt erwiesen, so wie das auch innerhalb einer Sprache oft geschieht, Weckgläser, Schrebergärten sind hierfür innerdeutsche Beispiele wie der internationalisierte Boykott, der auf den von den Iren geächteten britischen Gutsverwalter *Boycott* zurückgeht. So ist die Banken- und Finanzsprache noch heute von in der frühen Neuzeit gebräuchlich werdenden italienischen Wörtern (*Saldo* etc.) geprägt. Auch manche deutsche Wörter wie Kindergarten oder Blitzkrieg sind in andere Sprachen eingegliedert worden, obwohl sie leicht übersetzbar wären. Konrad Zuse hat zwar den ersten Rechner entwickelt, er wurde jedoch erst als amerikanischer Computer zum Massenprodukt.

Soll man nun Computer oder Rechner für das moderne Ding sagen? In diesem Falle spielt das häufige Argument, englische Wörter seien kürzer als deutsche, was oftmals nicht stimmt (vgl. *network* und Netz) und deshalb zu bevorzugen, keine Rolle.

Für den Gebrauch muttersprachlicher Ausdrücke für eine neue Sache spricht vor allem, daß mit ihnen oft bekannte Dinge oder Vorgänge assoziiert werden. Das Wort Rechner macht bewußt, daß es sich um die grundsätzliche Arbeitsweise des Rechnens handelt, nicht um das das Geflügel Puter (*turkey*). Sprachen leben und lernen sich auch dadurch leichter, daß man gedankliche Verbindungen zwischen den Wörtern erkennen und entdecken kann und dabei oft auf einen tieferen Sinn stößt. Neue Sprachen lernt man nicht wirklich dadurch, daß man besinnungslos Vokabeln paukt und sie demzufolge leicht sinnentstellend verwendet oder versteht. Viele Studenten und Jungwissenschaftler meinen, ihre Zugehörigkeit zum Kreis der Eingeweihten durch das Fallenlassen bestimmter denglischer Bezeichnungen (*name dropping*) demonstrieren zu müssen, die sie anschließend wieder wie eine Fahne, ein Erkennungszeichen für *Insider* und zur Ausgrenzung von *Outsidern* aufheben. An sich ist die Benutzung von Sprachornamenten als Mittel zur sozialen Ein- und Ausgrenzung nichts Neues, neu ist der exzessive Gebrauch von Anglizismen.

Für neue Erscheinungen in der Welt der Gegenstände und Gedanken müssen in jeder modernen Sprache ständig alte Wörter mit neuer Bedeutung gefüllt oder auch neue Wörter gebildet werden. Das müssen keine wörtlichen Übersetzungen aus der Sprache des Schöpfers der neuen Sache sein, das können auch sprachliche Neuschöpfungen sein, die dem Sprachempfinden und den Lebenserfahrungen in der jeweiligen Sprache entsprechen mögen. *Sticks and carrots* sind im Deutschen eben Zuckerbrot und Peitsche und nicht Stöcke und Karotten, wie im Denglischen bisweilen zu lesen ist. Immerhin drückt das pseudoenglische Wort Handy im Deutschen zumindest die Tatsache des handlicheren Telefons besser aus als es der reine Anglizismus *mobile* täte. Das Wort Mobil würde im Deutschen noch zu starke Assoziationen zum Automobil wecken, so daß man als Alternative zu Handy nur vom Mobiltelefon sprechen kann.

Die Gegenposition zur sprachimmanenten Wortschöpfung befürwortet die Anglisierung der verschiedenen Muttersprachen als ein Mittel der Internationalisierung der Sprachen. Die einen mögen dies als einen schleichenden Prozeß zur Durchsetzung des Englischen als europäische oder gar globale Einheitssprache verstehen. Hin und wieder tauchen in der Werbung schon Sätze auf, in denen das Wort „und" das einzige deutsche Wort ist. In einem letzten Rest von Lokalpatriotismus scheut man sich schamhaft, es durch das entsprechende englische Wort zu ersetzen. Andere Verfechter der Anglisierung betonen, daß die Einführung möglichst vieler Anglizismen Anreize für Ausländer schafft, eine weltweit wenig verbreitete Sprache zu erlernen, weil sie beim Erlernen dieser Sprache rasch Erfolgserlebnisse haben, wenn sie auf viele bekannte Wörter stoßen. Das spricht für das Telefon und den Computer und gegen den Fernsprecher und Rechner. Jeder, der schon eine romanische oder slawische Sprache kennt, weiß, wieviel leichter es fällt, eine zweite verwandte Sprache mit vielen gleichen oder ähnlichen Stammwörtern zu lernen als beispielsweise Ungarisch oder Litauisch. Anglizismen erhöhen aus dieser Sicht in einer globalisierten Welt die Chancen des Überlebens der weniger verbreiteten Sprachen.

In der Schweiz wird viel gründlicher als in Deutschland über Sprachpolitik gesprochen. Offiziell ist die Schweiz ein viersprachiges Land, wobei jedoch weit über 90 % der Schweizer deutscher oder französischer Muttersprache sind. Traditionell haben die gebildeten Schweizer mindestens eine, wenn nicht gar zwei der anderen Landessprachen (zusätzlich zum Deutschen oder Französischen meist Italienisch, äußerst selten Rätoromanisch) fließend beherrscht. In jüngerer Zeit ist zu beobachten, daß Englischkenntnisse immer mehr die gute Kenntnis einer zweiten Landessprache verdrängen. Im Kanton Zürich wurde jüngst gar Französisch als erste Fremdsprache durch Englisch abgelöst, denn Englisch wird vorzugsweise in der europäisch und global vernetzten Geschäftswelt verwendet. Dies hat zur Folge, daß Schweizer unterschiedlicher Muttersprache sich zunehmend auf Englisch und nicht in einer der vier Landessprachen verständigen. Längerfristig scheint Englisch also zur eigentlichen Schweizer Nationalsprache zu werden, die von allen Schweizern beherrscht wird. Die Schweiz lebt offenbar einen Prozeß vor, der in der Europäischen Union bald zu erwarten ist. Die Ausbreitung des Englischen in der Schweiz ist mit einer Anglisierung der offiziellen Schweizer Nationalsprachen verknüpft. Manche Schweizer Autoren heißen dies aus dem oben genannten Grund für willkommen, weil dadurch das Erlernen des teilweise anglisierten Deutschen und Französischen attraktiver wird als das Erlernen des althergebrachten Deutschen und Französischen, das viel fremder ist und schwerer zu erlernen.

3   Vergängliche Sprachmoden und dauerhafte Bereicherungen der Sprache

Wie läßt sich die Verdenglischung der deutschen Sprache erklären? An sich gehört, wie gesagt, die Übernahme und Einpassung von Wörtern aus anderen Sprachen zur Lebendigkeit jeglicher Sprachentwicklung in allen Ländern und Völkern. Diese kann sich auf einzelne Lebensbereiche, auf soziale oder Altersgruppen, auf Institutionen und gesellschaftliche Situationen beschränken. Denn das, was wir Sprache im Sinne von nationaler Standardsprache nennen, ist ja in Wirklichkeit ein riesiger Komplex von Gruppen-, Schichten-, Regional- und Individualsprachen mit vielen Gemeinsamkeiten, aber auch jeweils spezifischen Besonderheiten, die nicht auf Anhieb von jedem zu verstehen sind. Eine Sprache kann kurzfristigen Moden, etwa in der Jugendkultur, folgen oder dem jahrzehntelangen Einfluß von internationalen Leitkulturen. Nicht nur im deutschen Adel, sondern auch im Bildungsbürgertum waren unter den Deutschen bis zum ersten Weltkrieg zahlreiche französische Wörter und Redewendungen üblich, die dann wieder aus dem Sprachgebrauch verschwunden sind. Lateinische Redensarten sind ebenfalls in den letzten Jahrzehnten unüblich geworden. Im Unterschied zu den Sprachmoden vergangener Zeiten, die sich oft nur auf die dünne Schicht der Gebildeten beschränkten, erfaßt die Anglisierung heute tendenziell die gesamte Bevölkerung, wenn auch stärker die oberen als die unteren Schichten. Außerdem begünstigt die zunehmende Arbeitsteilung die Ausformung von eng begrenzten anglisierten Fachsprachen, die untereinander kaum vernetzt und verständlich sind.

Eine Verschriftlichung und eine Sakralisierung sowie eine akademisch-bürokratische Standardisierung der Sprache, wie sie in zentralistischen Territorialstaaten wie Spanien, Frankreich und England seit dem Ende des 15. Jahrhunderts angestrebt wurde, können den Wandel einer Hoch- und Schriftsprache erheblich einschränken, jedoch weit weniger die Veränderung der eigentlichen Sprache oder Mundart, die von den Menschen im Alltag gesprochen wird. Sprachpolitik kann lediglich den Gebrauch der Sprache in staatlichen sowie in einigen nichtstaatlichen Institutionen steuern, standardisieren und regulieren, viel weniger hingegen das private, gesellschaftliche Sprachverhalten. Sie kann aber bei beharrlicher Politik über Jahrzehnte hinweg einen mehr oder minder starken Einfluß auf den gesellschaftlichen Sprachgebrauch haben und historisch entwickelte Mundarten verdrängen und auslöschen, wie in Frankreich geschehen, nicht aber in der föderativen französischsprachigen Schweiz. In Frankreich ist der Widerstand gegen das Franglais viel stärker als der gegen das Denglische in Deutschland, obwohl er auch dort viele Niederlagen erleidet. (Eine Nebenbemerkung: Es wäre lohnend zu erforschen, welche Anglizismen nach welcher Logik ins Franglais, ins Denglische oder ins anglisierte Russisch, das Runglish, eingehen.)

Sprachliche Eigenheiten waren schon immer jenseits ihrer Bedeutungsinhalte bewußt oder unbewußt Symbole der Gruppenzugehörigkeit und der Abgrenzung von anderen. Oftmals dienen sprachliche Neuheiten als Symbole der Modernisierung, des Fortschritts, der Weltoffenheit oder auch Weltabgeschlossenheit, der Öffnung für das Neue, der Distanzierung vom Muff der alten Zeiten. Jugendsprachen oder neuerdings häufig auch Immigrantensprachen von Menschen türkischer oder russischer Sprache bedienen sich solcher sprachsymbolischer Mittel der Bildung von Gruppengemeinsamkeit und Gruppenabgrenzung.

Sieben Faktoren sind anscheinend für die Verdenglischung besonders verantwortlich. Zuerst ist die bereits erwähnte Globalisierung der Wirtschaft und des Tourismus, dann die Ausbreitung der US-amerikanischen Alltagskultur zu nennen, die dem weit verbreiteten Bedürfnis nach individueller Freiheit und

Entfaltung entspricht. Sie wird durch die ökonomische Dominanz der US-amerikanischen Unterhaltungsindustrie in der populären Musik und im Film unterstützt. Das Denglische verkörpert drittens vielfach Modernisierung, Fortschritt, den letzten Schrei gesellschaftlicher, ökonomischer, technischer und kultureller Entwicklung. Viertens sind die USA als Hort industrieller und wissenschaftlicher Innovation häufig auch der Ort, wo neue Gegenstände und Fertigkeiten neue Bezeichnungen erfordern und hervorrufen, die in die Sprachen anderer Länder übernommen werden. Fünftens sind die USA und andere englischsprachige Länder für viele Menschen wichtige Stationen ihrer Ausbildung und Bildung, an denen sie Englischkenntnisse erwerben oder vertiefen. Der häufige Kontakt mit englischer Sprache verleitet zur oberflächlichen Übernahme englischer Ausdrücke in die eigene Sprache. Faulheit spielt hierbei, sechstens, eine nicht zu übersehende wichtige Rolle. Es ist einfach bequem, *intend* mit intendieren statt beabsichtigen zu übersetzen, *realize* mit realisieren statt wahrnehmen oder verwirklichen, *frame* mit framen statt einrichten oder ordnen, *political science* mit politischer Wissenschaft statt mit Politikwissenschaft.

In Deutschland scheint ein siebenter Faktor von herausragender Bedeutung zu sein. Zur Distanzierung von der nationalsozialistischen Vergangenheit sind viele Deutsche geneigt, sich in stärkerer Weise als die meisten anderen Völker vom Nationalismus und Nationalen zu distanzieren und damit von jeglicher Form der tatsächlichen oder scheinbaren Deutschtümelei. Viele deutsche Wörter sind durch den Nationalsozialismus für lange Zeit verschlissen. Der Wörterverschleiß gilt nicht nur für die mit der NS-Ideologie am engsten verbundenen politischen Wörter wie völkisch, Rasse, Auslese, sondern in vielen Ohren auch Vaterland, Heimat, Nation, Volk, Held, Elite, Gemeinschaft. Kein Wissenschaftler spricht demzufolge von der Wissenschaftlergemeinschaft, sondern man flüchtet in das Denglische und sagt *scientific community*. Deutsche Ausdrücke gelten in manchen Kontexten als reaktionär oder zumindest altbacken, vorgestrig. Das schließt nicht aus, daß im Generationswechsel auch manches Wissen über die NS-Sprache verloren geht. Inzwischen wird wieder munter überall selektiert, was eher ein denglisches Phänomen (*to select*) als das Wiederaufleben des KZ-Sprachgebrauchs ist. Die Befürwortung eines englischsprachigen Europas hat oftmals den faden Beigeschmack einer Flucht aus der deutschen Geschichte. Statt die nationalsozialistische Vergangenheit zu verarbeiten, möchte so mancher sich von jeglichem Deutschen, im Extremfalle auch der deutschen Sprache distanzieren. Kein Wunder, daß sehr viele Deutsche bereit wären, die deutsche Sprache gänzlich zugunsten des Englischen als europäischer Einheitssprache aufzugeben.

Eine exzessive Anglisierung ist gegenwärtig auch in Rußland zu beobachten. Dort treibt sie manchmal noch viel seltsamere Blüten als in Deutschland hervor, um eine bewußt oder unbewußt Distanz zur kommunistischen Vergangenheit zu erzeugen. Selbst die Benutzung der lateinischen Schrift statt der kyrillischen in der Reklame dient oft als Symbol für Modernität, Weltoffenheit, Freiheit, Prosperität.

4   Rettung oder Verdrängung der deutschen Sprache

Was sind die denkbaren Folgen der Verdenglischung und der gleichzeitigen Ausweitung der Englischkenntnisse? Eine schleichende Anglisierung Europas oder gar der Welt, weit konsequenter noch als seinerzeit die Ausbreitung des Lateins im Römischen Imperium, ist wenig wahrscheinlich. Möglich ist allerdings das Schwinden der Renerationsfähigkeit der deutschen Sprache und vieler anderer Sprachen in Europa aus sich heraus, womit die sprachliche Sensibilität für viele national spezifische Wahrnehmungsweisen der Wirklichkeit verlorengeht, vor allem in der Übergangszeit, in der weder das Deutsche noch das Englische wirklich gut beherrscht wird. Entsprechende geistig zerstörerische Wirkungen mit fatalen sozialen Folgen sind bei Immigranten zu beobachten, die weder ihre Muttersprache richtig lernen, noch die Sprache ihres Gastlandes. Im schlimmsten Falle bedeutet Verdenglischung Entstehung und Verbreitung eines geistig armen Kauderwelschs.

Eher unwahrscheinlich ist, daß Denglisch zu einer neuen Sprache wird, wie es ansatzweise das Pidgin-Englisch wurde. Noch unwahrscheinlicher ist es, daß in einem langen, schleichenden Prozeß eine deutsche Variante des Englischen entsteht, wie seinerzeit das Amerikanische, das Australische oder das Anglo-Irische, so daß das Deutsche zu einem folkloristischen Relikt wie das Gälische oder das Bretonische wird. Durchaus wahrscheinlich ist hingegen, daß das Englische in mehr oder weniger primitiven Formen des Davos-Englisch, des Business-English (Busy-English), des NATO- oder UNO-English und Pop-English in einigen gesellschaftlichen Bereichen ganz verdrängt, ebenso aus den oberen und mittleren Etagen der großen Konzerne, aus manchen Fakultäten und Universitäten und aus vielen wissenschaftlichen Zeitschriften und Verlagen. Die Entstehung eines allgemeinen vereinfachten und standardisierten Inter(national)-English ist vorerst eher unwahrscheinlich. Das Denglische hingegen dürfte in Sphären wie dem internationalisierten Einzelhandel, im Tourismus, in der Popkultur, auf den internationalen Messen und Konferenzen seine Herrschaft ausbauen. Die Folge solcher Prozesse ist die sprachsoziale Schichtung der Gesellschaft. Diejenigen, die geringere Chancen haben, sich die englische Sprache mehr als oberflächlich anzueignen, werden sozial benachteiligt sein. In ökonomischen Krisensituationen kann das politisch brisant werden, wie aus den nationalen und nationalistischen Sprachkämpfen des 19. und 20. Jahrhunderts bereits bekannt. Antieuropäismus und Antiglobalismus könnten sich leicht des Sprachnationalismus bedienen, teils aus realen Gründen der ungleichen Beherrschung von Muttersprache und Englisch, teils aus symbolischen Gründen. Letzteres wird vermutlich erneut zu national-sprachpuristischen Gegenbewegungen gegen die Verdenglischung führen. Die nationalsoziale Besetzung von Sprache ist jedoch für den Zusammenhalt einer Gesellschaft äußerst gefährlich. Der spielerische Gag- und Modecharakter vieler denglischer Gewohnheiten würde einem erbitterten Prinzipienkampf weichen, bei dem es um harte soziale Interessen geht.

5   Zurückhaltende Übernahme englischer Fachausdrücke und eigenständige Schöpfung moderner deutscher Wörter

Was ist ratsam, eine Förderung der Verdenglischung oder ihre Eindämmung? Denn gänzlich läßt sie sich kaum vermeiden. Die Einstellung hierzu ist abhängig von der grundsätzlichen Haltung zur Europäisierung und Globalisierung sowie zur sprachlichen Vereinheitlichung Europas und der Welt. Viele Zeitgenossen halten die sprachliche Vielfalt der Menschheit für eine entscheidende Wurzel für die Schwierigkeiten der Verständigung zwischen den Menschen sowie für den Nationalismus und die nationalistische politische Gewalt. Sie befürworten deshalb eine europäische und dann auch globale Spracheinheit.

Die Gegenposition, die ich in unterschiedlichen Zusammenhängen bereits vertreten habe, hält eine Humanisierung der Menschheit, die Herstellung eines dauerhaften Weltfriedens und die Überwindung des gewaltsamen, zerstörerischen Nationalismus für möglich, bei Wahrung und Unterstützung der nationalen und sprachlich-ethnischen Vielfalt der Menschen. Sprachlich-ethnische, kulturelle und auch gesellschaftspolitische Vielfalt und die damit verbundenen Differenzen in der Weltsicht ist nach dieser Auffassung eine unverzichtbare Quelle für unterschiedliche Lösungsmöglichkeiten gesellschaftlicher und politischer Fragen. Sie schafft interkulturelle Anregungen für den humanen Fortschritt der Menschheit. Die Entstehung einer einsprachigen Welteinheitskultur ließe diese Quelle versiegen. In dieser Sicht ist der Untergang von rund 10.000 Sprachen seit der Mitte des 19. Jahrhunderts und die weitere Auslöschung von zahlreichen der heute noch existierenden 6 – 8.000 Sprachen ein herber Verlust.

Das Prinzip der Erhaltung der Vielfalt sollte nicht nur für Tier- und Pflanzenarten gelten sondern auch für sprachlich-kulturelle Eigenheiten menschlicher Gruppen. Das heißt nicht Versteinerung eines willkürlich gewählten natur- und kulturhistorischen Zustands, sondern bewegliche Anpassung an sich ständig ändernde Herausforderungen, auch durch das Aufgreifen von Elementen des anderen, aber nicht durch dessen Übernahme.

Aus dieser Grundhaltung folgt das Plädoyer für eine bedachte ständige sprachliche Anpassung an die sich rasch wandelnden Lebensverhältnisse unter Aufnahme mancher neuer Fremd- und Lehnwörter aus anderen Sprachen bei gleichzeitiger Abwehr überflüssiger und unsinniger Anglizismen. Dazu bedarf es keiner staatlich- oder akademisch-bürokratischen, sondern einer gesellschaftlich-pluralistischen Organisation des öffentlichen Diskurses. Die Zeiten individueller Sprachschöpfung sind vorbei. Gesprächsrunden, eventuell über das Internet und nach dem experimentellen Prinzip von Wikipedia könnten sich bemühen, für neue Ausdrücke im Englischen oder in anderen Sprachen geeignete deutsche Wörter zu finden oder zu bilden, nicht im Sinne einer sklavischen Übersetzung, sondern einer sprachimmanenten, phantasievollen Sprachschöpfung. Das Anfertigen eines Denglisch-deutschen Wörterbuches wäre sicherlich für viele hilfreich, die nach einem geeigneten deutschen Wort für *browser, shareholder value* oder *in-put* suchen und die sehen, daß *sit-in* etwas anderes ist als einsitzen und ein *go-in* kein Eingehen ist. Das Vertrackte ist, daß man keine allgemeine Regel finden wird, nach der entschieden werden kann, ob man ein Telefon oder einen Fernsprecher, einen Computer oder einen Rechner benutzen soll.

Im Zeitalter des Nationalismus wurde sprachliche Überfremdung durch die Unterdrückung und das Verbot fremder Sprachen und Sprachelementen bekämpft. Heute ist es ein sinnvolles Ziel europäischer und globaler Sprach- und Bildungspolitik, daß jeder Mensch die Chance erhält, mindestens eine, besser zwei andere Sprachen neben seiner Hauptsprache zu erlernen, in der er aufgewachsen ist. Dazu sollte überall auf der Welt Englisch oder ein vereinfachtes Inter-Englisch als Weltverkehrssprache gehören. Die zweite Fremdsprache sollte für Sprachminderheiten die Staatssprache, für die Mehrheit die Sprache einer Minderheit oder eines Nachbarlandes sein. In Großbritannien und anderen englischsprachigen Ländern sollten zwei Fremdsprachen gelernt werden, um das Privileg des Erlernens der Weltverkehrssprache als Muttersprache ein wenig auszugleichen. Die anzustrebende Mehrsprachigkeit aller sollte durch gesellschaftliche und rechtliche Konventionen begleitet werden, die die ausschließliche Verwendung der kleinen und mittleren Sprachen in bestimmten Lebenssphären und Situationen regeln. Das soll die Bequemlichkeit bekämpfen,

immer mehr Lebensbereiche der Herrschaft der Weltverkehrssprache auszuliefern. Jede Sprache sollte eine gesamtgesellschaftliche Sprache bleiben, also nicht
aus einigen Lebenssphären, etwa aus der Wirtschaftslenkung oder Wissenschaft,
völlig verdrängt werden.

6 Verdenglischung als Übergangsstufe zu einer nationalistischen Regermanisierung der Sprachpolitik

Wahrscheinlich ist, daß noch viele Jahre lang die unbedachte Verdenglischung
der deutschen Sprache anhalten und in immer neue Lebensbereiche vorstoßen
wird. Dabei werden sicher auch immer wieder einige absonderliche Formen des
Denglischen abgestoßen werden. Ein gewisser Rückgang des Denglischen dürfte dann vor allem in der Werbung und in der Jugendsprache zu erwarten sein,
wenn es so allgemein geworden ist, daß es keinen Neuigkeitscharakter mehr hat,
nicht mehr den neuesten Schrei auszudrücken vermag, nicht mehr Aufmerksamkeit durch seine Ungewohnheit erhaschen kann. Wenn jeder Krämerladen
Supermarkt heißt, dann muß man sich einen neuen Namen für einen großen
Ladenkomplex einfallen lassen. Wenn alles *clever* und *cool* geworden ist, dann
wird es schließlich stinklangweilig. Irgendwann wird es dann auch wieder Mode
in der Werbungs- oder Jugendsprache, deutsche Wörter für das Neue, Unge-
wohnte zu gebrauchen.

Vor nun schon vielen Jahren hörte eine Nachbarin ihr fünfjähriges Kind
sagen, das es eine Sache geil findet. Die Mutter war entsetzt über den Gebrauch
des Wortes, das damals nur als Bezeichnung für Obszönes üblich war. Sie fragte
ihr Kind, was das denn heiße. Das Kind klärte freudig seine Mutter auf: geil, das
ist türkisch und bedeutet prima. Es hatte also ein Gespür für das damals noch
Ungewöhnliche des Wortes geil, das es von einem deutsch-türkischen Kind im
Kindergarten aufgeschnappt hatte. So verknüpfte es das deutsche Wort geil mit
der fremden Sprache Türkisch und erklärt es durch das vermeintlich deutsche
Wort prima, also ein lateinisches Lehnwort.

Der wahrscheinliche Rückgang, aber vielleicht auch nur die permanente
Modernisierung des Denglischen wird aber nicht an den Kern des Prozesses der
Verdenglischung rühren, die Weltmachtrolle der USA und ihrer Alltagskultur
gebunden, außerdem ihre führende Rolle im technisch-wissenschaftlichen Prozeß der ständigen Innovation. Erst nach dem Verlust der US-amerikanischen
Welthegemonie in einer langen Zeit der Wirren und des kulturellen Niedergangs
ist mit einem Ende der Verdenglischung zu rechnen. Kommt es allerdings zu
einer tiefgreifenden Krise der Europäisierung und Globalisierung sowie der

Vorherrschaft der USA und ihrer Alltagskultur, dann ist auch mit einer nationalistischen Regression und einer Regermanisierungspolitik zu rechnen. Dies wäre das dramatische Szenario. Eine solche Regermanisierungspolitik könnte die Gesellschaft nicht nur politisch, sondern auch sozial spalten. Die Oberklassen und die sozialen Aufsteiger würden das Denglische und das Englische verfechten, die sozial Benachteiligten würden die sprachliche Überfremdung als eine wichtige Ursache ihres sozialen Niedergangs bekämpfen.

Ein schleichender Übergang in eine allgemeine Anglisierung des Sprachgebrauchs dürfte noch unwahrscheinlicher als ein Rückfall in Regermanisierungsbemühungen sein, obwohl überall auf der Welt immer wieder solche nationalpolitisch motivierten Sprachreinigungen zu beobachten sind. Längerfristig dürften die Chancen der hier nur kurz skizzierten friedlichen Koexistenz der Muttersprachen mit einer rechtlich abgesicherten territorialen Basis und der auf bestimmte Lebenssphären eingeschränkten Weltverkehrssprache Englisch nicht schlecht sein. Allerdings fehlt es heute noch an einer allgemeinen Bildungspolitik, die die Zwei- bzw. Dreisprachigkeit aller Menschen auf dieser Erde vorsieht.

Eskalation des Koreakonflikts durch nukleare Aufrüstung? Oder Aussichten auf nationale Wiedervereinigung?[8]

Zusammenfassung

In unregelmäßigen Abständen spitzt sich der Koreakonflikt zu, manchmal bis zur unmittelbaren Kriegsgefahr, nachdem der Koreakrieg von 1950-53 bereits schon einmal das Stadium eines äußerst verlustreichen Krieges zwischen Nord- und Südkorea und ihren Verbündeten erreicht hatte. Die Anlässe für die Konfliktzuspitzung sind ganz unterschiedlicher Art: militärische Zwischenfälle an der Demarkationslinie oder auf See, Flüchtlingsbewegungen, die Atomrüstung Nordkoreas und jüngst Tests von weitreichenden Raketen, die Atomsprengköpfe tragen können. Darüber hinaus werfen Nachrichten über umfangreiche Hungersnöte die Gefahr eines plötzlichen Zusammenbruches des kommunistischen Systems und einer Massenflucht von Nord nach Süd auf. Die Angst vor einer äußersten Belastung der ökonomischen Ressourcen und des gesellschaftspolitischen Systems Südkoreas durch eine plötzliche Wiedervereinigung Koreas belastet dort die grundsätzliche Hoffnung und Bereitschaft zu einer Wiedervereinigung des seit 1945 gespaltenen Landes.

In Ostasien hat es seit den 60er Jahren keine tiefgreifende Entspannung des Systemkonflikts und damit auch des Koreakonflikts gegeben, die mit der in Europa und Deutschland vergleichbar wäre. Die Gründe für die Spaltung Koreas als ehemalige japanische Kolonie waren ganz andere als für diejenige Deutschlands als Urheber des Zweiten Weltkrieges. Südkorea war lange Zeit eine in den Westen eingebundene Diktatur und die nordkoreanische kommunistische Diktatur suchte einen eigenen, besonders repressiven Weg und erlangte eine gewisse Unabhängigkeit von der Sowjetunion und China. Die Atom- und Raketenrüstung Nordkoreas hat vermutlich eher defensive als offensive Motive. Unklar ist, ob sie gegen internationale Sicherheitsgarantien und wirtschaftliche Unterstützung verhandelbar ist.

Der Umgang mit Nordkorea steht im Kontext der generellen Frage, ob die USA mit Unterstützung anderer Staaten und Duldung Rußlands und der VR

---

[8] Vortrag am 11. September 2006.

China eine Atomrüstung kleiner und mittlerer Diktaturen (also nicht Pakistans, Indiens, Israels) trotz völkerrechtlich legitimer Kündigung oder Nichtunterzeichnung des Nichtweiterverbreitungsvertrages durch Interventionskriege verhindern oder eine neue atomare Abschreckungspolitik entwickeln werden, die auch den Aufbau eines umfangreichen Antiraketensystems enthält und damit ein neues Wettrüsten einleiten wird. In Hinblick auf eine potentielle Wiedervereinigung Koreas versucht Südkorea aus den Erfahrungen Deutschlands zu lernen und eine Strategie für eine schrittweise Vereinigung zu entwickeln, die die wirtschaftliche und soziale Leistungsfähigkeit des Landes nicht überfordert.

1   Wiederholte Eskalation des Koreakonflikts

In unregelmäßigen Abständen spitzt sich der Koreakonflikt zu, manchmal bis zur unmittelbaren Kriegsgefahr. Kern des Koreakonflikts ist die faktische Teilung des Landes an der Waffenstillstandslinie in der Nähe des 38. Breitengrads, die von beiden Seiten bis heute nicht anerkannt wird, obwohl beide Staaten seit 1991 Mitglieder der Vereinten Nationen, also weltweit anerkannte souveräne Staaten sind.

Die Lage Deutschlands nach dem Zweiten Weltkrieg wurde oft mit der Koreas verglichen. Beide sind Länder mittlerer Größe. Das vereinigte Deutschland hat 357.000 qkm und heute 83 Millionen Einwohner, die beiden koreanischen Staaten 222.000 qkm und 71 Millionen Einwohner. Die Teilung beider Länder im Jahre 1945 war durch die im Prinzip selbe weltpolitische und militärische Konstellation zwischen den Siegermächten des Zweiten Weltkrieges und des globalen Ost-West-Konflikts bedingt, wobei allerdings in Korea Großbritannien und Frankreich anders als in Deutschland keine wichtige Rolle spielten. In beiden Ländern massierte sich die Präsenz von Truppen und Waffen außerordentlich. Und in ihnen spitzte sich der Ost-West-Konflikt sowohl als gesellschaftspolitischer als auch zwischenstaatlicher Konflikt seit der Berlinkrise 1948/49 und dem Koreakrieg 1950/51 wiederholt zur Gefahr eines dritten Weltkrieges zu. Über diese weltpolitische und militärische Grundkonstellation hinaus waren die nationalen und internationalen historischen Voraussetzungen für den Umgang mit der Landesteilung in beiden Ländern höchst unterschiedlich. Dementsprechend entwickelte sich der Konflikt zwischen den beiden Landesteilen und ihren militärischen Schutz- und Hegemonialgroßmächten trotz der globalen Zusammenhänge der Großmächtepolitik in sehr verschiedener Weise.

Deutschland hatte sich als Großmacht mit seiner Eroberungs- und Vernichtungspolitik von 1939-1945 selbst zugrundegerichtet. Indem die Bundesrepublik Deutschland die moralische Schuld für die nationalsozialistische Vergangenheit übernahm, wurde der Wunsch nach Wiedervereinigung des Landes in den Grenzen von 1937 erheblich gedämpft und der Weg zu einer Hinnahme der Gebietsverluste im Osten und einer entschieden friedlichen Entspannungspolitik seit den späten 60er Jahren, die scheinbar die Hinnahme der staatlichen Teilung Deutschlands auf unabsehbare Zeit implizierte, vorbereitet. Gleichzeitig stärkte dies die Demokratisierung im Westen Deutschlands.

Korea hingegen war nicht Haupttäter, sondern Opfer von Großmachtpolitik im Zweiten Weltkrieg, in den Jahrzehnten und im Grunde auch schon in den Jahrhunderten vor der Teilung von 1945 bzw. 1948. Zudem hatten sich in Korea nicht wie in Deutschland im 19. und 20. Jahrhundert immerhin einige wichtige Wurzeln der Demokratisierung entwickeln können. Nationales Einheitsstreben war und ist unter diesen Bedingungen offenbar in Korea viel stärker als in Deutschland und konnte deshalb weder amtlich wie in der DDR seit 1974, noch stillschweigend, wie faktisch in der BRD vor 1989 weitgehend zurückgedrängt werden. In scheinbar paradoxer Weise stärkte dies die Spaltung Koreas, weil weder das nord- noch das südkoreanische Regime ihren Alleinvertretungsanspruch auf kommunistische oder westlich-autokratische, dann westlich-demokratische Weise aufgeben konnte, während außerdem im Süden eine nationale Oppositionsbewegung entstand, die keineswegs immer entschieden demokratisch war und ist und die die prowestliche Politik der südkoreanischen Regierungen heftig angreift. Manche Gruppen in ihr können dem nordkoreanischen Nationalkommunismus mit seiner Distanz sowohl zu China und Rußland als auch zu den USA offenbar viele gute Seiten abgewinnen. Dieser Charakter eines Teils der geistig-politischen Opposition in Südkorea erschwert wiederum eine liberale Politik gegenüber privat-gesellschaftlichen Annäherungsbestrebungen an den Norden innerhalb der Gesellschaft des Südens. Private Reisen von Südkoreanern in den Norden wurden oft im Süden mit langer Haft bestraft.

In Westdeutschland dominierte nach der Einleitung der sozialliberalen Entspannungspolitik das Vertrauen in die ideologische Überlegenheit der Demokratie einschließlich ihrer sozialistisch-antiautoritären Ausläufer, die bei einer umfangreichen, wie auch immer noch eingeschränkten Kontaktaufnahme zwischen Millionen West- und Ostdeutscher zur Geltung kommen konnte. Wandel durch Annäherung meinte deshalb in Deutschland vornehmlich: Wandel des Ostens durch Annäherung der Regierungen wie der Bevölkerungen beider deutscher Staaten. In Südkorea ist das Vertrauen darauf, daß die übergroße Mehrzahl von privaten Begegnungen zwischen Nord- und Südkoreanern sich zugunsten des jeweiligen Regimes im Süden, erst des westlich-autokratischen, dann des westlich-demokratischen auswirkt, offenbar weniger stark entwickelt. Die staatliche Reglementierung und Restriktion des Nord-Süd-Verkehrs in Korea geht deshalb nicht nur vom Norden, sondern auch vom Süden aus. Mit „westlich" ist nicht nur die außenpolitische Anbindung an die Westmächte, insbesondere die USA, gemeint, sondern gesellschaftspolitisch primär die Entscheidung für die Marktwirtschaft alias den Kapitalismus, sekundär auch, aber nicht unbedingt, für eine liberal-demokratische Verfassung des politischen Systems.

In Europa setzte sich nach ersten Anläufen 1953-1957 in der Folge der Kuba-Raketenkrise 1962, in der Welt die Gefahr eines nuklearen Dritten Weltkrieges besonders drastisch vor Augen geführt wurde, endgültig eine dauerhafte Ost-West-Entspannung durch, an der sich schließlich auch die bundesdeutsche Regierung durch eigene Initiativen beteiligte. Die von der sozialliberalen Koalition geschlossenen Ostverträge der Jahre 1970-1973 ermöglichten die Verabschiedung der Schlußakte der Konferenz für Sicherheit und Zusammenarbeit in Europa im Jahre 1975, deren Wirkung durch den nachhaltigen gesamteuropäischen und weltpolitischen KSZE-Prozeß unterstützt wurde. Der sowjetische Einmarsch in Afghanistan 1979, die Polenkrise 1980/81 und die Kontroverse um die Mittelstreckenraketen in Europa beeinträchtigten zwar erheblich die Ost-West-Entspannung, leiteten aber nicht wirklich einen zweiten Kalten Krieg ein, in dem es eine ernsthafte Nuklearkriegsgefahr in Europa gegeben hätte.

Einen damit vergleichbaren Entspannungsprozeß gab es in Ostasien nicht, auch wenn die weltpolitischen Klimaveränderungen zwischen den USA und der UdSSR auch auf diese Region ausstrahlten. Die Versuche der Sowjetunion, eine KSZA einzuberufen, scheiterten immer wieder. Eine kontinuierliche Entspannungspolitik wurde in Ostasien zweifellos durch die wiederholten gesellschaftspolitischen Ost-West-Kriege mit jeweils hohen Verlusten an Menschenleben und dementsprechender Verfeindung der Konfliktparteien erschwert, zunächst durch den chinesischen Bürgerkrieg bis 1949 und seine Nachwehen in den militärischen Zusammenstößen zwischen der VR China und der Republik China (Taiwan), später durch den internationalisierten Koreakrieg vom Juli 1950 bis Juli 1951 - erst im Juli 1953 konnte die Feuerpause nach dem Tod Stalins durch ein Waffenstillstandsabkommen konsolidiert werden -, mit mehreren hunderttausend Kriegstoten und dann nochmals durch die langwierigen Kriege in Vietnam, Laos und Kambodscha bis weit in die neunziger Jahre hinein. Demgegenüber wurde Europa nach den blutigen Bürgerkriegen in Griechenland im unmittelbaren Anschluß an den Zweiten Weltkriegen außer kurzzeitig in Ungarn 1956 von weiteren Kriegen verschont.

In Korea sitzen die wechselseitigen Kriegsgreuel von 1950/51, die Erfahrung der militärischen Überlegenheit des kommunistischen Nordens über den in den Westen eingebundenen Süden, die kriegsentscheidende Intervention der USA, weniger auch der VR China, tief im kollektiven Gedächtnis der Koreaner. So gab es zwar wiederholt vorsichtige und bescheidene Ansätze zu einer Entspannung zwischen Nord- und Südkorea, die aber immer wieder durch Krisen unterbrochen wurde, in denen mit Krieg gedroht wurde, auch von der südkoreanischen Schutzmacht USA. Vor wenigen Tagen erklärte Nordkorea anläßlich der gemeinsamen Manöver südkoreanischer und US-amerikanischer Streitkräfte wieder einmal das Waffenstillstandsabkommen von 1953 als nichtig, ohne allerdings selbst mit neuen Kriegshandlungen zu beginnen.

2 Militärische Intervention in Nordkorea oder Nonprovokation und äußere Stabilisierung des kommunistischen Regimes

In den Koreakrisen taucht immer wieder in der US-amerikanischen Debatte die Option eines Interventionskrieges auf, ja sogar eines Nuklearkrieges. Im Koreakrieg hatten zunächst die nordkoreanischen Truppen fast ganz Südkorea erobert, ehe eine von den USA geführte Truppe der Vereinten Nationen es nicht nur rückeroberte, sondern auch fast ganz Nordkorea bis hin zur chinesischen Grenze besetzte. Daraufhin griffen sogenannte chinesische Freiwillige in den Krieg ein und trieben die mit dem Süden verbündeten Truppen bis an den 38. Breitengrad zurück, wo es schließlich im Juli 1951 zur Feuereinstellung und zwei Jahre später zum Waffenstillstand kam. Nach dem chinesischen Eingreifen in den Koreakrieg befürwortete der Oberkommandierende der von den USA geführten VN-Truppen General Douglas MacArthur den Einsatz von Nuklearwaffen gegen China, wurde deshalb jedoch seines Amtes enthoben.

In den Auseinandersetzungen um das nordkoreanische Atom- und Raketenprogramm 1993/94 erwog und verwarf die Clinton-Regierung die Option einer Bombardierung der nordkoreanischen Atomanlagen. In der National Security Strategy vom 28. September 2002 drohen die USA den „Schurkenstaaten", zu denen auch Nordkorea gezählt wird, mit angeblich präemptiven (die völkerrechtskonform wären), in Wirklichkeit jedoch präventiven, also völkerrechtswidrigen Atomschlägen, um sie davon abzuhalten, eigene Atomwaffen herzustellen. Seit der Beendigung des Krieges der USA und ihrer Verbündeten gegen die regulären Truppen Iraks im Frühjahr 2003 wird immer wieder über US-amerikanische Optionen eines Krieges gegen den Iran und Nordkorea spekuliert, vor allem während der wiederholten Zuspitzungen der US-amerikanisch-nordkoreanischen Beziehungen in den letzten Jahren.

Es ist unklar und umstritten, ob Nordkorea seit Jahrzehnten zielgerichtet daraufhin steuert, eine Militärmacht mit Atomwaffen und weitreichenden Raketen zu werden, oder ob die tatsächlichen und angedrohten Atom- und Raketenprogramme lediglich Verhandlungspfänder sind, um insbesondere von den USA und Südkorea Sicherheitsgarantien, Kernkraftwerke, Energielieferungen und Wirtschaftshilfe zu erlangen, die das kommunistische Regime stabilisieren sollen. Zumindest hat Nordkorea immer wieder sein Interesse erklärt, unter diesen Bedingungen seine nukleare Rüstungsoption aufzugeben. Dies könnte auch noch heute gelten, nachdem Nordkorea sich im Januar 2005 zur Atommacht erklärt hat und möglicherweise bereits vier bis sechs Atomwaffen besitzt.

Im Prinzip sind die USA und vor allem Südkorea auch bereit zu einem solchen politischen Geschäft. Südkorea würde dadurch seine eigene Sicherheit stärken. Vor allem fürchtet es aber einen völligen wirtschaftlichen Zusammenbruch Nordkoreas, der zu umfangreichen Flüchtlingsströmen nach dem Süden im Falle einer zeitweiligen Öffnung der nordkoreanischen Grenzen zum Abbau sozialen Drucks oder gar zu einer plötzlichen Wiedervereinigung Koreas mit verheerenden Folgen für den Süden im Falle des Zusammenbruchs des kommunistischen Parteiregimes führen könnte.

Das Schicksal der reformkommunistischen sowjetischen Perestrojka wie auch die Vereinigung der deutschen Staaten haben dem kommunistischen Regime in Nordkorea die Risiken einer weitgehenden Entspannungs- und Öffnungspolitik vorgeführt. Sie haben auch dem Süden deutlich gemacht, welche hohen wirtschaftlichen, sozialen und politischen Kosten die Integration eines exkommunistischen Landesteils fordert. Dabei ist zu berücksichtigen, daß dieser im Falle der Ex-DDR lediglich rund ein Fünftel (21,3 %) der deutschen Gesamtbevölkerung (des Jahres 1988) umfaßte, im Falle Nordkoreas hingegen fast ein Drittel (32,4 %) ausmachen würde. Vor allem aber hatte die DDR trotz ihrer ökonomischen Rückständigkeit die höchstentwickelte Wirtschaft in allen bürokratisch-sozialistischen Ländern, während in Nordkorea in jüngster Zeit wahrscheinlich mehrere Millionen Menschen verhungert sind. Südkorea hat also ein eminentes Interesse daran, daß sich die wirtschaftliche Lage im Norden bessert, das Regime sich reformiert und sich allenfalls nur längerfristig und schrittweise eine friedliche Wiedervereinigungsoption öffnet. Südkorea kann weder an einer kriegerischen noch an einer plötzlichen, katastrophischen friedlichen Wiedervereinigung ein Interesse haben. Völlig unklar ist, in welchem Zustand die geistig-ideologische Verfassung des nordkoreanischen Volkes nach Jahrzehnten der massiven Indoktrination und der informationellen Isolation, die sich leicht gelockert haben, ist. Die DDR-Bevölkerung war immerhin durch den Zugang zum westlichen Fernseh- und Hörfunk sowie durch millionenfache private Begegnungen mit den Westdeutschen wenigstens einigermaßen auf die westlichen Lebensverhältnisse vorbereitet.

Für die USA sind die Kosten eines Nichtangriffspaktes und von wirtschaftlichen Hilfeleistungen an Nordkorea zweifellos vorteilhafter als die Risiken eines Militärschlages gegen die Atomanlagen, die möglicherweise einen nuklearen Vergeltungsangriff Nordkoreas auf Südkorea oder gar die USA auslösen könnten. Bisher konnten beide Seiten sich jedoch noch nicht auf die Reihenfolge der beiderseits vorgesehenen Maßnahmen und die Überprüfungsmodalitäten des Abbaus der militärisch relevanten Atomanlagen einigen.

Sollte die Führung Nordkoreas die Verhandlungen lediglich zum Zeitgewinn für den Ausbau seines Atomwaffenarsenals betreiben, stellt sich – wie im Falle Iraks, Irans und früher Libyens in ganz anderer Weise – die weltpolitische Grundsatzfrage, vor allem für die USA und den Sicherheitsrat der VN, aber auch für die Weltöffentlichkeit und alle Staaten, die den Atomsperrvertrag unterzeichnet haben und ihn wirklich wollen, also für fast die gesamte Staatengemeinde, die Frage, ob sie die nukleare Aufrüstung weiterer Staaten dulden sollen. Die Alternative wäre ein Interventionskrieg der USA und anderer kriegswilliger Staaten zur Unterbindung oder Beseitigung der nuklearen oder auch chemischen und biologischen Aufrüstung von Staaten wie Nordkorea, Iran und früher Irak und Libyen. Andere Staaten würden einen solchen Krieg befürworten, unterstützen oder wenigstens bloß protestierend in Kauf nehmen, können ihn aber nicht verhindern. Im Falle der nuklearen Aufrüstung Indiens und Pakistans blieb es bei halbherzigen friedlichen Sanktionen des Westens, während Rußland und China das wohl nicht erwünschte Faktum der offenen Vermehrung der Nuklearmächte einfach hinnahmen. Die uneingestandene Nuklearrüstung Israels stieß ebenfalls auf keine nennenswerten Widerstände.

Völkerrechtlich kann jeder Staat sich weigern, dem Atomsperrvertrag beizutreten, auch wieder aus ihm austreten. Es gibt außerdem keine Norm im Völkerrecht, die es einem Staat verbietet, die zu seiner Verteidigung für erforderlich gehaltene Rüstung vorzunehmen. Was den Großmächten und den Demokratien recht ist, ist den kleineren und mittleren Diktaturen nach dem Völkerrecht souveräner Staaten billig. Unter Umständen stünde also nur ein weltpolitischer und weltöffentlicher Mehrheitswille, aber kein Völkerrecht hinter einer Entscheidung, in einzelnen, weltpolitisch isolierten, kleineren oder mittleren Diktaturen die Aufrüstung mit Massenvernichtungswaffen durch einen Interventionskrieg zu unterbinden. Selbst eine VN-Sicherheitsratsentscheidung, die behaupten müßte, daß Atomwaffen in den Händen von bestimmten Diktatoren eine Friedensbedrohung seien, die den Sicherheitsrat zum Handeln zwinge, in den Händen der demokratischen oder auch nichtdemokratischen Regierungen etablierter Atommächte hingegen nur der legitimen Verteidigung dienen, wäre völkerrechtlich zumindest höchst fragwürdig, da der Sicherheitsrat nicht willkürlich das Völkerrecht interpretieren darf. obwohl er es ungeahndet tun kann.

Eine frühzeitige Militärintervention zu einem Zeitpunkt, zu dem die Herstellung von ABC-Waffen gerade bevorsteht oder zu dem noch kein größeres Waffen- und Raketenarsenal besteht, wird damit gerechtfertigt, daß eine präventive Zerstörung des Potentials für eine zukünftig zu erwartende Aggression mit Massenvernichtungswaffen viel weniger Menschenleben und andere Werte vernichten wird als eine spätere militärische Verteidigung gegen einen hochgerüsteten Feind. In diesem Zusammenhang wird meist als abschreckendes Beispiel für eine verhängnisvolle Beschwichtigungs- oder Appeasement-Politik „München 1938" ins Feld geführt. Die von Großbritannien, Frankreich und Italien gebilligte, erzwungene Abtretung des Sudetenlandes an Deutschland durch die Tschechoslowakei gilt weithin als Musterbeispiel für verhängnisvolle Konzessionen an einen Aggressorstaat und Diktator, die das erstrebte Ziel eines dauerhaften Friedens verfehlen.

Die oft nicht argumentativ ausgeführte, aber naheliegende Gegenposition besagt, daß die Entstehung neuer Mächte mit Massenvernichtungsmitteln lediglich mit friedlichen politischen und wirtschaftlichen Anreizen oder auch Druckmitteln verhindert werden darf, aber nicht mittels eines aufrüstungspräventiven Interventionskrieges. Diese Position impliziert, daß im Falle eines Versagens des friedlichen internationalen Widerstandes gegen die Entstehung einer neuen, als potentiell aggressiv eingeschätzten ABC-Macht nukleare Abschreckung erforderlich ist, die unter Umständen eine Modernisierung der Waffenarsenale der etablierten Großmächte erfordert, also ein neues Wettrüsten mit dem vermutlichen Aggressorstaat und indirekt auch unter den etablierten Großmächten selbst auslösen wird. Die Nichtintervention kann also durchaus auch einen hohen Preis haben.

3   Das Unterlassen einer Entspannungspolitik in Ostasien

Die unregelmäßige, aber recht häufige Zuspitzung des Koreakonflikts läßt sich nur aus der Entwicklung der innerkoreanischen Verhältnisse und des großmachtpolitischen Kontextes in Ostasien erklären. Es gab zwar immer wieder

Ansätze zu einer Entspannung des Nord-Süd-Verhältnisses, aber keine wirkliche Beseitigung der Kriegsgefahr.

Korea, jahrhundertelang unter chinesischer Vorherrschaft, war von 1905-1945 zunächst ein japanisches Protektorat, dann ein japanisches Generalgouvernement und schließlich gar eine Provinz Japans. Bereits im Dezember 1943 garantierten die drei Alliierten USA, Großbritannien und Sowjetunion in Kairo die Wiederherstellung und Unabhängigkeit Koreas und bekräftigten dies in Potsdam im Juli 1945. Dementsprechend sollten nach dem Sieg über Japan laut Beschluß der Vereinten Nationen vom November 1947 und unter ihrer Aufsicht Wahlen in ganz Korea stattfinden. Allerdings war das Land seit der Kapitulation der japanischen Truppen auf dem Festland im September 1945 am 38. Breitengrad, der als Demarkationslinie zwischen den sowjetischen und US-amerikanischen Truppen festgelegt worden war, faktisch geteilt. Voraussetzung hierfür war der Beschluß der drei Alliierten in Teheran im November/Dezember 1943, daß die Sowjetunion Japan drei Monate nach der Kapitulation Deutschlands Japan trotz des sowjetisch-japanischen Nichtangriffspaktes von 1939 den Krieg erklären sollte, was sie tatsächlich am 8. August tat. Dementsprechend rückten sowjetische Streitkräfte gegen die japanischen Truppen in der Mandschurei und in Korea vor.

Um einer sowjetischen Beteiligung an der Besetzung Japans zuvorzukommen, warfen die USA am 6. August, also zwei Tage vor dem sowjetischen Kriegseintritt, eine Atombombe auf Hiroshima ab. Dies sollte die Kapitulation Japans beschleunigen, konnte aber die Beteiligung der UdSSR an der Besetzung Koreas bis zum 38. Breitengrad, wie vereinbart, nicht verhindern. Von der Abtrennung Ostdeutschlands und der Vertreibung seiner deutschen Bevölkerung abgesehen erhielt die Sowjetunion im restlichen Deutschland eine kleinere Besatzungszone als in Korea. Nordkorea ist an Fläche größer als Südkorea (123.000 zu 99.000 qkm im Unterschied zu SBZ mit 108.000 qkm und den Westzonen mit 249.000 qkm), doch die Bevölkerung des Südens ist mit heute 48 Millionen mehr als doppelt so groß wie die des Nordens mit 23 Millionen.

Wie in Vietnam, Deutschland und später auch in China wurde die von den Siegergroßmächten festgelegte militärische Demarkationslinie zur staatlichen und gesellschaftspolitischen Trennungslinie. In Nordkorea übernahm die im Exil gebildete „Irkutsk-Gruppe" der Kommunisten Koreas unter der Führung Kim Il-sungs die Macht, boykottierte die Wahlen vom 10. Mai 1948, die somit nur in Südkorea stattfanden, und riefen im September die Volksdemokratische Republik Korea aus, nachdem sich im Süden im Monat zuvor die Republik Korea konstituiert hatte. Nordkorea entwickelte ein politisch und ideologisch eigenständiges, besonders rigides stalinistisches Regime und hielt sich erfolgreich aus dem 1960 ausbrechenden sowjetisch-chinesischen Konflikt heraus. Die Regelung der Nachfolge des 1994 verstorbenen Kim Il-sung zog sich über drei Jahre hin, ehe Kims Sohn Kim Jong-il zum Generalsekretär der kommunistischen Partei gekürt wurde, die erste dynastische Nachfolge in einem sozialistischen Land. In der Republik Korea im Süden entwickelte sich zunächst eine Präsidialdiktatur unter Syngman Rhee (1948-1960), der nach einer neunmonatigen parlamentarischen Episode eine Militärdiktatur unter Park Chung-hee und dann Chon Doo-Hwan von 1961-1987 folgte. Danach erzwangen Oppositionsgruppen in heftigen Auseinandersetzungen eine schrittweise Demokratisierung Südkoreas.

Erste Ansätze für eine innerkoreanische Entspannung sind 1971 mit Verhandlungen über eine Familienzusammenführung zu beobachten. 1972 gelingt in Geheimverhandlungen eine Vereinbarung über den Verzicht auf Provokationen und die Einrichtung eines „heißen Drahtes" zwischen Seoul und Pjöngjang. Gleichzeitig wird ein Koordinationsausschuß zwischen beiden Staaten eingerichtet. Doch bereits 1973 wird der Nord-Süd-Dialog wieder eingefroren. 1979 nähern sich die beiden Regierungen erneut vorsichtig einander an. Doch erst 1990, nach dem Beginn der Demokratisierung in Südkorea, findet ein erstes Treffen der beiden koreanischen Regierungschefs in Seoul statt, auf dem erfolglos über eine Wiedervereinigung verhandelt wird.

1985 tritt Nordkorea dem Atomwaffensperrvertrag bei, erlaubt der internationalen Atomenergiebehörde IAEA aber keine Inspektion seiner Atomanlagen, da die USA sich weigern, ihre taktischen Atomwaffen aus Südkorea abzuziehen. Eine wichtige Grundlage für die zukünftige Entspannung zwischen beiden koreanischen Staaten wird mit ihrer Aufnahme in die Vereinten Nationen im September 1991 gelegt. Nord- und Südkorea unterzeichnen im Dezember desselben Jahres eine Grundvereinbarung über Aussöhnung und Nichtangriff.

Im März 1993 droht Nordkorea nach US-amerikanisch-südkoreanischen Manövern, den Atomwaffensperrvertrag zu kündigen. 1994 gelingt jedoch der Abschluß eines Abkommens mit den USA zur Einstellung des nordkoreanischen Atomprogramms. Es sieht die Abschaltung zweier nordkoreanischer Reaktoren vor, die zur Herstellung kernwaffenfähigen Plutoniums geeignet sind, und Inspektionen der IAEA vor. Nordkorea hat zu diesem Zeitpunkt bereits 8000 abgebrannte Brennstäbe, die nach einer Wiederaufarbeitung für die Herstellung von vier bis sechs Atomwaffen ausreichen. Als Ersatz für die beiden Reaktoren und das Einfrieren der Brennstäbe soll Nordkorea zwei Leichtwasserreaktoren erhalten, die von einem internationalen Konsortium KEDO (Korean Peninsula Energy Development Organization), an dem Südkorea mit

70 % der Kosten beteiligt ist, errichtet werden sollen. Bis zur Vollendung des Vorgangs soll Nordkorea jährlich 500.000 Tonnen Erdöl erhalten.

1997 beginnen in Genf Vorverhandlungen zwischen Nord- und Südkorea, den USA und der VR China über die Ablösung des Waffenstillstandsabkommens von 1953 durch einen Friedensvertrag. Nordkorea will jedoch nur einen Friedensvertrag zwischen den beiden koreanischen Staaten und den Abzug der US-amerikanischen Truppen aus dem Süden.

Neue Impulse erhält die Entspannung zwischen den beiden koreanischen Staaten durch die Wahl des Führers der langjährig verfolgten demokratischen Opposition Kim Dae-jung im Februar 1998 zum Staatspräsidenten. Er leitet eine vorsichtige Annäherung an Nordkorea an, die sogenannte „Sonnenscheinpolitik", die in Südkorea heftig umstritten bleibt, aber auf breite internationale Resonanz trifft. Erst später wird bekannt, daß Kim Dae-jung das Entgegenkommen Kim Jong-ils durch geheime Zahlungen von 500 Millionen Dollar erkauft hat, was neben den Korruptionsaffären seiner beiden Söhne im Jahre 2003 seine erneute Kandidatur für das Amt des Staatspräsidenten verhindert. Erstmals treffen sich die beiden Staatsoberhäupter im August 2000 in Pjöngjang. Sie vereinbaren ein Vier-Punkte-Programm über eine neue Ära der Kooperation und Verständigung. Als Schritte zur Versöhnung und Wiedervereinigung sollen eine Familienzusammenführung, wirtschaftliche und kulturelle Kooperation und die Wiedereröffnung der seit 1996 geschlossenen Verbindungsbüros an der Grenze dienen.

Die Familienzusammenführung bleibt jedoch äußerst bescheiden. Erstmals dürfen 100 Süd- und Nordkoreaner für vier Tage die andere Hauptstadt besuchen. Solche kleine Treffen finden bis heute hin und wieder statt. Dabei ist zu berücksichtigen, daß rund 1,2 Millionen Nordkoreaner infolge des Krieges in den Süden geflüchtet waren. Im selben Jahr wird mit der Wiederherstellung der Eisenbahnlinie zwischen Nord und Süd begonnen, die dann 2003 feierlich eröffnet wird, ebenso wie eine erste Straßenverbindung, später auch eine touristische Luftverbindung. In der Stadt Kaesong nahe der Grenze wird auf Initiative Hyundais eine nordkoreanische Sonderwirtschaftszone errichtet. Bei den Olympischen Spielen in Sydney 2000 marschieren die beiden koreanischen Mannschaften gemeinsam hinter dem Schild „Korea" in das Stadion ein. Die EU unterstützt den Entspannungsprozeß, indem die meisten EU-Mitglieder diplomatische Beziehungen mit Nordkorea aufnehmen. Auch die Verleihung des Friedensnobelpreises an Kim Dame-jung 2001 ist in diesem Zusammenhang zu sehen.

In derselben Periode verschlechtern sich jedoch die Beziehungen zwischen Nordkorea und den USA dramatisch, als Nordkorea im August 1998 Raketen über Japan hinweg in den Pazifik schießt und damit seine Fähigkeit zur Herstellung weitreichender Raketen demonstriert, die auch Japan und die USA bedrohen. Nach der Zusage US-amerikanischer Lebensmittellieferungen, die für die nordkoreanische Bevölkerung und das Regime lebenswichtig sind, verabschiedet Nordkorea im September 1999 ein Moratorium seines Raketenprogramms. 1999 bestätigt die nordkoreanische Regierung erstmals öffentlich, daß es in den vergangenen drei Jahren 220.000 Hungertote gegeben habe; zu diesem Zeitpunkt nehmen US-amerikanische und südkoreanische Experten an, daß bereits drei Millionen Menschen im Norden den Hungertod erlitten haben. Außer den Auseinandersetzungen um das nordkoreanische Atom- und Raketenprogramm stören immer wieder Seegefechte zwischen nord- und südkoreanischen Marineeinheiten im Gelben und im Japanischen Meer, wo die Grenzen zwischen den beiden Staaten umstritten sind, sowie die Entdeckung und Vernichtung von Spionageschiffen Nordkoreas in südkoreanischen Gewässern den Entspannungsprozeß empfindlich. Erst im Mai 2004 wird ein heißer Draht zwischen den Seestreitkräften der beiden Staaten beschlossen, um solche Zwischenfälle zu vermeiden.

Seit dem Amtsantritt des Präsidenten George W. Bush, der seinem Vorgänger Bill Clinton *appeasement* gegenüber Nordkorea vorwirft, verschlechtern sich die US-amerikanisch-nordkoreanischen Beziehungen dramatisch. Bush fordert im März 2001 eine härtere Gangart gegenüber Nordkorea, das daraufhin den Dialog mit dem Süden abbricht. Im Oktober 2001 gesteht Nordkorea ein, seit zwei Jahren ein Programm zur Anreicherung von Uran zu betreiben. Obwohl Nordkorea die Terroranschläge des 11. September 2001 verurteilt, rechnet Bush Nordkorea im Januar 2002 Nordkorea der „Achse des Bösen" hinzu. Nordkorea wird offiziell auch als „Schurkenstaat" und als „Außenposten der Tyrannei" bezeichnet. Äußerungen wie die des US-Vizepräsidenten Richard Cheney: „Ich bin vom Präsidenten beauftragt sicherzustellen, daß mit keiner der Tyranneien dieser Welt verhandelt wird. Wir verhandeln nicht mit dem Bösen, wir besiegen es", werden in Nordkorea als Ankündigung eines US-amerikanischen Angriffskrieges interpretiert und stimulieren das nordkoreanische Atom- und Raketenprogramm ebenso wie das diplomatische Beharren auf einer vertraglichen Sicherheitsgarantie der USA mit Unterstützung der VR China und Rußlands als Voraussetzung zum Einfrieren seiner weitreichenden Rüstungsprogramme. Die USA fordern umgekehrt die Aufgabe dieser Programme und die Beseitigung des bereits bestehenden waffenfähigen Nuklearpotentials als Voraussetzung von Sicherheitsgarantien und wirtschaftlicher Hilfe. Im Oktober 2002 bestätigt Nordkorea die vertragswidrige Anreicherung von Uran. Als die USA daraufhin ihre Öllieferungen einstellen, erklärt Nordkorea das Ab-

kommen von 1994 für null und nichtig. Im Dezember 2002 wird die Wiederin-
betriebnahme der abgeschalteten Atomreaktoren angekündigt, die Inspekteure
der internationalen Atomenergiebehörde IAEA werden ausgewiesen. Nordkorea nutzt offenbar die Irakkrise zu wiederholten Drohungen mit seinen nukle-
arpolitischen Optionen. Im Januar 2003 erklärt Nordkorea seinen sofortigen
Austritt aus dem Atomsperrvertrag, ist jedoch zur Suspension des Austritts und
zu neuen Verhandlungen über einen Nichtangriffspakt und die Achtung der
Souveränität Nordkoreas, Maßnahmen zur internationalen Energieversorgung
und Wirtschaftshilfe bereit, bevor der Austritt rechtlich gültig wird.

   Die USA reagieren zwar zurückhaltend, lassen aber eine militärische Reaktion offen und erhöhen ihre Militärpräsenz in Nordostasien. Nordkorea erklärt
daraufhin seine Bereitschaft zu einem Präventivschlag und zur Aufkündigung
des Waffenstillstandes von 1953. Ende Februar wird der Reaktor von Yongby-
ong wieder in Betrieb genommen. Die VR China und Rußland sind gegen eine
Verurteilung Nordkoreas wegen seines Ausstiegs aus dem Atomwaffensperrvertrag, um Verhandlungen zwischen den USA und Nordkorea zu begünstigen.
Schließlich werden Verhandlungen zwischen den USA, Japan, Südkorea, Nordkorea, Rußland und der VR China im August 2003 in Beijing vereinbart. Diese
Sechser-Gesprächsrunden werden mehrmals für längere Zeit unterbrochen. Die
Lage kompliziert sich, als Südkorea im August 2004 der IAEA Laborversuche
zur chemischen Anreicherung von Uran und zur Plutoniumerzeugung meldet.
Von 1982 bis 2000 hatten Experimente zur Herstellung von Atomwaffen und
die Herstellung geringer Mengen von atomwaffenfähigem Material stattgefunden, angeblich nur das Werk übereifriger Wissenschaftler. Die Regierung erklärt, kein Interesse an der Erzeugung und dem Besitz von Atomwaffen zu
haben.

   Der Konflikt eskaliert weiter, als sich Nordkorea am 10. Februar 2005 offiziell zur Atommacht erklärt und am 2. März mit der Wiederaufnahme der Tests
von Langstreckenraketen droht. Aber im Juli ist es auch wieder zur Teilnahme
an den Sechser-Verhandlungsrunden bereit. Die USA sind nach der Zunahme
der Schwierigkeiten im Irak, den Auseinandersetzungen mit Iran und dem innenpolitischen Problemen wegen der Überschwemmung von New Orleans
mittlerweile wieder konzilianter gegenüber Nordkorea. Im Rahmen der globalen
Neuordnung der US-Streitkräfte und des Irakkrieges sollen 12.500 der 38.000
US-Soldaten aus Südkorea abgezogen werden. Südkorea möchte allerdings den
Abzug hinauszögern und beläßt deshalb sein großes Truppenkontingent im
Irak. Im September 2005 gelingt in den Sechser-Gesprächen schließlich eine
Vereinbarung, daß Nordkorea sein Atomprogramm beenden soll und als Aus-
gleich Sicherheitsgarantien und wirtschaftliche Hilfe von den USA und ihren

Verbündeten erhalten solle. Allerdings steht die Konkretisierung und Reihefolge der einzelnen Verfahrensschritte noch aus. Unstimmigkeiten darüber können jederzeit eine neue Verschärfung der Lage in Korea hervorrufen.

4   Nuklearkriegsgefahr oder langandauernde Spaltung Koreas

Welche Folgen hätten die beiden Verhaltensoptionen der USA? Bei einer Bombardierung der nordkoreanischen Atomanlagen kann nicht ausgeschlossen werden, daß Nordkorea noch in der Lage sein wird, seine vielleicht schon vorhandenen Atomwaffen gegen Stellungen der US-Streitkräfte in Südkorea oder gegen die USA selbst einzusetzen, was wohl nukleare Vergeltungsschläge der USA herausfordern würde. Aber selbst wenn Nordkorea keine Atomwaffen hat, ist mit einem umfassenden konventionellen Angriff auf Südkorea zu rechnen, der in einen langanhaltenden Krieg münden würde. Dies würde erhebliche Spannungen mit der VR China und Rußland sowie manchen anderen Staaten auslösen. Auch wenn selbst in diesen beiden Fällen die Ausweitung zu einem Weltkrieg eher unwahrscheinlich ist, hätte ein regional begrenzter konventioneller Krieg oder ein Nuklearkrieg mit wenigen Atomwaffen weltpolitisch katastrophale Folgen. Die Autorität der USA als Weltmacht wäre vermutlich unwiederbringlich beschädigt, selbst unter ihren verbündeten Staaten. Bloße Militärmacht kann keine weltpolitische Autorität erzeugen oder bewahren. Der antiamerikanische Terrorismus bekäme einen immensen Auftrieb, auch wenn weitere Staaten abgeschreckt würden, mehr oder weniger öffentlich den Status einer Macht mit Massenvernichtungswaffen anzustreben.

Sicherheitsgarantien gegen eine militärische Intervention von außen sowie umfangreiche wirtschaftliche Hilfe könnten durchaus das nordkoreanische Regime zeitweise stabilisieren. Die Unterdrückung der eigenen Bevölkerung müßte noch weniger als zuvor mit nennenswerten internationalen Folgen rechnen. Vermutlich nur in einem sehr bescheidenen Umfang mögliche Reformen im Rahmen des bestehenden Regimes oder ein friedlicher Systemwechsel wären dann ausschließlich auf die Einsicht der Herrschenden und das taktisch-strategische Geschick der vermutlich vorhandenen Opposition in der Bevölkerung und in Teilen der herrschenden Elite verwiesen.

Wahrscheinlich können die äußere Gewährleistung der Energieversorgung und sonstige Wirtschaftshilfe das Defizit mangelnder Erneuerung der Industrieanlagen und Modernisierung der Wirtschaft den Erhalt des Regimes nicht auf Dauer sichern. In diesem Falle ist mit schwerwiegenden landesinternen Katastrophen größten Ausmaßes zu rechnen, die unter ungünstigen Umständen doch

noch zu einem Krieg mit Südkorea oder zu einer katastrophalen Wirtschaftskri-
se im Süden des Landes oder zu einer Abschottungspolitik gegenüber dem
Elend im Norden führen könnten.

5   Nukleare Abschreckung und Kooperation

Welche nationale und internationale Koreapolitik ist unter den geschilderten
Bedingungen ratsam? Der Preis einer militärischen Interventionspolitik scheint
in vieler Hinsicht untragbar hoch: für die Menschen in beiden Teilen Koreas,
für die regionale Sicherheit und auch für die internationale Stellung der Weltmacht USA. Deren völliger Autoritätszusammenbruch ist selbst bei aller Kritik
an vielen Elementen ihrer Innen- und Außenpolitik nicht zu wünschen, da die
anderen Staaten immer noch unfähig sind, eine gemeinsame verantwortliche
Weltpolitik zu entwickeln. Man mag und muß insbesondere die Außenpolitik
der derzeitigen Bush-Regierung für katastrophal halten, vor allem in Hinblick
auf die Zig- oder Hunderttausende Menschenleben, die sie schon gekostet hat,
dann auch in Hinblick auf die Schwächung der politisch-moralischen und wirt-
schaftspolitischen Autorität der USA in der Welt. Die Katastrophen, die eine
Welt ohne Hegemonialrolle der USA erleben würde, sind vermutlich noch ge-
waltiger als die des vergangenen Jahrzehnts.
    Der Preis für eine Absage an eine militärische Intervention oder an eine
Drohung damit ist sicher auch hoch, aber höchstwahrscheinlich niedriger als
der einer militärischen Interventionspolitik. Die politisch-moralische Schuld
trägt unvermeidbar der Intervent, da es keine Gewißheit über die vermutete
zukünftige Aggression eines Staates geben kann, für die viele Indizien vorliegen.
Für eine Politik der Nonprovokation Nordkoreas und der Nichtintervention ist
auch das Argument zu berücksichtigen, daß Diktaturen nicht ewigen Bestand
haben, sie zu einem unvorhergesehenen Zeitpunkt in sich zusammenbrechen
oder sogar friedlich gestürzt werden können, ehe es zu dem befürchteten Ag-
gressionskrieg kommt. Eine vorsichtige und geschickte Unterstützung der inneren, abrüstungsbereiten Opposition in einer Diktatur kann durchaus Bestandteil
einer Politik der militärischen Nichtintervention und der Beschränkung der
Zahl der Staaten mit Massenvernichtungsmitteln sein. Die nukleare Abrüstung
der Ukraine, Kasachstans, von Belarus und die Aufgabe der südafrikanischen
nuklearen Rüstungspläne sind jüngst historisch realisierte Beispiele einer solchen nuklearen Beschränkungspolitik. Eine friedliche Weltpolitik zur Beschränkung der Staaten mit Massenvernichtungswaffen ist allerdings nur glaubwürdig,
wenn die rüstungsprivilegierten Staaten sich zu einem Verzicht auf den Erstein-

satz dieser Waffen verpflichten und andere Staaten in den Schutz der nuklearen Abschreckung einbeziehen, da eine vollständige Abrüstung der Massenvernichtungswaffen auf unabsehbare Zeit illusionär bleibt.

6 Systemkrise in Nordkorea und Kriegsgefahr

Zur Zeit besteht keine ernsthafte Gefahr für einen US-amerikanischen Angriff auf die nordkoreanischen Atomanlagen. Zum einen hat das iranische Atomprogramm wegen der Konstellationen im Mittleren Osten höhere Priorität für US-amerikanische Bemühungen, die Entstehung weiterer Atommächte zu verhindern. Zum anderen könnte Nordkorea den Irakkrieg und die andauernde Irakkrise erfolgreich genutzt haben, um einige Atomwaffen herzustellen, so daß ein Bombardement der nordkoreanischen Atomanlagen einen begrenzten Nuklearkrieg auslösen könnte, es also bereits höhere Risiken enthält als eine Intervention im Iran. Zum dritten haben der Tod vieler US-Soldaten und die großen Mißerfolge der US-Politik im Irak und auch in Afghanistan die Popularität der militärischen Interventionspolitik und der Bush-Regierung in der Bevölkerung der USA drastisch reduziert, so daß sich Bush kaum weitere Interventionskriege leisten kann. Zwar ist mit einem Kurswechsel der Bush-Regierung kaum zu rechnen, aber die Führung der Republikanischen Partei muß auch ihre Regierungsfähigkeit nach der Ära George W. Bush und auch die Nachfolge des Präsidenten Wladimir W. Putin in Rußland im Jahre 2008 im Auge behalten. Unter diesen Bedingungen dürfte die Drohpolitik der USA in Nordkorea keinen großen Eindruck hinterlassen. Gegenwärtig ist ein Kompromiß somit nicht unwahrscheinlich, in dem beide Staaten auf ihre Maximalforderungen, die mehr die Reihenfolge der Leistungen der Vertragsparteien als ihren Inhalt betreffen, Verzicht leisten. Weitere Zuspitzungen der Lage liegen aber durchaus im Bereich des Möglichen, dürften aber eher taktische Manöver für das diplomatische Pokern besitzen als Ereignisse mit unberechenbaren Folgen sein.

Völlig unkalkulierbar sind innenpolitische Turbulenzen in Nordkorea. Große Hungersnöte sind offenbar nicht allein in der Lage, solche auszulösen. Hinzukommen müßten wahrscheinlich Machtauseinandersetzungen innerhalb der engeren kommunistischen Parteiführung, am ehesten im Falle einer schwerwiegenden Krankheit oder des Todes des derzeitigen Parteiführers Kim Jong-Il. Innerparteiliche Rebellionen gegen die Parteiführung insgesamt sind in der Geschichte der kommunistischen Parteien niemals aufgetreten.

Südkorea hat nur wenige Möglichkeiten, die US-Politik im Sinne einer vorsichtigen Entspannungs- und Kooperationspolitik mit Nordkorea zu beeinflussen oder sie ohne US-Unterstützung zu betreiben. Es wird den Ausbau der Sonderwirtschaftszone in Kaesong vorantreiben und versuchen, die sporadischen und stark kontrollierten Familienbegegnungen fortzusetzen. Lebensmittellieferungen und andere Wirtschaftshilfen können im begrenzten Umfang die Nord-Süd-Entspannung fortsetzen. Aber Südkorea bleibt auf die Präsenz der US-truppen angewiesen, die sich durch Übergriffe auf die Zivilbevölkerung unbeliebt machen. Dementsprechend wird Südkorea kaum sein großes Truppenkontingent ohne Abstimmung mit den USA aus dem Irak abziehen. Südkorea muß auch Szenarien für eine überraschende Wiedervereinigung entwickeln, die ihr durch einen Zusammenbruch des kommunistischen Regimes im Norden oder durch größere Flüchtlingsströme aufgezwungen werden könnte. Allerdings ist fraglich, ob es möglich ist, solche Flüchtlingsströme zu kanalisieren oder gar abzuwehren. Auch eine rasche Vereinigung der Wirtschafts- und Währungssysteme wird nach dem abschreckenden Beispiel Deutschlands dennoch politisch nur schwer zu vermeiden sein. Wiedervereinigungsszenarien für Korea scheinen vorerst nicht öffentlich diskutierbar, auch wenn sie hoffentlich in den Denkfabriken Südkoreas und vielleicht auch der USA erörtert werden. Auch die EU sollte sich damit befassen.

Der zweite Demokratisierungsversuch in Serbien, Georgien und der Ukraine[9]

Zusammenfassung

Alle mittlerweile 23 Staaten im postkommunistischen Europa – einschließlich der drei südkaukasischen Länder - erhoben nach dem politischen, sozioökonomischen und staatlichen Umbruch von 1986 bis 1993 den Anspruch, Demokratien zu sein und erhielten Verfassungen, die die regelmäßige Abhaltung von Wahlen in einem auf Parteienwettbewerb beruhenden politischen System vorsehen. In mehreren Ländern wurde dieser Anspruch jedoch nur ansatzweise eingelöst, in vielfacher Weise die Meinungs-, Versammlungs- und Vereinigungsfreiheiten beschnitten und teilweise bis heute eine volle Entfaltung und Konsolidierung der Demokratie verhindert.

Während in den Ländern Ostmitteleuropas, in Slowenien und im Baltikum die verfassungsrechtliche, institutionelle und politisch-kulturelle Demokratisierung rasche Fortschritte machte, hatten in einigen Ländern Massenbewegungen erst die Beachtung der Verfassung und die Durchführung nichtmanipulierter Wahlen zu erzwingen, um einen Regierungswechsel und einen zweiten Demokratisierungsschub zu ermöglichen. Das erste Mal geschah das in der Bundesrepublik Jugoslawien bzw. in Serbien im September und Oktober 2000. Am serbischen Beispiel orientierte sich im November 2003 die georgische „Rosenrevolution" und an beiden Beispielen wiederum im November 2004 die ukrainische „Revolution in Orange". Gleichwohl hatten diese drei Bewegungen keinen umfassenden Domino-Effekt, obwohl sich Oppositionsbewegungen gegen den Präsidenten Ilham Alijew in Aserbaidschan und den Präsidenten Aleksandr Lukaschenka in Belarus an den genannten Vorbildern zu orientierten. Aber auch die autoritär-autokratischen Regime in postkommunistischen Ländern zogen ihre Lehren aus den „bunten Revolutionen" und verstärkten die Kontrolle nichtstaatlicher Organisationen und zivilgesellschaftlicher Ansätze.

Umstritten ist, wie tiefgreifend und wirksam die zweiten Demokratisierungsanläufe in Serbien, Georgien und der Ukraine waren, ob sie nur kosmetische Veränderungen am halbdemokratischen System vornahmen oder substantielle Schritte zur weiteren Demokratisierung darstellten. Wie nach allen revolu-

---

[9] Vortrag am 6. November 2006.

tionären und radikalreformerischen Massenbewegungen trat nach ihrem spektakulären Sieg innerhalb kurzer Zeit ein Katzenjammer auf, als die großen Hoffnungen auf eine Besserung der wirtschaftlichen und politischen Lage enttäuscht wurden und die Einheit der Massenbewegungen zerfiel. Dennoch scheinen einige Errungenschaften von Dauer zu bleiben: die Etablierung einer pluralistischen Medienlandschaft, die Abhaltung von weitgehend rechtsförmigen freien Wahlen, die der jeweiligen Opposition eine Chance zum Wahlsieg bietet und die außenpolitische Orientierung hin zu den westlichen Demokratien und ihren Bündnissen.

1 Die Massenbewegungen gegen Wahlbetrug

Alle Staaten im postkommunistischen Europa – einschließlich der drei südkaukasischen Länder - erhoben nach dem politischen, sozioökonomischen und staatlichen Umbruch von 1986 bis 1993 den Anspruch, Demokratien zu sein und erhielten Verfassungen, die die regelmäßige Abhaltung von Wahlen in einem auf freiem Parteienwettbewerb beruhenden Mehrparteiensystem vorsehen. Nach der Unabhängigkeit Montenegros in diesem Jahre sind das mittlerweile 23 Staaten. In mehreren Ländern wurde dieser Anspruch jedoch nur ansatzweise eingelöst. Die Regierungen dieser Länder behinderten in vielfacher Weise die Wahrnehmung der Meinungs-, Versammlungs- und Vereinigungsfreiheiten und schränkten teilweise bis heute eine volle Entfaltung und Konsolidierung der Demokratie ein. Das New Yorker Freedom House klassifiziert 13 der im Jahre 2005 bestehenden 22 postkommunistischen Staaten als freie Demokratien, sechs als halbfreie (Albanien, Armenien, Bosnien-Herzegowina, Georgien, Mazedonien, Moldau) und drei als unfreie Staaten (Aserbaidschan, Belarus und Rußland). Kroatien und die Ukraine wurden 1997/98 noch zu den halbfreien und die Bundesrepublik Jugoslawien (Serbien und Montenegro) gar noch zu den unfreien Staaten gerechnet. Heute gelten sie als freie Demokratien. Georgien wurde hingegen damals wie heute als halbfreier Staat klassifiziert.

In einigen Ländern fand in den letzten Jahren ein zweiter Demokratisierungsschub statt. In einigen Ländern wie der Slowakei geschah dies vermittels eines Regierungswechsels als Folge regulärer Wahlen, in Kroatien kurz vor dem Tode des autoritären Präsidenten Franjo Tuđjman und nach dem Niedergang seiner Partei „Kroatische Demokratische Gemeinschaft" (HDZ). Die Einführung des Verhältniswahlrechts begünstigte den Wahlsieg der bisherigen Opposition und die Bildung einer Mitte-Links-Regierung im Januar 2000. Aus der Opposition ging auch der neue Präsident Stipe Mesić im Februar 2000 hervor. Die neue parlamentarische Mehrheit schwächte die Kompetenzen des Präsidenten erheblich, stärkte das Parlament und die Parteien, billigte die Rückkehr der vertriebenen und geflüchteten Serben in ihre ehemaligen Wohngebiete und erkannte den Staat Bosnien-Herzegowina und seine Grenzen an. Gleichzeitig begann sie mit dem Internationalen Gerichtshof für das ehemalige Jugoslawien zu kooperieren, mutmaßliche Kriegsverbrecher auszuliefern und die Aufnahme Kroatiens in die westlichen Bündnissysteme der NATO und der EU zu betreiben. Es ist anzunehmen, daß diese Entwicklung in Kroatien einen erheblichen Einfluß auf die spätere Entwicklung der Bundesrepublik Jugoslawien hatte.

In anderen Ländern hatten Massenbewegungen mit Hunderttausenden, in der Ukraine mehreren Millionen Teilnehmern erst die Beachtung der Verfassung und die Durchführung nichtmanipulierter Wahlen zu erzwingen, um einen Regierungswechsel zu ermöglichen, der wichtige Schritte zur weiteren Demokratisierung einleitete. Das erste Mal geschah das in der Bundesrepublik Jugoslawien und insbesondere in Serbien im September und Oktober 2000, als ein Wahlbündnis von 18 oppositionellen Parteien, die Demokratische Opposition Serbiens (DOS), zwar bei den Wahlen zum jugoslawischen Staatspräsidenten am 24. September eine relative Mehrheit für ihren Kandidaten Vojislav Koštunica von der Demokratischen Partei Serbiens (DSS) errang, es aber zahlreiche Hinweise dafür hatte, daß ihm der absolute Wahlsieg durch Wahlfälschungen verweigert worden war. Daraufhin fanden ein Generalstreik, Massendemonstrationen und andere Protestaktionen statt, bei denen die studentische Bewegung „Otpor" (Widerstand) eine wichtige Rolle spielte. Nach einem Sternmarsch auf Belgrad wurde am 5. Oktober das Parlament ohne Waffengewalt gestürmt. Daraufhin revidierte das Verfassungsgericht seine Entscheidung im Sinne des Amtsinhabers Slobodan Milošević, Neuwahlen anzuordnen, und erklärte Vojislav Koštunica zum Wahlsieger, der zwei Tage darauf als jugoslawischer Staatspräsident vereidigt wurde. Bei den Parlamentswahlen, die ebenfalls am 24. September stattfanden und die von den Kosovo-Albanern und den montenegrinischen Unabhängigkeitsbefürwortern boykottiert wurden, konnte die DOS zwar nicht die Mehrheit erringen; aber mit zwei proserbischen montenegrinischen Parteien eine Regierungskoalition bilden, die die beiden Regierungsparteien Slobodan Miloševics (Sozialistische Partei Serbiens, SPS) und seiner Frau Marija Marković (Vereinigte Jugoslawische Linke, JUL) von der Macht verdrängte.

Am serbischen Beispiel einer Massenbewegung gegen Wahlfälschungen orientierte sich im November 2003 die georgische „Rosenrevolution". In den Parlamentswahlen am 2. November ging nach offiziellen Mitteilungen achtzehn Tage später das Wahlbündnis „Für ein neues Georgien", das der Staatspräsident

Eduard Schewardnadse nach einer schweren Krise der bisherigen Präsidenten-
partei, der Bürgerunion, im April gegründet hatte, als stärkste Partei mit 21,3 %
hervor. Die Opposition aus mehreren Wahlbündnissen und Parteien erachtete
das Wahlergebnis als gefälscht, was die Regierung später auch zugab. Ein Teil
der Opposition, die „Nationale Union" unter der Führung des ehemaligen Jus-
tizministers Micheil Saakaschwili, die offiziell 18,8 % der Stimmen erhalten
hatte, verlangte nicht nur Neuwahlen, sondern auch die Absetzung des Staatspräsidenten Schewardnadse. Nach mehrtägigen Massendemonstrationen stürm-
te die Opposition das Parlamentsgebäude während der konstituierenden Sitzung
des neuen Parlaments am 22. November ohne Waffengewalt. Schewardnadse
erklärte am folgenden Tag auf russische Vermittlung den Rücktritt von seinem
Amt. Das machte den Weg zu einer vorgezogenen Neuwahl des Präsidenten am
4. Januar 2004 frei, bei der Micheil Saakaschwili als Kandidat der Oppositions-
parteien mit 96,3 % bei einer Wahlbeteiligung von 88 % gewann. Während die
bei den Parlamentswahlen direkt gewählten 85 Abgeordneten ihr Mandat behalten durften, wurden die über Parteilisten bestimmten am 28. März 2004 neu
gewählt. Hierbei errang das Wahlbündnis aus der „Nationalen Union" Saakaschwilis und den „Neuen Demokraten" der Parlamentspräsidentin Nino
Burdschanadse 66,2 % und die „Rechte Opposition" 7,9 der Stimmen, während
die bisherigen Regierungsparteien und alle anderen Parteien an der 7 %-
Wahlhürde scheiterten. Offenbar lösten die Berichte über die Wahlfälschungen
und der Eindruck der Massenbewegung in Tiflis einen umfassenden Meinungs-
umschwung innerhalb weniger Wochen in der Bevölkerung aus. Die „Rosenrevolution" wurde nach Massendemonstrationen in der Autonomen Republik
Adscharien vollendet, wo Saakaschwili den konservativen und prorussischen
Regierungschef Aslan Abaschidse absetzte und bei den Parlamentswahlen am
20. Juni mit seinem Wahlbündnis „Siegreiches Adscharien" 75 % der Stimmen
erhielt.

Dem serbischen und dem georgischen Beispiel eiferte im November 2004
die ukrainische „Revolution in Orange" nach. Bei den Präsidentschaftswahlen
am 31. Oktober konnte der Amtsinhaber Leonid D. Kutschma nach Ablauf
zweier Amtsperioden nicht wieder antreten. Sein politisches Lager unterstützte
die Kandidatur des Ministerpräsidenten Viktor Janukowytsch, der offiziell 39,32
% erhielt, während die vereinigte Opposition der Blocks „Unsere Ukraine"
(NT) und des „Blocks Julia Tymoschenko" (BJUT) Viktor Juschtschenko als
ihren Kandidaten nominierte. Er soll 39,87 % der Stimmen erhalten haben. Bei
der Stichwahl am 21. November unterstützten die „Sozialistische Partei" des
unterlegenen Präsidentschaftskandidaten Oleksandr Moros und die Partei der
Unternehmer und Industriellen Viktor Juschtschenko. Dennoch soll nach vor-

läufigen amtlichen Auszählungen Janukowytsch in Führung gelegen haben. Dies löste Massendemonstrationen gegen zahlreich bekannt gewordene Wahlfälschungen sowohl bei der Stimmabgabe als auch bei der Stimmenauszählung aus. Am 24. November wurde Viktor Janukowytsch von der Zentralen Wahlkommission zum Wahlsieger mit 49,46 % gegenüber den 46,61 % Stimmen für Juschtschenko erklärt. Juschtschenko rief daraufhin zum Generalstreik auf und focht das Wahlergebnis vor dem Obersten Gericht an, das die Stichwahl für ungültig erklärte und ihre Wiederholung auf den 26. Dezember ansetzte. Dazu wurden eine neue Zentrale Wahlkommission gebildet und bessere Vorkehrungen gegen Wahlbetrug getroffen. Bei der wiederholten Wahl erhielt Viktor Juschtschenko 52 %, Viktor Janukowytsch hingegen nur 44 % der Stimmen. Der neue Staatspräsident ernannte Julia Tymoschenko zur Ministerpräsidentin, was vom Parlament einstimmig gebilligt wurde.

An dem Vorbild der drei erwähnten „bunten Revolutionen" orientierte sich zum Teil auch die hier nicht zu erörternde „Tulpenrevolution" im März 2005 in Kirgisistan, die zwar den ehemaligen Reformautokraten Askar Akajew stürzte, aber ihn nur durch den von ihm entlassenen früheren Ministerpräsidenten Kurmanbek Bakijew ersetzte und kaum etwas mit Demokratisierungsbestrebungen zu tun hatte. Wichtiger sind die Nachahmungsversuche in Aserbaidschan nach den Parlamentswahlen am 6. November 2005 - wie auch schon ansatzweise nach den Präsidentschaftswahlen am 15. Oktober 2003 - und in Belarus anläßlich der Präsidentschaftswahlen am 19. März 2006. In beiden Fällen scheiterten die Versuche der Opposition, Massenbewegungen gegen die Wahlmanipulationen zu organisieren wegen der scharfen Unterdrückungsmaßnahmen der Regierungen und wohl auch mangelnder Popularität und Einigkeit der Oppositionsbewegungen und ihrer politischen Führungen. Auch die autokratischen Regime in einigen postkommunistischen Ländern versuchten aus den „bunten Revolutionen" zu lernen; sie verstärkten die staatliche Kontrolle nichtstaatlicher Organisationen und zivilgesellschaftlicher Ansätze. Dies geschah auch in Rußland, obwohl der Präsident Vladimir V. Putin vorerst noch die Unterstützung der Mehrheit der Bevölkerung genießt und bei den letzten Wahlen nicht auf umfassende Wahlfälschungen angewiesen war. Die repressiven Maßnahmen in Rußland nach den ukrainischen Ereignissen sind demnach in Hinblick auf die nächsten Parlaments- und Präsidentschaftswahlen im Jahre 2008 zu sehen.

2   Systemkosmetik oder substantieller Demokratisierungsschub

Umstritten ist, wie tiefgreifend und wirksam die zweiten Demokratisierungsanläufe in Serbien, Georgien und der Ukraine waren und sind. Handelte es sich
lediglich um eine oberflächliche kosmetische Änderung des bestehenden halbdemokratischen Systems und einen bescheidenen Personalwechsel an der Spitze
der postkommunistischen Elite oder um einen substantiellen Demokratisierungsschub? Umstritten ist fernerhin, ob der Westen die noch immer schwachen demokratischen Kräfte in den drei Ländern nicht nur durch personelle,
organisatorische und finanzielle Mittel, sondern auch durch die Zusage zur
mittelfristigen Integration dieser Länder in die NATO und vor allem in die EU
stärken soll.

Wie schon für den Umbruch der zweiten Hälfte der 80er und der ersten
Hälfte der 90er Jahre des 20. Jahrhunderts im spät- und postkommunistischen
Europa wird für die Ereignisse in Serbien, Georgien, der Ukraine und auch
Kirgisistan gern der dramatisierende und heroisierende Ausdruck der „Revolution" benutzt, der eine umfassende Umwälzung der politischen und gesellschaftlichen Verhältnisse verkündet. Gleichzeitig sollen die schmückenden Bei-
worte der „samtenen" und „singenden Revolutionen" in der Liberalisierungs-
und Demokratisierungswelle vor dem Ende des 20. Jahrhunderts und der „bunten" oder „Blumenrevolutionen" dem Revolutionsbegriff den Beiklang von
Bürgerkriegsgewalt und Blutvergießen nehmen. Dieses Bemühen ist schon älter,
nicht nur bei den Anhängern einer „gewaltfreien Revolution". Vielfach vergessen dürfte sein, daß der georgischen „Rosenrevolution" und der kirgisischen
„Tulpenrevolution" 1974 eine portugiesische „Nelkenrevolution" zur Ablösung
eines diktatorischen Systems vorausgegangen war, die ebenfalls ohne Blutvergießen vonstatten ging.

Wie nach allen revolutionären, gleichgültig ob gewaltsamen oder gewaltlosen, und nach allen radikalreformerischen Massenbewegungen trat nach ihren
spektakulären Siegen über das alte Regime auch in den genannten drei europäischen Ländern nach wenigen Monaten ein gewisser Katzenjammer auf, als die
meisten der hochfliegenden Hoffnungen auf eine Besserung der wirtschaftlichen, gesellschaftlichen und auch politischen Lage fast unvermeidlich enttäuscht worden waren und die Einheit der Massenbewegungen zerfallen war.
Aus der nachträglichen Sicht erscheint dann oft „Alles beim Alten geblieben";
„nichts" habe sich verändert.

Es gilt somit zu fragen, was sich nach Ansicht der Aktivisten der „bunten
Revolutionen" ändern sollte und was sich tatsächlich geändert hat. Das unmit-
telbare und einvernehmliche Ziel aller Massenbewegungen war es, Fälschungen

der letzten Parlaments- oder Präsidentenwahl aufzudecken und ein gefälschtes Wahlergebnis zu korrigieren, außerdem in Zukunft solche Fälschungen institutionell auszuschließen. In Serbien, Georgien, Kirgisistan und Aserbaidschan ging es um Parlamentswahlen, in der Ukraine und in Belarus um Präsidentenwahlen. Als Folge der erfolgreichen „bunten Revolutionen" wurden jedoch sowohl neue Parlamente als auch neue Präsidenten gewählt. Dies ist im Grunde kein revolutionäres, sondern ein konservatives, verfassungsbewahrendes Ziel. Entweder sollten der oder die vermuteten wahren Wahlsieger anerkannt werden oder Neuwahlen unter normalen, fairen Bedingungen mit Kontrollen gegen Fälschungsversuche stattfinden. Dieses Ziel wurde in allen drei Fällen erreicht.

Freie und faire Wahlen waren selbstverständlich kein Selbstzweck in den Augen der Beteiligten an den Massenbewegungen. Sie erhofften vielmehr durch einen Regierungswechsel eine Besserung ihrer Lebensumstände, vor allem einschneidende Maßnahmen gegen die alltägliche Korruption in der Politik und in der Verwaltung und dann auch im wirtschaftlich-gesellschaftlichen Umfeld. Diese Korruption wird als Quelle von sozialer Ungerechtigkeit und von alltäglichen Demütigungen erfahren, schließlich auch als Hindernis für einen wirtschaftlichen Aufschwung angesehen. In der Praxis scheinen in allen drei Ländern bisher keine substantiellen Fortschritte im Kampf gegen die Korruption gemacht worden zu sein. Nach alter Sitte werden zwar vor allem bei den politischen Gegnern Verwicklungen in Korruptionsaffären aufgedeckt, bald kommen jedoch auch Nachrichten und Gerüchte in den Umlauf, die von Korruptionsaffären und familiärem und freundschaftlichem Nepotismus der neuen Machthaber berichten, die mit großen moralischen und politischen Versprechungen angetreten waren. Auch wenn man in Rechnung stellt, daß es keine völlig korruptionsfreie Gesellschaft und Politik gibt, so scheinen die Transformationsgesellschaften nach wie vor besonders korruptionsanfällig. Die geringen Löhne und Gehälter in der Politik und in der Verwaltung und der exorbitante Reichtum einiger weniger Unternehmer und Manager, unklare Rechtslagen und ein geringes Niveau von Rechtsstaatlichkeit, die der Wirtschaftskriminalität viel freien Raum lassen, sind offenbar nur schwer zu beseitigende strukturelle Ursachen für ein hohes Ausmaß an Korruption.

Zu den großen Enttäuschungen nach den „bunten Revolutionen" gehört der rasche Zerfall der politischen Einheit der Oppositionsbewegungen. Bei nüchterner Betrachtung war das Auseinderbrechen der Opposition stets zu erwarten, da es sich bei ihr lediglich um Ad-hoc-Assoziationen zur Bekämpfung eines gemeinsamen Gegners handelt, nicht um politische Organisationen, die einen langen, disziplinierten und organisatorisch strukturierten Willensbildungsprozeß zur Formulierung einer gemeinsamen Politik durchgemacht haben. So brechen unvermeidlich nach der Niederlage des alten Regimes die nur notdürftig überdeckten Gegensätze zwischen den oppositionellen Gruppen und vor allem zwischen ihren Führungspersönlichkeiten auf, die oft auf charismatische Profilierung orientiert sind. So spitzte sich in Serbien rasch der Gegensatz zwischen dem national-konservativen Vojislav Koštunica und seiner Demokratischen Partei Serbiens (DSS) sowie dem eher liberal-westorientierten Zoran Djindjić und seiner Demokratischen Partei (DS) zu. Letzterer wurde schließlich im März 2003 von Angehörigen einer Sonderpolizeitruppe ermordet, die vom Geheimdienst aufgebaut worden und in kriminelle Aktivitäten verstrickt war.

In Georgien war von Anfang an die Führungsrolle Micheil Saakaschwilis stark ausgeprägt. Seine Position wurde zudem auch dadurch gestärkt, daß die Kompetenzen des Staatspräsidenten ausgeweitet wurden. Weder die Parlamentspräsidentin Nino Burdschanadse, noch der Ministerpräsident Surab Schwanija stellten trotz erkennbar politischer Differenzen ein ernsthaftes Gegengewicht dar. Schwanija kam schließlich im Februar 2005 bei einem nicht ganz aufgeklärten Gasunfall in seiner Wohnung um.

In der Ukraine zerfiel das Bündnis zwischen dem Block „Unsere Ukraine" des Staatspräsidenten Viktor Juschtschenko und dem „Block Julija Tymoschenko" der Ministerpräsidentin bereits nach acht Monaten am 8. September 2005. Die Partei des Staatspräsidenten ging ausgerechnet mit der Partei des Mannes, dessen Präsidentschaft durch die „Revolution in Orange" verhindert werden sollte und wurde, eine Koalition ein, die Viktor Janukowytsch zum Ministerpräsidenten machte. Dessen „Partei der Regionen" war zwar bei den Parlamentswahlen am 26. März 2006 zur stärksten Partei geworden, aber die zerstrittenen Parteien der „Revolution in Orange" hatten dennoch eine knappe Mehrheit erhalten. Unter diesen Bedingungen kamen die angekündigten demokratischen und marktwirtschaftlichen Reformen kaum voran, obwohl für kurze Zeit eine Besserung der wirtschaftlichen Lage eintrat. Die persönlichen Animositäten und Ambitionen Janukowytschs und Tymoschenkos spielten bei der Spaltung der Parteien der „Revolution in Orange" eine herausragende Rolle; darüber hinaus waren aber auch ernsthafte politische Gegensätze über die vom BJUT geforderte Revision der Privatisierung zugunsten einiger weniger Oligarchen und über die Trennung von Politik und Wirtschaft von erheblicher Bedeutung.

Im Zusammenhang mit den „bunten Revolutionen" wurden wichtige Veränderungen der Verfassungssysteme vorgenommen, die in den einzelnen Ländern in entgegengesetzte Richtungen gingen. Zur Schwächung autokratischer Neigungen der Staatspräsidenten wurden deren Kompetenzen in Kroatien, Serbien und der Ukraine erheblich beschnitten, die Kompetenzen des Parlaments und des vom Parlament zu wählenden oder zu billigenden Ministerpräsidenten gestärkt. In Georgien hingegen wurde das Amt des Staatspräsidenten aus den noch zu erörternden nationalpolitischen Gründen gestärkt.

3 Ungünstige historische Voraussetzungen für die Demokratisierung vieler östlicher postkommunistischer Länder

In allen drei Ländern spielte bei den Massenbewegungen die Frage der nationalen und staatlichen Einheit eine große Rolle, die aufs engste mit der Frage der außenpolitischen Orientierung dieser Länder verbunden ist. In Georgien wurde und wird zum großen Teil noch die staatliche Einheit durch den Sonderweg Adschariens und vor allem durch die Abtrennung der De-facto-Staaten Abchasien und Südossetien gefährdet. Alle drei Territorien konnten sich nur durch die Unterstützung Rußlands absondern, so daß sich viele Georgier von einer Hinwendung zu den USA eine Stärkung der staatlichen Einheit versprachen. Die Stärkung der nationalen und staatlichen Einheit ist ein erklärtes Hauptziel Saakaschwilis, der wohl deshalb die erwähnten ungewöhnlich hohen Wahlresultate erlangte, nicht unbedingt, weil er ein Garant für eine weitere Demokratisierung des politischen Systems ist.

In Serbien und in der Ukraine begünstigte das nationalpolitische Thema eher die Spaltung der „bunten Revolutionen". In Serbien hält der nationalkonservative Flügel unter Vojislav Koštunica strikt an der Konzeption der Zugehörigkeit Kosovos zu Serbien und der engen Verbindung mit der Serbischen Republik Bosniens fest, während der liberale Teil vor allem auf die Integration Serbiens in die EU drängt, um aus der wirtschaftlichen Misere zu gelangen. Er ist deshalb eher zur Kooperation mit dem Den Haager Internationalen Gerichtshof und zu nationalpolitischen Kompromissen bereit.

In der Ukraine haben die mit der Energieversorgung aus Rußland befaßten und die viel Energie verbrauchenden Industrieunternehmen, die sich vor allem im Osten des Landes befinden, ein starkes Interesse an einer engen Kooperation mit Rußland und am Einheitlichen Wirtschaftsraum im Rahmen der GUS. Hinzu kommt das Interesse vieler ethnischer Russen und russischsprachiger Ukrainer in der Ostukraine, die russische Sprache als zweite Landessprache aufzuwerten und enge kulturelle Bindungen zu Rußland zu pflegen. Da sie gesamtstaatlich in der Minderheit sind, befürworten sie die regionale Föderalisierung. Umgekehrt versprechen sich viele an der Renaissance der ukrainischen Sprache und Kultur interessierte Ukrainer durch eine stärkere Westorientierung eine Begünstigung ihres Anliegens. Sie fühlen sich stark genug, um längerfristig die sprachlich-kulturelle Ukrainisierung der ganzen Ukraine voranzutreiben, verdächtigen demnach die Föderalisten der Spaltung des ukrainischen Einheitsstaates. Es geht ihnen nicht unbedingt um eine Demokratisierung an sich, sondern auch um Demokratie als Mittel zur Stärkung ethnisch-kultureller Anliegen. Die nationalpolitische Frage trug nicht nur dazu bei, daß die „Revolution in Orange" nur von einer knappen Mehrheit, die vor allem im Westen und der Mitte der Ukraine beheimatet war, getragen war, sondern daß die Massenbewegung selbst zwischen Radikalen und Gemäßigten gespalten war, wobei letztere aus Sorge um die Einheit des Landes eher nach einem Kompromiß mit dem russischsprachigen Osten trachten.

Um den Charakter der „bunten Revolutionen", ihre Erfolge wie ihre Mißerfolge zu beurteilen, gilt es folgende Fragen zu erörtern. 1. Weshalb stagnierte in den weiter östlichen und in manchen südöstlichen Ländern des postkommunistischen Europas die Demokratisierung oder wurde gar weitgehend revidiert, während sie sich in Ostmitteleuropa (Polen, Tschechien, Slowakei, Ungarn, Slowenien) und im Baltikum früher oder später offenbar konsolidiert hat und in Rumänien und Bulgarien zumindest auf dem Wege der Konsolidierung befindet? 2. Weshalb hatten schließlich doch in bisher drei Ländern Massenbewegungen zumindest einigen Erfolg im Prozeß der Demokratisierung ihrer Länder, in anderen Ländern wie Aserbaidschan, Belarus und Rußland nicht.

Die Faktoren, die eine Demokratisierung der postkommunistischen Länder begünstigen, lassen sich in endogene und exogene unterscheiden. Zu den endogenen, die Demokratisierung begünstigenden Faktoren gehört eine gewisse historische Einübung in zumindest liberale und rechtsstaatliche Verhaltensweisen und in einen langjährigen Parteienpluralismus in vorkommunistischer Zeit. Dies war im Habsburgerreich und vor allem in seiner West- und Nordhälfte eher gegeben als im Osmanischen und im Rußländischen Reich. Zwischen den beiden Weltkriegen blieb insbesondere die erste Tschechoslowakische Republik eine Bastion der Demokratie in Mittel- und Osteuropa. Zu den historisch tiefer verankerten Demokratisierungsfaktoren gehört die Entwicklung eines unabhängigen Bürgertums, das einen gewissen Individualismus und geistig-politischen Pluralismus hervorbrachte. Es konnte sich wiederum mehr in Ostmitteleuropa, im Habsburgerreich, aber auch im Baltikum entwickeln. Die frühe Trennung von Papsttum und Kaisertum im römisch-katholischen Europa trug ebenfalls wie später die Reformation und die Aufklärung zur gesellschaftlichen Liberalisierung bei. All diese historischen Langzeitfaktoren schlugen sich auch im eher liberalen, pluralistischen Charakter der sozialistischen und selbst kommunistischen Bewegung und Herrschaft im Westen des kommunistischen Europas nieder. Zudem wurde die kommunistische Herrschaft in Ostmitteleuropa und im Baltikum sowie im Norden Jugoslawiens teilweise als nationale Fremdherrschaft empfunden, nur von Minderheiten als originärer sozialrevolutionärer Erfolg. Demzufolge gab es nach dem Zusammenbruch der kommunistischen Parteiherrschaft zu Beginn der 90er Jahre des 20. Jahrhunderts nur noch in Rußland, Belarus, der Ukraine, Moldau und in Serbien, zeitweise auch in Bulgarien und Albanien starke kommunistische oder exkommunistische Parteien, nicht aber in Ostmitteleuropa und im Baltikum.

Außer den geistig-politischen Traditionen ist der wirtschaftliche und soziale Entwicklungsstand der Länder in Betracht zu ziehen. Wirtschaftliche Rückständigkeit erlaubt nur selten die Entwicklung einer Demokratie. Auffallend ist ferner, daß die kommunistischen und exkommunistischen Parteien vor allem in der oft überalterten Landbevölkerung vieler Länder, in denen es entweder nie eine freie, ökonomisch starke Bauernschaft gab oder diese unter kommunistischer Herrschaft weitgehend vernichtet worden war, nach 1991 überdurchschnittlichen Rückhalt hatten. Die postkommunistischen Landarbeiter hatten oft nicht die fachlichen und vor allem kommerziellen Fähigkeiten sowie die psychischen Voraussetzungen für die Gründung selbständiger Bauernwirtschaften und verteidigten die unter kommunistischer Herrschaft etablierten sozialen Sicherungssysteme der Staatswirtschaft, waren also keine treibenden Kräfte der ökonomischen und politischen Liberalisierung und Demokratisierung. Auch in den maroden industriellen Großbetrieben des Bergbaus und der Stahlproduktion, die von Massenarbeitslosigkeit bedroht waren und sind, blieben die Gegner einer ökonomischen Liberalisierung und politischen Demokratisierung, die für das soziale Elend verantwortlich gemacht wurden, stark.

Als bedeutsamste Basis für eine Demokratisierung kann nirgends ein starkes Bürgertum gelten, sondern eher eine breite „Intelligenz" im kommunistischen Wortgebrauch, also eine verhältnismäßig breite Schicht von Absolventen höherer Schulen und Universitäten. Sie waren am ehesten in der Lage, präkommunistische Traditionen zu adaptieren, vor allem aber westliche Vorbilder zu imitieren und an die jeweiligen eigenen nationalen Bedingungen zu assimilieren. Zweifelsohne sind es nicht allein die liberalen und demokratischen politischen Werte an sich, die übernommen werden, Demokratie scheint oder schien zumindest zeitweise für große Teile der Bevölkerung des postkommunistischen Europas eine Voraussetzung des erstrebten Wohlstands, wie umgekehrt auch einheimische Demokraten sich nicht nur selbst, sondern Demokratie als Herrschaftsordnung in den vergangenen anderthalb Jahrzehnten diskreditieren konnten, wenn sie nicht in der Lage waren, die erhoffte Verbesserung der sozioökonomischen Lebensverhältnisse zu erzeugen. Ein historischer Determinismus, der die Demokratisierungsschwierigkeiten und die autokratischen Neigungen und Herrschaftsformen einiger Länder aus fehlenden liberalen und demokratischen Traditionen, soziohistorischen Strukturen und ökonomischem Entwicklungsstand ableitet und das Phänomen der Imitation und des Lernen von anderen Ländern ignoriert, kann nicht erklären, weshalb es immer wieder zu massenhaften Demokratisierungsbestrebungen und –schüben in Ländern ohne starke liberale und demokratische Tradition kommt.

Die Imitation anderer Länder ist ein endogener Faktor in Hinblick auf den sozialen Träger der Demokratisierung, sie ist jedoch gleichzeitig ein exogener Faktor, insofern das tatsächliche oder auch nur vermeintliche Vorbild der Freiheiten und des Wohlstands demokratischer Länder auf die Massenbewegungen zur Demokratisierung des eigenen Landes einwirkt.

4   Autonome Entwicklung sowie Demokratieförderung durch den Westen und die   Perspektive der Integration in die NATO und EU

Zur Erklärung der Demokratisierungsbewegungen in den erwähnten drei Ländern kommen zwei weitere, eindeutig exogene Faktoren hinzu. Zum einen die massive finanzielle, personelle und organisatorische Unterstützung der oppositionellen Kräfte in Serbien, Georgien und der Ukraine durch zahlreiche westliche, insbesondere US-amerikanische Nichtregierungsorganisationen, in denen auch viele Emigranten aus diesen Ländern eine wichtige Rolle spielten. Diese Nichtregierungsorganisationen, die zum Teil auch Unterstützung durch staatliche Gelder erhielten, waren vor allem in der Oppositionszeit der demokratischen Bewegungen einflußreich. Nachdem die bisherige Opposition die Regierung übernommen hatte, konnte sie auch auf der Regierungsebene die Hilfe anderer Staaten in Anspruch nehmen.

Wichtiger als diese direkte Unterstützung aus dem Ausland dürften die Hoffnungen auf eine Integration in die westlichen Bündnisse sein, insbesondere in die Europäische Union. Die EU-Beitrittsperspektive war neben der NATO-Beitrittsperspektive bereits ein äußerst starker Motivationsfaktor für die wirtschaftlichen und politischen Reformer in den zehn neuen NATO- und EU-Mitgliedsländern gewesen, der ihnen die Durchsetzung gegen die Reformverhinderer und –bremser erleichtert hatte. Die Aussicht auf Sicherheit vor für unberechenbar gehaltenen Entwicklungen in Rußland, teilweise auch in Deutschland, war ein wesentliches Motiv des Beitritts zur NATO, das vor allem als ein Schutzversprechen der USA für die eigene nationale Unabhängigkeit angesehen wurde. Die EU-Mitgliedschaft wurde mit der Hoffnung auf beschleunigte Prosperität im europäischen Binnenmarkt verknüpft. Allerdings stellt sich die EU-Beitrittsperspektive für die drei Länder recht unterschiedlich dar. Das ehemalige Jugoslawien und Albanien sind der bevorzugte Erweiterungsraum der EU, um die geopolitische Lücke zwischen Griechenland, Bulgarien im Süden und Italien, Österreich und Ungarn sowie neuerdings auch Slowenien im Norden zu schließen. Montenegro und das Kosovo wurden schon früh in die Euro-Zone einbezogen. Sobald die innere Ordnung Bosnien-Herzegowinas stabilisiert scheint und die Grenzen Serbiens international endgültig bestimmt und gefestigt sind, können sich die sechs restlichen und relativ kleinen Balkanländer trotz des Stimmungsumschwungs in der EU, der sich gegen eine umfassende Erweiterung der Union wendet, nachdem keine plebiszitäre Zustimmung zum europäischen Verfassungsvertrag in Frankreich und in den Niederlanden im Mai und Juni 2006 erfolgt war, wohl mittelfristig mit einer Mitgliedschaft in der EU rechnen.

Im Falle Georgiens und der anderen südkaukasischen Länder ist die Situation eine ganz andere. Hier liegt die EU-Beitrittsperspektive in weiter Ferne und ist wohl stark von der Entscheidung über den Beitritt der Türkei abhängig. Kommt dieser nicht zustande oder wird er um weitere Jahrzehnte hinausgezögert, dann hat auch der Südkaukasus keine absehbare Beitrittsperspektive. Hier spielt deshalb das sicherheits- und auch energiepolitische Engagement der USA und der NATO eine viel größere Rolle als die Hoffnung auf eine mittelfristige Integration in die EU. Immerhin hat die „Rosenrevolution" eine Einbeziehung des Südkaukasus in die „Europäische Nachbarschaftspolitik" im Jahre 2004 veranlaßt.

In einer politischen Zwischenlage zwischen Serbien und Georgien befindet sich die Ukraine. Zum Zeitpunkt der orangefarbenen Revolution schien die Osterweiterung der EU und NATO noch keineswegs abgeschlossen. Viele Ukrainer erhofften sich deshalb als Belohnung und Unterstützung der orangefarbenen Revolution eine Zusage der NATO und der EU auf baldige Mitgliedschaft ihres Landes in den westlichen Bündnissen.

Der Westen und Rußland blieben nicht nur Zuschauer der Vorgänge in den drei Ländern. In deren innere Auseinandersetzungen mischten sich Politiker und zivilgesellschaftliche Organisationen auswärtiger Staaten recht intensiv ein, darunter auch viele finanzkräftige Emigranten. Die rußländische Regierung nahm offen für die herrschenden autoritären, wahlfälschenden Regime in allen drei Fällen Partei. Im Falle der Ukraine ergriff der rußländische Präsident Vladimir Putin demonstrativ Partei für den rußlandorientierten Kandidaten Janukowytsch, was dessen Wahlchancen vermutlich eher geschwächt hat. In Kontrast dazu stand das Engagement einiger westlicher Regierungen und vieler westlicher zivilgesellschaftlicher Organisationen, die zum Teil auch staatliche Finanzmittel erhielten, für die Demokratisierungsbewegungen. Dabei hielten sich die westlichen Regierungen eher zurück. Nur die polnische Regierung ergriff offen Partei für die orangefarbene Revolution. Beides, die Einmischung aus Rußland und dem Westen, unterstrich vehement die Integrationskonkurrenz zwischen dem Westen, symbolisiert in Brüssel, und Rußland bzw. Moskau. Ost- und Westorientierung sind deutlich mit der Anhängerschaft für demokratische und autoritär-autokratische Systemunterschiede verknüpft. In dieser Logik steht auch die wie auch immer zurückhaltende Unterstützung der neuen Regierungen in den GUS-Mitgliedsstaaten nach den „bunten Revolutionen" durch die NATO und die EU. Die Suspendierung der Mitgliedschaft der Bundesrepublik Jugoslawien in den Vereinten Nationen und in der OSZE wurde sogleich nach dem Oktober 2000 aufgehoben und das Land am europäischen Stabilitätspakt für Südosteuropa beteiligt. Nach dem Regierungswechsel in Georgien kam eine US-amerikanische Militärmission ins Land. Der Bau der Baku-Tiflis-Ceyhan-Erdölleitung, der das rußländische Leitungsmonopol bricht, war allerdings schon vorher unter der Präsidentschaft Schewardnadses eingeleitet worden.

5   Priorität der autonomen Entwicklung und unterschiedliche Integrationschancen   für Serbien, die Ukraine und Georgien

Welche Politik ist nach den „bunten Revolutionen" in den drei Ländern und in Zukunft vielleicht auch noch in anderen Ländern, die einen zweiten Demokratisierungsschub erleben werden, sei es auf dem regulären Weg von kompetitiven Wahlen wie in der Slowakei und in Kroatien, sei es auf dem dramatischen Weg einer Massenbewegung gegen Wahlfälschungen, demokratieförderlich und wie können und sollen die westlichen Demokratien die demokratischen Tendenzen unterstützen? Priorität sollte in jedem Falle die Eigenverantwortlichkeit der Staatsvölker für das von ihnen angestrebte und erreichbare Demokratisierungsniveau haben. Die Verlagerung eigener Hoffnungen auf Unterstützung von außen anstatt auf Anstrengungen in der eigenen Gesellschaft kann in aller Regel nur zu Enttäuschungen führen, weil erstens die Einwirkungsmöglichkeiten von außen äußerst beschränkt sind, zweitens sie oft nationalen Stolz mobilisierende Gegenmaßnahmen der systembewahrenden politischen Kräfte provozieren, drittens die äußere Hilfe in den Demokratien selbst von eigensüchtigen Wahlvölkern legitimiert werden muß, und viertens die nationalen Interessengegensätze zwischen den demokratischen Staaten ein erheblicher Hemmfaktor für eine sinnvoll koordinierte äußere Hilfe sind.

Risiken und Chancen von Demokratisierungsversuchen können nur innerhalb der Länder verantwortlich eingeschätzt werden, die Folgen fehlgeschlagener Versuche werden hauptsächlich von den Demokraten der betreffenden Länder getragen. Insofern sollte die Entscheidung, welche Hilfe von außen in ein Land getragen wird, letztlich stets bei im eigenen Land lebenden Bürgern, also auch nicht bei Emigranten, liegen. Umgekehrt müssen sich die demokratischen Regierungen und Nichtregierungsorganisationen ihr eigenes Urteil über die im Sinne der Demokratieförderung erforderlichen Maßnahmen und über geeignete Kooperationspartner in den betroffenen Ländern machen, da sie die Verantwortung für die zur Verfügung gestellten Mittel tragen. Sie sollten jedoch stets nur Unterstützungsangebote an interne demokratische Kräfte machen, niemals die Entscheidung über die Annahme dieser Angebote anstreben oder gar oktroyieren. Ein internationales Protektorat über demokratisch unterentwickelte Länder mag in durch Bürgerkrieg und Massenmord geprägten Ausnahmesituationen wie in Bosnien-Herzegowina oder Kosovo für einige Jahre sinnvoll sein, aber äußere Demokratisierungshilfe im Geiste eines internationalen demokratischen Protektionismus ist fatal und auf die Dauer äußerst kontraproduktiv.

Eine herausragende Aufgabe jeder Demokratisierungsbestrebung ist eine nationalpolitische, die Herstellung eines Konsenses über den Umfang und die Angehörigen des *demos*. Die Serben in Kernserbien mußten hinzunehmen lernen, daß eine knappe Mehrheit der Montenegriner nicht mehr in einem gemeinsamen Staat leben will, daß auch alle Bemühungen von der EU, die Einheit des Landes zu bewahren, erfolglos blieben. Sie müssen vielleicht auch in Bälde die Abtrennung des Kosovo in Kauf nehmen und in einem Kompromiß, der einige ihrer Interessen schützt, billigen. Georgien müßte erhebliche friedliche Anstrengungen unternehmen, um mit internationaler diplomatischer und wirtschaftlicher Hilfe den Abchasen und Südosseten eine Rückgliederung ihrer De-facto-Staaten attraktiv zu machen. Die westlichen Demokratien können kein Interesse an einer georgischen Rückeroberungspolitik, die die Interessen Rußlands empfindlich tangieren würde, haben. Eine vergleichbare nationalpolitische Aufgabe stünde vor den Demokraten Aserbaidschans im Falle ihres innenpolitischen Sieges.

Eine nur von einer knappen, vornehmlich im Westen und in der Mitte des Landes siedelnde Mehrheit der Gesellschaft getragene Demokratisierung der Ukraine, die das Land in einen sich demokratisierenden Westen und einem zur Autokratie rußländischen und weißrussischen Typs tendierenden Osten spaltet, wäre bürgerkriegsträchtig, zumal es keine klare und einvernehmliche Grenze für eine potentielle nationalpolitische Spaltung des Landes wie im Falle der Tschechoslowakei gibt. Ein nationalpolitischer Kompromiß zwischen den Russen, den russischsprachigen Ukrainern und den ukrainischsprachigen Ukrainern und den sonstigen ethnischen Gruppen ist eine zentrale Aufgabe der Demokraten in der Ukraine. Unter diesen Aspekten könnte die Spaltung der Parteien der orangefarbenen Revolution und die Bildung der Regierungskoalition zwischen dem Block „Unsere Ukraine" von Viktor Juschtschenko und Viktor Janukowytsch zwar die weitere Demokratisierung erheblich verzögern, aber gleichzeitig die nationalpolitische Einheit der Gesamtukraine fördern.

Neben der defensiven Aufgabe der institutionellen Absicherung von freien und fairen Wahlen in der Zukunft stellen sich für die Demokraten noch viele Aufgaben im einzelnen, so die Etablierung eines stabilen Parteiensystems sowie die Ausweitung und Festigung der zivilgesellschaftlichen Infrastruktur von Verbänden, Vereinen und Bürgerinitiativen. Für all dies kann wirksame technische, personelle und finanzielle Hilfe auch von außen gestellt werden.

6   Gefahren der Re-Autokratisierung und Chancen der langsamen Demokratisierung der östlichen post-kommunistischen Länder

In allen drei Ländern ist die Demokratie noch längst nicht konsolidiert. Nach wie vor sind starke politische Kräfte am Werk, die die Demokratie an sich oder als Herrschaftsform, die mit einer außenpolitischen Westorientierung verbunden scheint, bekämpfen. Dennoch scheinen einige Errungenschaften der bunten Revolutionen vorerst von Dauer zu bleiben: die Etablierung einer pluralistischen Medienlandschaft, was in Georgien bei der starken Dominanz Saakaschwilis am zweifelhaftesten ist, die Abhaltung von rechtsförmigen freien Wahlen, die der jeweiligen Opposition eine Chance zum Wahlsieg bietet und die außenpolitische Orientierung an den westlichen Demokratien mit dem Ziel, in die westlichen Bündnisse integriert zu werden. Außerdem scheinen zivilgesellschaftliche Ansätze zur Bildung freier Verbände, Vereine und Bürgerinitiativen wesentlich gestärkt worden zu sein. Teile der Gesellschaft haben ihre gesellschaftliche und politische Lethargie überwunden, sind bereit, sich zu organisieren und öffentlich zu engagieren, auch wenn sich viele Aktivisten der bunten Revolutionen enttäuscht von den Politikern und Parteien, die sie an die Macht gebracht haben, in die Privatsphäre zurückgezogen haben. Das hohe Niveau der Massenmobilisierung in den Tagen des Umbruchs läßt sich nur schwer in dauerhaften politisches Engagement umsetzen.

Für eine deterministische demokratische Fortschrittsgläubigkeit gibt es keinen ernsthaften Grund. Keine Demokratie ist vor Rückfällen in autokratische Herrschaftspraktiken und –formen gefeit. Dennoch lassen sich in vielen Ländern längerfristig wirksame gesellschaftliche Lernprozesse beobachten. Die Erfahrung der Verbundenheit großer Massen im Kampf für liberale und demokratische Mindeststandards, die erlebte Toleranz höchst unterschiedlicher Interessen, Motive und politischer Anschauungen, im Falle der Ukraine auch die wechselseitige Toleranz der ukrainischen und russischen Sprache in der orangefarbenen Revolution und schließlich auch das Erfolgserlebnis in Bezug auf die Anfechtung der gefälschten Wahlergebnisse und die Herbeiführung einer alternativen Regierung und Parlamentszusammensetzung dürften sich für mindestens eine Generation im kollektiven Gedächtnis verankern. Dies bietet die Chance, daß in Zukunft weitere Demokratisierungsfortschritte erreicht werden. Der Mut von höchsten Richtern, wie etwa in der Ukraine, sich während des Umbruchs von Regierungsdiktaten zu befreien, jeder Fortschritt in Richtung auf eine unabhängige Gerichtsbarkeit und die Chance mit Rechtsmitteln gegen Behördenwillkür und Korruption vorzugehen, ist ein kleiner Baustein im Demokratisierungsprozeß. Die Herstellung einer neuen finanziellen, institutionellen und personellen Basis für einen freien und kontroversen Journalismus, die Brechung des Regierungsmonopols in den Funkmedien sind weitere Erfolge auf diesem Weg. Die Offenlegung autoritärer und korrupter Neigungen einiger der neuen Machthaber ist inzwischen leichter geworden und bietet Möglichkeiten zu ihrer legalen und durch Wahlen vermittelten Ablösung aus ihren Ämtern. Damit haben auch Länder eine Chance der Demokratisierung, die ungünstige historische Voraussetzungen hierzu besitzen. Auch wenn ein unmittelbarer Dominoeffekt von demokratischen Bewegungen nur äußerst selten ist, so sind mittelfristige Lern- und Ermutigungseffekte aus den Erfahrungen anderer Länder im Zeitalter der gegenwärtigen transnationalen kommunikativen Vernetzung unübersehbar.

Integration oder Assimilation ethnischer Minderheiten. Zur Zukunft dänischer, sorbischer, italienischer, türkischer, deutscher und anderer Deutschländer in der Bundesrepublik Deutschland[10]

Zusammenfassung

Seit Jahren wird eine bessere Integration ethnischer Minderheiten deutscher und anderer Staatsangehörigkeit gefordert. Die meist ethnosozial bedingten Krawalle in französischen Vorstädten und die terroristischen Aktivitäten britischer Moslems in den vergangenen Jahren haben dieser Forderung erneut Nachdruck verliehen. Die alarmierenden Nachrichten über die hohe Arbeitslosenrate unter den Ausländern, über deren Konzentration in den Armenvierteln und einigen Schulen verstärken die Furcht, daß es auch in Deutschland zu massenhaften, gewaltsamen Konflikten mit und in ethnischen Minderheiten kommen könnte.

„Integration" dient als Schlagwort für höchst unterschiedliche Formen der Einbindung ethnischer Minderheiten in die Gesellschaft und das politische System der Bundesrepublik. Mit „Integration" kann eine ganze Palette von Schritten zur Eingliederung der ethnischen Minderheiten gemeint sein, die von der bloßen Beachtung der deutschen Gesetze bis zur vollständigen Assimilation nach dem Vorbild der Hugenotten oder Ruhrpolen reicht. Dabei wird oft nicht berücksichtigt, daß es unterschiedliche Gruppen von „ethnischen Minderheiten" gibt: 1. alteingesessene Minderheiten, 2. in der jetzigen oder vor ein oder zwei Generationen eingewanderte und eingebürgerte Personen, 3. in den letzten Jahren aus Osteuropa eingewanderte deutsche „Spätaussiedler" mit geringen Deutschkenntnissen, 4. in der gleichen Zeitdauer eingewanderte Ausländer, die EU-Bürger waren, wurden oder bald sein werden, 5. Einwanderer aus dem EU-Ausland. Hinter den kontroversen Vorstellungen von „Integration" stehen unterschiedliche Vorstellungen von Nationalstaat und Verarbeitungsweisen der deutschen Geschichte des 19. und 20. Jahrhunderts in Kontrast zur französischen und US-amerikanischen. Die vorherrschende Integrationspolitik akzeptiert und toleriert die heterogene ethnische Abstammung, fördert jedoch gleichzeitig die ethnische Assimilation.

---

[10] Vortrag am 5. März 2007.

Das politisch in den Hintergrund getretene alternative Konzept zur ethnischen Assimilation sind verschiedene Varianten des Multikulturalismus, die zwar die politische und soziale Integration verfolgen, aber die Gleichberechtigung der sprachlich-ethnischen Kulturen und ihre Erhaltung zum Ziel haben. Das hier bevorzugte politische Konzept stellt die individuelle sprachlichethnische Selbstbestimmung in den Vordergrund und begünstigt die ethnische Differenz, ermöglicht aber auch die freiwillige ethnische Assimilation. Es geht davon aus, daß die internationale Vergesellschaftung und die transnationale Migration trotz starker Assimilationsprozesse die ethnische Heterogenität in Europa wieder fördern, nachdem die Nationalstaatsbildung, Völkermorde und ethnische Vertreibungen im 20. Jahrhundert die ethnische Homogenisierung der Staaten betrieben hatten.

1 Das Nationalstaatsverständnis in Deutschland und die primäre staatliche Förderung der Muttersprache oder der Staatssprache

Sollen Staat und Gesellschaft in Deutschland und in der Europäischen Union die von den Eltern bestimmte sogenannte Muttersprache, die auch die Sprache des Vaters sein kann, fördern oder soll der Staat, unterstützt durch gesellschaftlichen Druck, ausschließlich die Staatssprache begünstigen, möglichst schon in der Kinderkrippe und im Kindergarten und dann vor allem in der Schule und an den Universitäten?

Der Erhalt oder der Wechsel der Sprache in der Generationenfolge ist der wichtigste, wenn auch nicht der allein entscheidende Faktor, ob ein Volk (eine Ethnie) sich über Jahrzehnte und Jahrhunderte erhalten kann oder sich im Laufe der Zeit anderen Ethnien weitestgehend angleicht (assimiliert) und letztlich mit ihnen verschmilzt (amalgamiert) und damit historisch untergeht. Der Sprachwechsel begünstigt auf Dauer die Überwindung der gesellschaftlichen Heiratsbarrieren und damit auch die genealogische Verschmelzung mit der sprachlich dominanten Ethnie, es sei denn, andere starke gesellschaftliche Faktoren wie eine fortbestehende religiös-konfessionelle Differenz, krasse soziale Unterschiede und Normen, regionale Trennung oder rassische Vorurteile gewährleisten trotz sprachlicher Assimilation die Fortdauer einer ethnischen Differenz.

Der Staat und die Mehrheit der Gesellschaft können zwar kaum entscheiden, ob ihr Land sprachlich und dann auch ethnisch homogen oder heterogen wird, aber sie können ethnische Homogenisierungs- oder Heterogenisierungstendenzen unterstützen. Denn letztlich entscheiden die Angehörigen der ethnischen Minderheiten selbst, ob sie sich und ihre Kinder und Kindeskinder sprachlich-ethnisch assimilieren wollen oder nicht und dann im äußersten Fall auch Widerstand gegen gesellschaftlichen Druck und staatliche Unterdrückung leisten. Diskriminierungs-, Ausgrenzungs- und Unterdrückungspolitik, sofern sie nicht zur brutalen Vertreibungs- und Vernichtungspolitik übergeht, begünstigt erfahrungsgemäß oft die Erhaltung ethnischer Heterogenität, während die Anreize sozialer Aufstiegschancen und sprachlich-ethnischer Assimilationsangebote der ethnischen Mehrheit die Assimilationsbereitschaft ethnischer Minderheiten eher fördern.

Vor allem die wirtschaftliche Europäisierung und Internationalisierung, außerdem auch die politische Unterdrückung in einigen Ländern, rufen die transnationale Migration und damit die ethnische Heterogenisierung der Gesellschaft in den europäischen Staaten hervor.

Traditionell werden als ethnische Minderheiten nur Staatsangehörige bezeichnet, nicht Ausländer. Die inländischen ethnischen Minderheiten sind die autochthonen und die neuen Minderheiten sowie ein großer Teil der Spätaussiedler aus dem Osten Europas, die deutsch nicht als Muttersprache beherrschen. Zu diesen drei Gruppen ethnischer Minderheiten kommen zwei weitere fremder Staatsangehörigkeit. Heute sind die Ausländer viel stärker in die sozialstaatlichen Dienstleistungen und Zahlungsverpflichtungen einbezogen als in früheren Jahrzehnten, so daß sie als Minderheiten in der Bevölkerung, nicht als Personen und Gruppen außerhalb des Staatsvolkes wahrgenommen werden. Für die Sozial- und Bildungspolitik und den wechselseitigen gesellschaftlichen Umgang der ethnischen Mehrheit mit dauerhaft in Deutschland seßhaften oder hier gar geborenen Angehörigen anderer Staaten spielt die Staatsangehörigkeit oft nur eine geringere Rolle, die sprachliche und ethnische Differenz hingegen eine ausschlaggebende. Außerdem zeigt sich immer wieder, daß, wer andere Menschen aufgrund deren fremden ethnischen Aussehens belästigen, diskriminieren, schädigen oder gar umbringen will, in aller Regel nicht nach dem Paß fragt, den jemand besitzt. Nicht der Rechtsstatus der Staatsangehörigkeit ist in vielen Dingen entscheidend, sondern die Ethnizität der In- wie der Ausländer.

Ein erheblicher Teil der Ausländer sind zudem nur noch bedingt Ausländer, denn EU-Bürger haben bereits zahlreiche der sozialen und politischen Rechte, die ansonsten die Staatsangehörigen Deutschlands genießen. Diese Zwitter zwischen Aus- und Inländern, also Franzosen, Briten, Dänen und neuerdings auch Polen, Tschechen usw. könnte man als Euländer bezeichnen. Vermutlich zeigen diese Euländer aufgrund der Freizügigkeit in der EU und der räumlichen Nähe ihrer Herkunftsländer zu Deutschland eine geringere Neigung als Zuwanderer aus der Ferne, eine längerandauernde Anwesenheit in Deutschland als Vorstufe zu einer endgültigen Einwanderung und dann auch Einbürgerung zu begreifen. Meist wird übersehen, daß die hohen Einwanderungsraten mit hohen Auswanderungsraten Hand in Hand gehen, und zwar von Ausländern wie von deutschen Staatsangehörigen.

Die Einstellung zur Einwanderung und Einbürgerung neuer ethnischer Minderheiten und zum Umgang mit ihrer Sprache und Kultur ist ganz entscheidend vom jeweiligen Nationalstaatsverständnis abhängig. Soll das Staatsvolk sprachlich-kulturell möglichst homogen sein oder werden, sollen sich also ethnische Minderheiten und insbesondere Einwanderer fremder Ethnizität sprachlich-kulturell assimilieren wie das die Hugenotten und Ruhrpolen getan haben? Soll man nur die andere ethnische Herkunft der Zuwanderer und Neubürger dulden, nicht aber ihre andere ethnische Zukunft? Oder sollte ein moderner Nationalstaat polyethnisch, vielsprachig und multikulturell sein, also die Erhaltung der sprachlichen und kulturellen Vielfalt fördern und lediglich die politische und soziale Eingliederung (Integration) der ethnischen Minderheiten fordern und unterstützen? Sollen also die Staatsangehörigen Deutschlands schlicht deutschsprachige Deutsche sein oder möglichst bald werden, oder ist die Staatsangehörigkeit nur eine wichtige Form der individuellen Identifizierung mit einer Großgruppe, die Zugehörigkeit zu einer Ethnie oder auch gleichzeitig zu zwei oder drei Ethnien aber eine andere bedeutsame und erhaltenswerte?

2 Staatssprache als Mittel zur gleichberechtigten sozialen Integration oder Zweisprachigkeit als Mittel zur Entwicklung einer integrationsfähigen Persönlichkeit

Ziel der meisten Staaten und vor allem der Demokratien ist es, ihre Staatsangehörigen politisch zu integrieren, d. h. aus dem Staatsvolk eine Nation werden zu lassen oder es als Nation zu erhalten, mit anderen Worten, die Akzeptanz des Staates und seiner politischen Ordnung sowie die politische Partizipation durch alle Staatsangehörigen, und vor allem auch durch die ethnischen Minderheiten zu erreichen. Dies soll eine tiefe politische Zerrissenheit des Staatsvolkes und im Extremfall die Entstehung separatistischer Neigungen, die die staatliche Integrität gefährden könnten, oder von politischen gewaltsamen Unruhen oder gar Umstürzen vermeiden. Ein wichtiges Mittel hierzu oder auch ein Selbstzweck aus sozialstaatlicher Perspektive ist die soziale Integration aller Staatsangehörigkeiten, d. h. ihre möglichst gleichberechtigte Teilnahme am Arbeitsleben wie an den Möglichkeiten der selbst gewählten Freizeitgestaltung. Eine wichtige Weichenstellung hierzu findet im Bildungswesen statt, das nicht nur Wissen und

Fähigkeiten an sich vermittelt, sondern ein in einer bestimmten Sprache verfügbare, sieht man von der mathematischen, musischen und sportlichen Bildung ab. Aus dieser Bindung eines Großteils der Bildung an eine bestimmte Sprache wird von vielen Zeitgenossen die Forderung abgeleitet, Integration der ethnischen Minderheiten müsse ihre sprachliche Assimilation einschließen, sei es aus sozialpolitischen oder auch aus nationalpolitischen Gründen. Es ist gleichgültig, ob es sich dabei um tatsächliche Motive oder um vorgeschobene Rechtfertigungsgründe handelt.

Nationalpolitisch ist etwa das Argument, daß der Zusammenhalt der Nation und die Stabilität des Staates an eine Kommunikationsgemeinschaft gebunden seien, die sich nur durch eine gemeinsame Sprache herstellen lasse. Ethnische Unterschiede zumindest ein Risikopotential für ethnonationale Spannungen und Konflikte, im Extremfalle auch für gewaltsame Unruhen wie jüngst in französischen Vorstädten oder Terrorakte wie in England und Spanien sowie für separatistische Bewegungen. Sozialpolitisch ist etwa das Argument, daß nur die allgemeine und gleiche Kenntnis der Staatssprache durch alle Staatsangehörigen gleiche soziale und berufliche Chancen für alle schaffe, die Pflege ethnischer Minderheitensprachen hingegen zur ethnosozialen Schichtung der Gesellschaft, im Extremfall zu ethnosozialen gewaltsamen Konflikten führe.

Die entgegengesetzte Auffassung geht davon aus, daß eine Politik der Erhaltung der ethnischen Differenz die politische und soziale Integration der Personen minoritärer Ethnizität erleichtert. Der nicht nur familiäre, sondern auch der öffentliche Gebrauch der Muttersprache in der gesellschaftlichen Öffentlichkeit und in den staatlichen Bildungseinrichtungen kann nach dieser Auffassung der Entwicklung der Persönlichkeit Heranwachsender, ihres Weltbildes und ihrer Wertvorstellungen oft besser dienen als der frühe, durch gesellschaftlichen Druck und staatlichen Zwang erzeugte Gebrauch der Staatssprache außerhalb der Familie, was unter Umständen zur erheblichen emotional-moralischen Verunsicherung, Orientierungsschwäche und zu unzureichender Kenntnis sowohl der Muttersprache als auch der Staatssprache führt. Umgekehrt kann eine muttersprachlich fundierte Entwicklung der Persönlichkeit zum frühzeitigen Erlernen der Staatssprache als Zweitsprache auf hohem Niveau führen, die es dem Heranwachsenden ermöglicht, auf dem Arbeitsmarkt voll wettbewerbsfähig zu werden und gesellschaftlich und politisch am allgemeinen öffentlichen Leben teilzunehmen. Es geht also nicht um die Alternative Muttersprache oder Staatssprache, sondern um die Alternative Priorität der Muttersprache in Familie und in einer Teilöffentlichkeit plus früh zu erlernender Staatssprache in der allgemeinen Öffentlichkeit oder schlechtes Erlernen sowohl der Muttersprache in der Familie als auch der Staatssprache im schulischen und sonstigen Umfeld der Familie.

Die ethno- oder nationalitätenpolitische Debatte wird dadurch erschwert, daß „Integration" als Schlagwort für höchst unterschiedliche Formen der Einbindung ethnischer Minderheiten in die Gesellschaft und das politische System der Bundesrepublik dient. Mit „Integration" kann eine ganze Palette von Schritten zur Eingliederung der ethnischen Minderheiten ins Auge gefaßt werden. Es kann z. B. damit gemeint sein: 1. die Beachtung der deutschen Gesetze, 2. die Eingliederung in den Arbeitsmarkt, 3. das Erlernen der deutschen Sprache, 4. der öffentliche Nichtgebrauch der Muttersprache 5. der Zugang zu weiterführenden Schulen, 6. die Übernahme deutscher alltäglicher Sitten und Gewohnheiten, 6. die Vermeidung der Bildung von Minderheiten-Siedlungen („Ghettos"). 7. die Bereitschaft, ethnisch Deutsche zu heiraten, 8. die Teilnahme in ethnisch vorwiegend deutschen gesellschaftlichen Kommunikationszusammenhängen und die Vermeidung ethnischer „Parallelgesellschaften", 9. die Partizipation an Wahlen, am Willensbildungsprozeß der Parteien und der Bürgerinitiativen, 10. die Säkularisierung der Glaubenseinstellung und vieles andere mehr. Mit Integration ist nicht selten letztlich die fast vollständige Assimilation der ethnischen Minderheiten, also deren Germanisierung („Eindeutschung") im Verlaufe mehrerer Generationen gemeint. Hier können nicht all die genannten Dimensionen und Aspekte von Integration erörtert werden. Es soll im folgenden lediglich der wesentliche Unterschied zwischen politischer und sozialer Integration einerseits und sprachlich-kultureller Assimilation andererseits sowie das Verhältnis beider Formen der angestrebten Einbindung ethnischer Minderheiten in Gesellschaft und Staat zueinander thematisiert werden.

Staaten, die dazu neigen, die ethnische Vielfalt ihrer Staatsangehörigen zu leugnen oder herunterzuspielen, betonen auch sprachlich allein die Staatsangehörigkeit. Ein Franzose ist zunächst ein Staatsangehöriger Frankreichs, ein Türke ein Staatsangehöriger der Türkei. Daraus wird die eindeutige Vorherrschaft der französischen bzw. der türkischen Sprache im Land abgeleitet. Will man in Frankreich den Unterschied zwischen arabischen und alteingesessenen Franzosen thematisieren, dann nennt man letztere etwa die wahren Franzosen oder die französischen Franzosen, was jedoch als erhebliche Abwertung der arabischen Franzosen empfunden werden kann. Arabische Franzosen nennen ihrerseits die ethnische Mehrheit scherzhaft Gallier. Das Benennungsproblem der Staatsangehörigen und der Ethnien entsteht überall dort, wo sprachlich kein Unterschied zwischen beiden gemacht wird, entweder weil die Benennung eines Staatsvolkes auf die einer Ethnie zurückzuführen ist (wie im Falle Polens), diese den Staat also als den ihrigen und nicht auch den der anderen Ethnien im Staat ansieht, oder weil ein ursprünglicher Staats- und Regionalname historisch eine ethnische Konnotation angenommen hat, wodurch die ursprünglichen Landesbewohner von den später Zugewanderten unterschieden werden (wie im Falle der Ukraine). Nur selten ist der Staatsname in Europa kein Ethnonym (Volksname), wie im Falle Belgiens, der Schweiz und Zyperns, so daß die Benennung der Ethnizität und der Staatsangehörigkeit deutlich geschieden ist: flämischer, wallonischer und deutscher Belgier, deutscher, französischer und italienischer Schweizer, griechischer und türkischer Zypriote, gleichgültig, ob das Ethnonym in anderen Staaten auch als ein Name für alle Staatsangehörige dient.

Im Zeitalter des klassischen Nationalismus wurde mit der Identität des Namens des Staatsvolkes und der Ethnie (früher auch Ethnos genannt) oft die Vorstellung verbunden, der Staat gehöre dem Ethnos, der auch als „staatstragendes Volk" bezeichnet wurde, also nicht auch den ethnischen Minderheiten. Diese ethnonationale Idee ließ und läßt sich durchaus mit vordergründig demokratischen Vorstellungen verbinden. Demokratie, häufig mißverstanden als Herrschaftsform, in der die Mehrheit eines Staatsvolkes, also auch eine ethnischen Mehrheit, das Sagen hat, wird dann explizit oder implizit zur Ethnokratie.

Der Besitz eines Staates durch eine Ethnie läßt sich auf zweierlei Weise demonstrieren. Die eine Form ist der Ausschluß anderer Ethnien aus vielen gesellschaftlichen und politischen Angelegenheiten, damit auch aus dem Nationsbegriff (exklusiver Ethnonationalismus). Wird außerdem die ethnische Assimilation durch die Errichtung von gesellschaftlichen Heiratsbarrieren und durch die Stigmatisierung fremder ethnischer Abstammung verwehrt, so hat das die soziale Diskriminierung zur Folge, die rückwirkend auch zur Ursache für Assimilationsverweigerung seitens der ethnischen Minderheiten führen kann.

Die andere Form der ethnischen Inbesitznahme eines Staates findet in dem Zwang oder Druck auf ethnische Minderheiten statt, die Sprache und Kultur der ethnischen Mehrheit zu übernehmen und erstere in die Nation einzuvernehmen (inklusiver Ethnonationalismus). Dem Angehörigen einer ethnischen Minderheit wird dann von den Sprechern der ethnischen Mehrheit und des Staates gesagt: Du gehörst zu unserer Nation, weil Du Staatsangehöriger unseres Staates bist, und als Angehöriger unserer Nation hast Du selbstverständlich unsere Sprache und Kultur zu übernehmen. So wurden seit dem 19. Jahrhundert nicht nur aus Bauern sprachlich-kulturelle und dann auch ethnische Franzosen, sondern auch aus vielen Okzitaniern, Bretonen, Elsässern, Basken und Korsen. Und so sollen in Zukunft auch aus Arabern und den Angehörigen diverser Ethnien Schwarzafrikas zumindest sprachlich-kulturelle Franzosen werden, auch wenn sie etwas anders aussehen und noch nicht überwiegend alteingesessene Franzosen zu heiraten pflegen.

Der exklusive Ethnonationalismus leistet historisch durch Diskriminierung und Unterdrückung faktisch entgegen seiner häufigen Absicht einen Beitrag zum Erhalt der ethnischen Vielfalt in einem Land, wenn er nicht zur Vertreibung und zum Völkermord übergeht. Der inklusive Ethnonationalismus hingegen führt längerfristig zur gesellschaftlichen Auslöschung von ethnischen Minderheiten durch deren Einschmelzung in die ethnische Mehrheit. Was für das Individuum meist humaner ist, ist für die Ethnie als Gruppe oft tödlicher. Politisch und kulturell starke Ethnien neigen eher zu einem inklusiven, kleinere oder politisch und kulturell schwächere Ethnien hingegen zu einem exklusiven Nationalismus.

3   Das Nationalstaatsverständnis als zeithistorischer Hintergrund für Präferenzen in der Sprachenfrage

Die 1949 gegründete Bundesrepublik Deutschland war der erste Staat in der Geschichte, der den Namen Deutschland trug, der aber gleichzeitig betonte, daß er nicht das ganze Deutschland sei. Somit gibt es erstmals seit 1990 einen Staat, der ganz Deutschland umfaßte. Jahrhundertelang hatte man unter Deutschland etwas ganz anderes verstanden als einen Staat. Deutsch war ursprünglich die erstmals im 10. Jahrhundert bezeugte Bezeichnung einer Sprache zahlreicher germanischer Stämme. Die Deutschen, also die Deutschsprachigen, lebten in zahlreichen Herrschaftsverbänden, so daß man später auch von deutschen Ländern sprach. Erst in der frühen Neuzeit taucht auch der Singular Deutschland für das kompakte, mehrheitlich von Deutschen besiedelte Gebiet in der Mitte Europas auf, ganz unabhängig davon, wie viele und welche Grenzen von Herrschaftsterritorien und dann Staaten wann durch das deutsche Land verliefen. In diesem Sinne konnte noch Ernst Moritz Arndt 1813 in einem später vertonten Gedicht des Deutschen Vaterland feiern als das Gebiet, „so weit die deutsche Zunge klingt". Dementsprechend pries August Heinrich Hoffmann von Fallersleben 1841 in seiner Deutschland-Hymne das deutschsprachige Land von der Maas bis an die Memel, von der Etsch bis an den Belt. In dieser Zeit erst begann eine deutsche Nationalbewegung einen Nationalstaat zu erstreben, wobei einerseits zahlreiche deutsche Staaten vereinigt, aber gleichzeitig auch das Habsburger Reich Österreich und das Hohenzollern-Reich Preußen aufgeteilt werden sollte.

Im 1871 gegründeten Deutschen Reich, das wesentlich kleiner als Deutschland war, lebten zahlreiche ethnische Polen, Franzosen und französischgesinnte Elsässer und Dänen. Im letzten Drittel des 19. Jahrhunderts setzte eine gezielte sprachliche Germanisierungspolitik ein, die aber im wesentlichen nicht nur erfolglos blieb, sondern antideutsche Einstellungen der ethnischen Minderheiten stärkte oder hervorrief. Nach zwei drastischen territorialen Verkleinerungen in den Jahren 1919 und 1945 und nach der Flucht und Ermordung der Juden Deutschlands waren die beiden deutschen Staaten für fast zwei Jahrzehnte ethnisch fast vollständig homogen, die DDR sogar bis zu ihrem Ende 1990. Gleichzeitig war nach der nationalsozialistischen Ära ethnische Politik verpönt, und zwar in doppelter Hinsicht, einmal als Politik der Verfolgung oder erzwungenen Assimilation der ethnischen Minderheiten, also als Politik der Germanisierung, zum anderen aber auch paradoxerweise als Politik der bewußten Aufrechterhaltung der ethnischen Differenz zum Schutz der Minderheiten.

Mit ethnischer Toleranz und Förderung können nur die nicht sehr zahlreichen alteingesessenen, bodenständigen oder autochthonen Minderheiten der Friesen und Dänen (in der Bundesrepublik), der Sorben (in der DDR) und im weit geringeren Maße auch der Sinti und Roma rechnen, allesamt selbstredend deutsche Staatsangehörige. Das Friesische gilt als eigenständige Sprache, ist kein Dialekt des Deutschen. Insofern werden die Friesen als ethnische Minderheit anerkannt. Diese autochthonen ethnischen Minderheiten bestehen jeweils lediglich aus wenigen zehntausend Personen, insgesamt nur 172.000 oder 0,2 % der Bevölkerung im Jahre 2004. Die Dänen genießen als einzige das Privileg in Schleswig-Holstein, daß für ihre Partei bei den Parlamentswahlen nicht die Fünfprozent-Klausel gilt.

Die Juden, die in großen Teilen Europas, vor allem im Osten, wo ein Teil von ihnen auch eine eigene Sprache, das Jiddische sprachen, sich selbst als eigenständiges Volk, also als Ethnie begreifen, wurden und werden auch heute in Deutschland weithin nicht als ethnische, sondern nur als religiöse Minderheit angesehen, zu der 2004 190.000 Personen zählten, ebenfalls 0,2 % der Bevölkerung.

Den seit den 1960er Jahren neu entstandenen ethnischen Minderheiten, den Italienern, Kastilisch-Spaniern, Katalanen, Portugiesen, Kroaten, Türken, Kurden, Polen usw. wird in Deutschland, obwohl sie weit zahlreicher sind als die alteingesessenen, oft kein Recht auf öffentliche Förderung ihrer Sprache und Kultur zugebilligt. Ursprünglich wollte man in der Bundesrepublik gar keine neuen ethnischen Minderheiten. In der boomenden Wirtschaft der Bundesrepublik schien es aber opportun, „Gastarbeiter" aus anderen Ländern anzuwerben, in der Annahme, sie sollten, wie es sich für „Gäste" gehört, nach einiger Zeit in ihr Heimatland zurückkehren, dessen Staatsangehörigkeit sie in der Regel behalten sollten. Bekanntlich blieben viele der „Gäste" dauerhaft und brachten hier Kinder und Enkel zur Welt, die die Staatsangehörigkeit ihrer Eltern erbten. Deutschland gehört zu den vielen Ländern, die eine relativ restriktive Einbürgerungspolitik, aber gleichzeitig eine etwas großzügigere Einwanderungspolitik - kein Land der Welt ist heute mehr ein absolut offenes Einwandererland - betreiben, so daß der Anteil der in Deutschland lebenden Ausländer innerhalb weniger Jahrzehnte auf 8,2 Prozent (2005) angewachsen ist.

Bis Mitte der 1990er Jahre wurden nur sehr wenige, dauerhaft in Deutschland lebende Ausländer eingebürgert. Unter ihnen befinden sich nur sehr wenige Deutschsprachige, so daß die Einbürgerung die Entstehung der erwähnten neuen ethnischen Minderheiten unter den Staatsangehörigen zur Folge hatte. Lange waren die Einbürgerungsraten sehr niedrig. Erst im letzten Jahrzehnt 1995-2004 wurden, seit 2000 begünstigt durch ein neues, etwas einbürgerungsfreundlicheres Staatsangehörigkeitsrecht, 1,3 Millionen Ausländer eingebürgert, also das mehr als Sechsfache der autochthonen Minderheitsangehörigen.

Von ihnen allen wird weithin erwartet, daß sie sich im Laufe weniger Generationen weitgehend assimilieren, allenfalls ihre Konfession und in männlicher Linie ihre Namen an ihre Nachkommen weitergeben wie das am Ende des 17. Jahrhunderts aus Frankreich geflüchteten reformierten Protestanten (Hugenotten) und die gegen Ende des 19. Jahrhunderts infolge der Industrialisierung ins Ruhrgebiet aus den östlichen Gebieten Preußens, aus Rußland und Österreich-Ungarn gekommenen katholischen Polen getan haben. Berühmte Namen wie de Maizière, Ardenne, Fontane, Wischnewski und die vieler Fußballhelden wie Kuzorra, Szepan, Burdenski und Tibulski erinnern an diese beiden ethnischen Minderheiten, deren Assimilation trotz lokaler Konzentration in einigen Städten und Dörfern dadurch erleichtert wurde, daß beide christlichen Glaubens und von weit geringerer Anzahl waren als die der seit den 1960er Jahren Zugewanderten. Weit schwieriger dürfte die sprachlich-kulturelle Assimilation der jüngst eingewanderten 3,3 Millionen Muslime sein.

Als eine dritte ethnische Minderheit kommt die nur für Deutschland spezifische Gruppe der deutschstämmigen, aber oft nicht deutschsprachigen „Spätaussiedler" und ihrer vielen nichtdeutschen Verwandten aus Osteuropa hinzu, die aufgrund des Grundgesetzartikels 116 als „Flüchtlinge oder Vertriebene deutscher Volkszugehörigkeit" sofort bei der Einreise die deutsche Staatsangehörigkeit erhalten. Dieser Artikel ist nicht, wie vielfach behauptet, ein Relikt „völkischer" Politik, die deutschstämmige Ausländer bevorzugt, sondern ein Überbleibsel der Vertreibungspolitik der Alliierten nach 1945, die die in Osteuropa unerwünschten „Volksdeutschen", ob sie nun mit Hitlers Politik der Germanisierung Osteuropas kooperierten und sympathisierten oder nicht, in der Bundesrepublik Deutschland ansiedeln und integrieren wollten. Allerdings hat die Bundesrepublik auch noch viele Jahre nach dem Krieg diesen Grundgesetzartikel nicht abgeschafft, offensichtlich aus mehreren Gründen. Dazu gehörten lange etwa die Solidarität mit auch viele Jahre nach dem Krieg noch drangsalierten ethnischen Deutschen oder später auch das Interesse an höher qualifizierten und motivierten, zumindest etwas deutschsprachigen Arbeitskräften. Jedenfalls schätzt man, daß in Deutschland mittlerweile rund 3 Millionen Russischsprachige leben, sowohl ethnische Deutsche als auch ihre ostslawischen Familienangehörigen. Vermutlich wird ein sehr großer Teil der Aussiedler sich sprachlich und ethnisch rasch an die Einheimischen assimilieren.

Ende 2005 lebten 6,7 Millionen Ausländer in Deutschland. Das waren immerhin 8,2 % der Bevölkerung. Zwei Drittel von ihnen leben länger als acht Jahre in Deutschland und hätten damit ein Recht, deutsche Staatsangehörige zu werden, verzichten aber aus ganz unterschiedlichen Gründen darauf. Etwa 20 % der Ausländer wurden in Deutschland geboren, viele waren noch nie in dem Land, dessen Staatsangehörige sie sind. Ausländer ist jedoch nicht gleich Ausländer. Die in Deutschland lebenden Österreicher, Deutschschweizer und sonstigen deutschsprachigen Ausländer, auch nicht die wenigen Staatsangehörigen der skandinavischen Länder, der USA, Frankreichs, Japans, Chinas usw. stellen kein „Problem" dar, entweder weil die sprachliche und ethnische Differenz zu den Deutschen niedrig ist, weil sie wenig zahlreich sind und weit verstreut leben oder weil sie aus den sozialen Mittel- oder Oberschichten stammen, die sich rasch erhebliche sprachliche und Verhaltensfertigkeiten zur Anpassung an die deutsche Gesellschaft aneignen. Die sogenannte Ausländerproblematik ist also eigentlich eine ethnosoziale Problematik von Millionen Zugewanderten aus den niederen sozialen Schichten fremder Ethnizität, nur partiell auch eine Frage der Staatsangehörigkeit. 32 % der Ausländer sind EU-Bürger, besitzen also in politisch- und sozialrechtlicher Hinsicht viele Eigenschaften wie die deutschen Staatsangehörigen auch. Sie sind somit eine Art Zwitter zwischen Inländern und Ausländern wie das die EU als ein Staatenverbund als ein Zwitter zwischen Staatenbund und Bundesstaat auch ist. Man könnte diese Gruppe auch Euländer nennen. Weitere 47 % der Ausländer stammen aus anderen europäischen Ländern, zu denen hier auch die Türkei gerechnet wird und zu denen auch noch einige andere EU-Beitrittskandidaten gehören. Also nur 21 % der Ausländer stammen aus dem außereuropäischen Ausland, also weniger als in Frankreich, Spanien und Großbritannien.

Die Gesamtzahl derjenigen, die in Deutschland fremder Ethnizität wie auch derjenigen, die eine andere Muttersprache besitzen als die deutsche, dürfte, grob geschätzt, 11 Millionen betragen, also rund 13 % der Gesamtbevölkerung. Darunter sind einige, die deutscher ethnischer Herkunft sind, aber eine nicht-deutsche Muttersprache sprechen, und andere, die als Eingebürgerte oder Ausländer nur oder fast nur deutsch sprechen, aber sich nicht als ethnisch Deutsche begreifen.

Nach der Herrschaft eines exklusiven und rassistischen Ethnonationalismus vor 1945 dominiert in Deutschland ein inklusiver Ethnonationalismus nach dem Vorbild Frankreichs und der USA, der die Abstammung aus fremden Ethnien für unerheblich erklärt, jedoch die sprachlich-kulturelle Assimilation zumindest der eingebürgerten und an einer Einbürgerung interessierten Angehörigen ethnischer Minderheiten anstrebt. Gleichzeitig wird gern gelobt, daß Deutsche in vielen Ländern sich nicht vollständig sprachlich-kulturell an die ethnische Mehrheit assimiliert, sondern sich lediglich politisch und sozial in ihrer oftmals schon vor Jahrzehnten und Jahrhunderten gewählten neuen Heimat integriert haben.

4 Sprachlich-ethnische Homogenisierung und Differenzierung des modernen europäisierten Nationalstaats

Jede Demokratie hat unvermeidlich ethnokratische Züge, erstens, weil es faktisch keine ethnisch völlig homogenen Staaten gibt, aber in den meisten Staaten eine Ethnie die Mehrheit der Staatsangehörigen bildet, zweitens weil jeder Staat nur eine oder einige wenige Staatssprachen besitzt. Diejenigen, die die Staatssprache als Muttersprache erlernt haben, haben unbestreitbar Wettbewerbsvorteile in den meisten gesellschaftlichen Beziehungen, auf dem Arbeitsmarkt und insbesondere auch in der Politik gegenüber denjenigen, die die Staatssprache gar nicht oder nur unvollkommen beherrschen. Dies gälte selbst für eine Gesellschaft, in der es keinerlei ethnische Vorurteile und Patronage gibt. Die Benachteiligung ethnischer Minderheiten wird in der Wirklichkeit dadurch gesteigert, daß jede ethnische Mehrheit dazu neigt, durch demokratische Mehrheitsentscheidungen ihren Angehörigen politisch und gesellschaftlich bevorzugte Stellungen zu sichern.

Ein Staat mit einem starken ethnokratischen Charakter, der die Angehörigen ethnischer Minderheiten nicht sozial und politisch ausschließt, sondern im Gegenteil sie einbezieht, aber von ihnen die sprachlich-kulturelle Anpassung erfolgreich verlangt und sie damit im Generationswechsel in die Mehrheitsethnie einschmilzt, hat sicherlich den Vorteil, daß damit der soziale und innenpolitische Frieden gestärkt werden kann und wichtige Voraussetzungen für ethnosoziale Gewaltkonflikte beseitigt werden. Erfolgreiche Assimilation ethnischer Minderheiten verringert auch die tatsächliche Möglichkeit einer drastischen Verschiebung der ethnischen Mehrheitsverhältnisse und damit längerfristig die selten vorkommende Möglichkeit des Sprach- und Kulturwechsels in einem Land. Politisch bedeutsam sind nicht nur reale ethnische Mehrheitswechsel, sondern die viel häufigeren ethnischen Überfremdungsängste, die schon bei geringen Zuwächsen der Angehörigen ethnischer Minderheiten durch Zuwanderung oder überdurchschnittliche Geburtenraten oder durch Abwanderung von Angehörigen der Mehrheitsethnie entstehen. Sie werden besonders durch tatsächliche oder in naher Zukunft durchaus zu erwartende ethnische Mehrheitswechsel in einzelnen Gemeinden oder Stadtvierteln (Beispiel Berlin-Kreuzberg, mehrere Vororte von Paris, Marseille, Lyon, London, Birmingham) geschürt. Berichte über Schulen, in denen bereits die deutschen Muttersprachler in der Minderheit sind, wirken auf viele Deutsche alarmierend. Erfolgreiche Assimilation hat sicher den Vorteil, daß sie die Botschaft vermittelt, zukünftige Einwanderung müsse keine Bedrohung des gegebenen sprachlich-kulturellen Charakters des Landes darstellen.

Die Akzeptanz, Toleranz oder gar Förderung der sprachlich-kulturellen Vielfalt ethnischer Minderheiten kann unter Umständen die politische und soziale Integration der Angehörigen dieser Minderheiten erleichtern, weil sie diese nicht mit einem oft unerwünschten und widerwillig hingenommenen Assimilationsdruck oder gar -zwang belastet. Die sprachlich-kulturellen ethnischen Kommunikationszusammenhänge müssen nicht zur völligen Absonderung der ethnischen Minderheiten führen, können durch Zwei- und Dreisprachigkeit in gesamtgesellschaftliche Kommunikationszusammenhänge eingebettet werden. Sie erhöhen das Potential von sprach- und kulturkundlichen Arbeitskräften in der Exportwirtschaft, in der Verwaltung und in der Außenpolitik. Eine Kehrseite des Erhalts und der Pflege der ethnischen Vielfalt ist, daß die Außenpolitik wie auch die Wählerpolitik unvermeidlich eine ethnische Komponente erhält wie das in den USA schon seit langem der Fall ist. Bei den Bundestagswahlen spielten die türkischen Wählerstimmen im Berliner Wahlbezirk Kreuzberg-Friedrichshain eine ausschlaggebende Rolle für die Mehrheitsverhältnisse im Bundestag. Gelegentlich war auch die Stimme des einzigen Abgeordneten des überwiegend von dänischen Deutschen gewählten Südschleswigschen Wählerverbands ausschlaggebend für die Bildung einer regierungsbildenden Mehrheit. Auf die Dauer mag auch die Nichtassimilation ethnischer Minderheiten eine restriktive Einwanderungspolitik begünstigen, weil die Einwanderung dauerhaft die ethnischen Mehrheitsverhältnisse verschiebt und auch das Wählerverhalten und die außenpolitischen Präferenzen beeinflußt.

In Deutschland wird die ethnische Minderheitenfrage oft für eine ausländerrechtliche Frage gehalten. Die scheinbar einfachste und bequemste Lösung der Ausländerproblematik ist die möglichst rasche Einbürgerung aller Ausländer, die über längere Zeit in einem Land leben und die Staatsangehörigkeit in ihrem Aufenthaltsland wollen. Die Erfahrung der westeuropäischen Länder, die entweder wegen ihrer kolonial-imperialen Vergangenheit zahlreiche Afrikaner und Asiaten eingebürgert haben oder die Einbürgerung aus anderen Gründen erleichtern, zeigt, daß sehr viele Schwierigkeiten durch Einbürgerung lediglich von Ausländer- und Inländerprobleme transformiert werden. Dies soll nicht die Augen vor der Tatsache verschließen, daß sehr viele Immigranten nicht nur wegen der ethnosozialen Differenz zu den Alteingesessenen, sondern wegen ihrer fremden Staatsangehörigkeit in Deutschland erhebliche Schwierigkeiten auf dem Arbeits- und Wohnmarkt und in ihrer sozialen Umgebung haben.

Die Schwierigkeiten des Umgangs zwischen der ethnischen Mehrheit und einigen ethnischen Minderheiten entstehen erst, wenn neue umfangreiche ethnische Minderheiten von über 100.000 oder gar Millionen Angehörigen entstehen, die unter Umständen in Gegenden und Stadtvierteln kompakt siedeln und die aus den unteren sozialen Schichten ihrer Heimatländer stammen und demzufolge einen durchschnittlich niedrigeren Bildungsstand als die Einheimischen besitzen. Die ethnische Differenz in neuer Umgebung verstärkt und stabilisiert in aller Regel die soziale Differenz. Dies fördert die Neigung, die soziale Differenz wiederum aus ethnischer Diskriminierung zu erklären. Soziale und Bildungsstatistiken, die lediglich Ethnien oder Angehörige verschiedener Staaten statt gleiche soziale Schichten unterschiedlicher Ethnizität oder Staatsangehörigkeit vergleichen, sind irreführend.

5 Freie Entscheidung zwischen begünstigter ethnischer Differenz und ermöglichter ethnischer Assimilation

Vom demokratischen Standpunkt sollte zweifellos die Staatsbürgerschaft, also die bewußte Teilnahme des Staatsangehörigen an den öffentlichen, gesellschaftlichen wie staatlichen Angelegenheiten Vorrang haben und dies sich auch in der Selbstbezeichnung der Bürger ausdrücken. Wichtige Voraussetzung dieser Partizipation ist die Kenntnis der Staatssprache oder der jeweiligen Regionalsprache im Staat, zumindest als Zweitsprache. Dies läßt sich durchaus mit dem Gebrauch und der Pflege der Muttersprache im jeweils geeigneten gesellschaftlichen Umfeld vereinbaren. Die Furcht vor ethnischen „Parallelgesellschaften" ignoriert, daß auch eine gleichsprachige moderne Gesellschaft aus Hunderten oder Tausenden Partialgesellschaften besteht, die einen partikularen Kommunikationszusammenhang innerhalb des gesamtgesellschaftlichen darstellen, z. B. konfessionelle, parteipolitische, berufs- und schichtenspezifische, altersgruppenbezogene, lokale, regionale und viele andere mehr. Der Grad der ethnischen Besonderung kann ganz unterschiedlich gestaltet und entweder allein privat organisiert und finanziert oder auch staatlich subventioniert werden. So kann man je nach Größe der Ethnie darüber diskutieren, ob es sinnvoll ist, z. B. eine französische, türkische, kurdische oder jüdische Schule in Deutschland zu errichten oder nur einzelne Schulklassen oder einzelne Unterrichtsstunden in der jeweiligen ethnischen Sprache, nicht nur im Sprach- und Geschichtsunterricht, sondern auch in Biologie, Geographie usw. Dementsprechend lassen sich auch Kindergärtengruppen und Kinderkrippen, Sportvereine, Gottesdienste, Theateraufführungen usw. in den jeweiligen Sprachen organisieren. Persönlich hielte ich es für besser, die räumliche Trennung der Ethnien nicht zu stark zu betonen, sondern eher gemeinsame Schulen, Kindergärten, Theater, Museen, konfessionelle Gotteshäuser mit sprachlich getrennten Veranstaltungen zu ermöglichen. Gegen eine türkische oder kroatische Fußballmannschaft ist nichts einzuwenden, wohl aber gegen eine türkische oder kroatische Fußballiga in Deutschland. Die Bildung ethnischer politischer Parteien sollte man nicht verbieten, aber keineswegs ermuntern.

In einer liberalen Gesellschaft läßt es sich als Recht des einzelnen verstehen, für sich und in Abstimmung mit seinem Ehe- oder Lebenspartner auch für seine Kinder frei zwischen sprachlich-kultureller Anpassung und Besonderung zu wählen. Danach haben nicht die ethnischen Gruppen an sich Gruppenrechte, sondern nur die freiwillig zur ethnischen Gruppe oder gar zu einem öffentlich-rechtlichen Personalverband assoziierten Individuen, die den Willen haben, ihre in einem Staat minoritäre Sprache und Kultur zu erhalten und zu pflegen. Eine ethnisch tolerante Politik fördert oder erzwingt nicht die sprachliche und kulturelle Assimilation und damit die Verringerung oder gar Auflösung ethnischer Minderheiten, sondern bietet Anreize zum Erhalt der ethnischen Vielfalt der Staatsangehörigen und der dauerhaft im Land lebenden Ausländer, legt aber gleichzeitig größten Wert auf die politische und soziale Integration der ethnischen Minderheiten in die liberal-demokratische Gesellschaft.

Die politische und soziale Integration der ethnischen Minderheiten, der eingebürgerten wie der ausländischen, läßt sich wohl leichter durch eine Politik der Bewahrung der ethnischen Heterogenität, die gleichwohl die freie, familiäre Entscheidung für eine sprachlich-kulturelle Assimilation erlaubt, erreichen als durch eine mit gesellschaftlichem Druck und politischen Zwang operierende Assimilationspolitik, die in aller Regel die beabsichtigte soziale und politische Integration der ethnischen Minderheiten erschwert oder gar verhindert. Eine solche nichtassimilatorische Politik entspricht der zunehmenden Mobilität der Menschen über Staats- und Sprachgrenzen hinweg. Bisher konnten es sich nur

Diplomaten und die Oberschichten leisten, ihre Kinder im Ausland in fremdsprachiger Umgebung in ihrer Sprache unterrichten zu lassen und gesellschaftliche Kontakte in ihrem eigensprachlichen Umkreis zu pflegen. In einer mobilen. sich internationalisierenden Gesellschaft sollte es auch ein Recht der Mittel- und Unterschichten sein, während eines sehr langen oder lebenslangen Aufenthalts und sogar nach der Einbürgerung in einem anderen Land sein, sich für den Gebrauch und die Pflege der eigenen Muttersprache zu entscheiden. Man sollte ihnen sogar den Anspruch zubilligen, daß mit öffentlichen Geldern, zu denen sie ja als Steuerzahler beitragen, auch ihre Sprache und Kultur in den Bildungseinrichtungen, nicht nur die der ethnischen Mehrheit, unterstützt wird.

Wenn man die ethnische Vielfalt in Deutschland anerkennen will, wie sollte man dann die Angehörigen seiner ethnischen Minderheiten und Mehrheit bezeichnen? Soll von dänischen Deutschen oder deutschen Dänen, von Turkdeutschen oder von Deutsch-Türken, von Italienern in Deutschland oder Deutschland-Italienern die Rede sein? Sinnvoll ist hierbei, für die deutschen Staatsangehörigen eine andere Bezeichnung zu wählen als für Angehörige der Staaten Dänemark, Türkei oder Italien. Zweifellos kann man die Bezeichnung vom jeweiligen gedanklichen Kontext abhängig machen. Ist die Rede von Ethnien, so wird man von den deutschen, dänischen und türkischen Italienern, Juden oder Kurden sprechen. Redet man hingegen von den Angehörigen eines Staates, so läßt sich von italienischen, jüdischen oder kurdischen Dänen, Türken oder Deutschen sprechen. Wie soll man aber diejenigen dänischen, türkischen, italienischen und deutschen Staatsangehörigen nennen, die keiner ethnischen Minderheit angehören? Ethnische Türken, Italiener, Dänen und Deutsche?

Eine Alternative hierzu ist ein Sprachgebrauch, der eindeutig zwischen den Angehörigen eines Staates und einer Ethnie unterscheidet, wie es bereits in einigen Ländern und besonders bei ethnischen Minderheiten üblich ist. So unterscheidet man zwischen Finnen und Finnländern (darunter sich neben den Finnen auch Schweden befinden), zwischen Russen und Rußländern (darunter auch Tataren), zwischen Madjaren und Ungarn oder Ungarländern (darunter auch Slowaken), zwischen Letten und Lettländern (darunter auch Russen) usw. Um der neuen ethnischen Heterogenität Deutschlands Rechnung zu tragen, könnte man auch zwischen Deutschen und Deutschländern unterscheiden, zu denen außer den Deutschen auch Dänen, Sorben, Italiener, Türken, Kurden, Kroaten, Juden und viele andere mehr gehören.

6   Das Migrationstempo ist höher als das sprachlich-ethnische Assimilationstempo, wodurch die ethnische Heterogenität der Nationalstaaten in Europa wieder zunimmt

Wie ist die wahrscheinliche Entwicklung in der nationalitäten- oder ethnopolitischen Frage in Deutschland und in Europa? Vorerst herrscht fast überall eine gesamtstaatliche oder regionale Assimilationspolitik vor. Gleichzeitig nimmt jedoch die ethnische Heterogenisierung der Bevölkerung wie des Staatsvolkes in allen Ländern zu, weil die grenzüberschreitende Migration innerhalb der EU und darüber hinaus rascher voranschreitet als die sprachlich-kulturelle Assimilation. Trotz aller Anreize oder auch Drucks zur Assimilation ist auch in Zukunft das Migrationstempo weitaus höher als das Assimilationstempo. Will man einen Rückfall in die Zeiten der ethnischen Vertreibungs- und Vernichtungspolitik zur erneuten Herstellung von annähernder ethnischer Homogenität der Staatsvölker und Landesbevölkerungen vermeiden, dann muß man Kompromisse zwischen der Hegemonie einer Sprache und Kultur in einem gegebenen Territorium und dem Verlangen nach sprachlich-kultureller Selbstbestimmung der Zugewanderten und Eingebürgerten finden. Das traditionelle Nationalstaatskonzept beruht allein auf dem ethnonationalen Schollenprinzip, d. h. der „ewigen" territorialen Verankerung einer Sprachkultur. Das entgegengesetzte Blutprinzip der sprachlich-kulturellen Fixierung allein auf eine Abstammungsgemeinschaft führt in letzter Konsequenz zu undemokratischer, „rassistischer" Abschottung der Ethnien voneinander. Ein modernes liberales, demokratisches und auch soziales Konzept des Nationalstaats ermuntert die ethnische Heterogenisierung des Nationalstaats, gestattet aber auch die freiwillige ethnische Assimilation. Dieses Konzept ist zwar noch auf längere Zeit nicht das vorherrschende, hat aber durchaus Chancen, sich auf die Dauer durchzusetzen.

Der jüdisch-arabische Konflikt um die Staatsbildung und -konsolidierung im Nahen Osten[11]

Zusammenfassung

Seit der Auflösung des Osmanischen Reiches im Nahen Osten in den Jahren 1917-1923 ist die Nationalstaatsbildung in dieser Region noch immer nicht gänzlich abgeschlossen. Die britische und französische koloniale Übergangsherrschaft, die Zersplitterung arabischer Herrschaftsansprüche sowie die jüdische Landnahme in Palästina ließen eine Vielfalt territorialer Herrschaftsgebilde mit häufig wechselnden Grenzen und eine nicht minder große Vielfalt arabischer sowie jüdischer Nationalismen entstehen, die nicht nur um die Herrschaft über Gebiete und um die Verschiebung ihrer Grenzen stritten, sondern auch um die ethnische Besiedlung und Vertreibung in manchen dieser Gebiete. Im Laufe des 20. Jahrhunderts hat jedoch die nationalstaatliche Struktur der Region nach vielen blutigen Auseinandersetzungen starke Züge einer dauerhaften Konsolidierung erhalten. Heute scheinen die Versuche zur arabischen Großstaatsbildung nicht nur der arabischen Partikularstaatlichkeit und den sie ideologisch absichernden Partikularnationalismen gewichen zu sein, auch die Aufspaltung der osmanischen Provinz Palästina in zwei arabische Staaten Jordanien, (Klein-)Palästina und in einen jüdischen Staat (Klein-)Israel scheint nur noch eine Frage der Zeit.

Nach wie vor sind aber großisraelische und großpalästinensische Bestrebungen sehr stark, bleibt der zukünftige Grenzverlauf umstritten und ist der endgültige Verbleib der aus Israel geflohenen und vertriebenen Araber ungeregelt. Auch über die Zukunft der israelisch besetzten und annektierten, aber völkerrechtlich zu Syrien gehörenden Golanhöhen sowie des vom Libanon beanspruchten, zu Syrien gehörenden und israelisch besetzten Gebiets der Schebaa-Bauernhöfe und der jüdischen Siedlungen im Westjordanland sowie des von Israel annektierten Ostjerusalems ist noch nicht entschieden. Außer um die territorialen, völkerrechtlichen Status- und Flüchtlingsfragen geht es auch um eine Regelung der äußeren und inneren Sicherheit sowie der Wasserversorgung in den Beziehungen zwischen Israel, den arabischen Staaten und den pa-

---

[11] 7. Mai 2007.

lästinensischen Gebieten sowie um die internationale wirtschaftliche Aufbauhilfe für das arabische Palästina.

Obwohl in den letzten 15 Jahren die internationale und auch die regionale Bereitschaft zu einer Zweistaatenlösung gewachsen ist und es einen prominenten konkreten Plan zur Revision des 1967er Grenzverlaufs zwischen Israel und den palästinensischen Gebieten („Genfer Initiative" von 2003) gibt, bleiben noch viele Einzelheiten einer Zweistaatenlösung und der Abfolge der Schritte zu ihrer Realisierung heftig umstritten.

Ein Durchbruch in den zahlreichen öffentlichen und wohl auch geheimen Friedensgesprächen ist wohl nur im Falle größerer Veränderungen in den internationalen Rahmenbedingungen, vor allem in der US-amerikanischen Politik im Nahen und Mittleren Osten zu erwarten.

1   Konditionen eines Staates Palästina neben Israel und die Reihenfolge der Schritte zur wechselseitigen Anerkennung der jüdisch-arabischen Zweistaatlichkeit

Palästina ist neben Westsahara und der Antarktis das letzte staatenlose Gebiet auf der Erde. Seit dem Ende der osmanischen Herrschaft über große Teile der arabischen Welt in den Jahren 1917/18 hat sich in zahlreichen blutigen Konflikten und internationalen Verträgen eine neue Struktur von Nationalstaaten herausgebildet. Der Prozeß der Nationalstaatsbildung ist heute immer noch nicht abgeschlossen, vor allem noch nicht im Land westlich des Jordans, das nach vorherrschender völkerrechtlicher Auffassung seit 1967 in zwei Teile gegliedert ist, einerseits den Staat Israel und andererseits in die beiden palästinensischen Gebiete. Israel umfaßt 21.000 qkm, ist also etwa so groß wie Hessen, und hatte 2004 6,8 Millionen vornehmlich jüdische Einwohner, aber auch eine arabische Minderheit von 1,3 Millionen oder fast 20 Prozent der israelischen Staatsbürger. Das Westjordanland mit Ostjerusalem umfaßt 5700 qkm, ist also mehr als doppelt so groß wie das Saarland, und hatte 2,4 Millionen Einwohner, darunter 450.000 Juden in sich ständig ausweitenden jüdischen Siedlungsgebieten. Die kleine Exklave des Gazastreifens mit 365 qkm, also weit weniger Fläche als die der ehemaligen Exklave Westberlin, ist mit 1,4 Millionen Einwohnern äußerst dicht besiedelt. Im August 2005 ließ die israelische Regierung gegen heftigen Widerstand 21 jüdische Siedlungen mit 8500 Siedlern im Gazastreifen räumen, außerdem 4 kleinere Siedlungen im Westjordanland mit knapp 700 Siedlern. Der Gazastreifen und Teile des Westjordanlandes stehen seit dem Gaza-Jericho-Abkommen von 1993 unter der Verwaltung einer palästinensischen

Autonomiebehörde, deren Führung durch parlamentarische und Präsidenten-wahlen bestimmt wird. Israel hat 1980 Ostjerusalem annektiert, was internatio-nal nicht anerkannt wurde und revidierbar scheint. Ein Flickenteppich von meist widerrechtlich und durch Zwang errichteten israelischen Siedlungen zer-gliedert das Westjordanland.

Seit den beiden Intifadas („Erhebungen, Abschüttelungen") im Westjor-danland und im Gazastreifen und nur zum sehr geringen Teil unter den arabi-schen Israelis in den Jahren 1987-1993 und 2000-2005 ist die internationale, aber auch die israelische und arabische sowie palästinensische Bereitschaft ge-wachsen, aus dem Westjordanland und dem Gazastreifen einen Staat Palästina zu bilden. Einer Staatsbildung Palästinas stehen bislang mehrere Hindernisse im Wege. Ungeklärt ist bislang die Zukunft der jüdischen Siedlungsgebiete, da wohl nur wenige jüdische Siedler bereit sind, palästinensische Staatsbürger zu werden und die Siedlungen meist widerrechtlich errichtet wurden. In der von prominen-ten palästinensischen und israelischen Politikern und Intellektuellen ausgearbei-teten Genfer Vereinbarung vom Dezember 2003 werden einige Grenzverschie-bungen vorgeschlagen, wodurch einige jüdische Siedlungsgebiete Palästinas Israel und einige Gebiete Israels Palästina eingegliedert würden. Unentschieden ist auch die Zukunft der arabischen Flüchtlinge und Vertriebenen aus den Krie-gen zwischen Israel und den arabischen Staaten seit 1948, während die jüdi-schen Flüchtlinge aus den arabischen Ländern bereits vollständig in Israel und anderen Staaten integriert sind. Laut VN-Resolutionen steht lediglich den 1948 aus Israel geflüchteten und vertriebenen rund 750.000 Arabern und ihren Nach-kommen ein Rückkehrrecht nach Israel in ihre damaligen Wohngebiete und in ihr Eigentum zu. Dieses Rückkehrrecht wird jedoch von Israel strikt abgelehnt, obwohl seine Anerkennung Aufnahmebedingung in die VN war. Nicht als Flüchtlinge im Sinne der VN gelten die rund 250.000 bis 300.000 aus dem Westjordanland, dem Gazastreifen und den Golanhöhen 1967 geflüchteten Araber. Unter den Flüchtlingen waren die Geburtenraten im vergangenen hal-ben Jahrhundert recht hoch.

Man schätzt, daß es 2002 rund fünf Millionen palästinensische Flüchtlinge gab, von denen 3,9 Millionen bei der UNRWA, der Flüchtlingsbehörde der VN, registriert sind. Ein Drittel der registrierten Flüchtlinge leben noch heute in Flüchtlingslagern in den beiden palästinensischen Gebieten und in den arabi-schen Nachbarstaaten. Im Gazastreifen machen die registrierten Flüchtlinge 78 %, im Westjordanland etwa 30 % und in Jordanien, das bis 1988 das Westjor-danland annektiert hatte, über 30 % der Bevölkerung aus. Größere Flüchtlings-gruppen leben auch im Libanon und in Syrien, bis zum 2. Golfkrieg auch in

Kuwait. Nur in Jordanien sind die Flüchtlinge bürgerrechtlich und zum Teil auch sozial voll integriert.

Mit der Statusfrage Palästinas, den Grenzfragen und den Flüchtlingsfragen sind außerdem völkerrechtliche, militärische und polizeiliche Sicherheitsfragen, wasserrechtliche und allgemeine ökonomische und soziale Entwicklungshilfe-fragen des zukünftigen Staates Palästina verbunden. Völkerrechtlich ist die internationale Anerkennung eines Staates Palästina mit einer Anerkennung des Staates Israel durch die politischen Vertretungen der Palästinenser und durch die arabischen Staaten untrennbar verknüpft. Militärpolitisch geht es nicht nur um die zukünftige militärische Struktur Palästinas, sondern auch um die militärische Sicherheit Israels gegenüber seinen anderen Nachbarstaaten. In diesem Zusammenhang gilt es eine Regelung für die von Israel seit 1967 besetzten und 1981 annektierten, aber nach allgemeiner völkerrechtlicher Auffassung zu Syrien gehörenden Golanhöhen zu finden, von denen aus die syrische Artillerie früher leicht israelische Siedlungen beschießen konnte. Polizeipolitisch geht es um eine effektive Unterbindung arabischer terroristischer Aktivitäten in Palästina und in den arabischen Nachbarstaaten Israels.

Regelungsbedürftig ist auch die Frage der zukünftigen staatlichen Zugehörigkeit des derzeit von Israel besetzten, 28 qkm umfassenden Gebiets der Schebaa-Bauernhöfe, das von Libanon beansprucht wird und vor 1967 von libanesischen Bauern genutzt wurde, aber nach Auffassung der Vereinten Nationen noch zu Syrien gehört, das es bis 1967 verwaltet hatte, obwohl es 1951 die Übereignung dieses kleinen Gebiets an den Libanon versprochen hatte.

2   Gewaltbeendigung als Voraussetzung oder Folge einer politischen Einigung über die Gründung des Staates Palästina und die arabische Anerkennung des Staates Israel

Israel hat bisher stets seine Anerkennung als souveräner und unabhängiger Staat in seinen bestehenden Grenzen und die Unterbindung gewaltsamer und terroristischer Aktivitäten durch die palästinensische Autonomiebehörde und die maßgeblichen palästinensischen politischen Parteien als Voraussetzung für Verhandlungen über die Bildung eines Staates Palästina gefordert. Es wurde in dieser Position stets nachdrücklich durch die USA, im Prinzip aber auch durch die anderen Mitglieder des Nahost-Quartetts EU, Rußland und die Vereinten Nationen unterstützt. Dieses Nahost-Quartett hatte im September 2002 einen detaillierten Verfahrensplan (Roadmap) zur Beendigung des Nahostkonflikts in drei Stufen ausgearbeitet und den Konfliktparteien im April 2003 vorgelegt, die bis Ende 2005 beschritten werden sollten. In diesem wurde außer der Gewalt-unterbindung durch die palästinensischen Behörden ihre Demokratisierung gefordert, außerdem in Stufe 2 zunächst nur eine Staatsbildung in engeren pro-visorischen Grenzen.

Umgekehrt forderte die Arabische Liga, ein Bündnis der 21 arabischen Staaten und der Palästinenserorganisation, auf ihrem Gipfeltreffen in Beirut im März 2002 den Rückzug der israelischen Truppen aus den 1967 besetzten Ge-bieten und die Bildung des Staates Palästina mit Ostjerusalem als Hauptstadt als Voraussetzung für einen umfassenden Frieden im Nahen Osten und der Aner-kennung Israels durch alle arabische Staaten. Sie rechtfertigte die palästinensi-sche Gewalt stets als Widerstand gegen die israelische Besatzungspolitik.

Nach wie vor gibt es jedoch auf palästinensischer wie auf israelischer Seite unterschiedlich starke politische Kräfte mit maximalistischen Forderungen. Extremistische Juden streben noch immer die Ausweitung Israels und des jüdi-schen Siedlungsgebiets auf das ganze oder den größten Teil des palästinensi-schen Gebiets oder gar des Sinais, Südlibanons und Jordaniens mit dem Ziel der Vertreibung aller oder vieler Araber aus Großisrael an. Wohl verhältnismäßig mehr extremistische Araber verfolgen das Ziel einer Beseitigung des Staates Israels und der Vertreibung aller oder vieler Juden aus Großpalästina und die Rückkehr der palästinensischen Flüchtlinge in ihre Heimat vor 1948 bzw. vor 1967. Wegen dieser maximalistischen Zielsetzungen steht einerseits das Kon-zept einer Staatsbildung Palästinas mit engen provisorischen Grenzen unter dem Verdacht, die provisorischen sollten letztlich zu dauerhaften Grenzen eines nicht lebensfähigen Staates Palästina gemacht werden, andererseits das Konzept einer Staatsbildung Palästinas in den Grenzen von 1967 unter dem Verdacht, nur eine Vorstufe zur weiteren Bekämpfung der Existenz Israels zu sein. Die Unvereinbarkeit der Teillösungen und Stufenpläne spricht dafür, daß in interna-tionalen Verhandlungen zwischen Israel, den Palästinensern, dem Nahostquar-tett und den maßgeblichen arabischen Staaten, insbesondere Syrien und Liba-non sowie Ägypten und Saudi-Arabien, eine Paketlösung aller territorialen und der anderen umstrittenen Fragen angestrebt werden müßte.

3 Die Gründung Israels durch die Vereinten Nationen ohne Zustimmung der Araber und die langsame arabische und jüdische Anerkennung der Existenz Israels in den Grenzen von 1967

Der Konflikt um die arabische und jüdische Nationalstaatsbildung hat im aus-gehenden 19. Jahrhundert mit dem Entstehen arabischer und jüdischer Nationalismen begonnen, die sich die Bildung eines oder mehrerer arabischer Nationalstaaten und eines jüdischen Nationalstaats auf dem Territorium des Osmanischen Reiches zum Ziel setzten. Er wurde zusätzlich durch die spätkolonialistische Konkurrenz Großbritanniens und Frankreichs um das osmanische Reichserbe von 1917 bis 1948, die deutsche, nationalsozialistische Politik der Vernichtung des europäischen Judentums und die 1947 einsetzende Intensivierung des West-Ost-Konflikts zwischen den drei großen Westmächten und der Sowjetunion kompliziert. Die modernen, säkularen nationalstaatlichen Programme wurden oftmals mit älteren religionspolitischen Vorstellungen, ethnoreligiösen Geschichtsbildern und Mythen verwoben, mit denen moderne nationale Ansprüche auf größere Territorien und eng begrenzte heilige Stätten des Judentums, des Christentums und des Islams legitimiert und unterstützt wurden und bis heute werden. Dies führte dazu, daß oftmals nicht der moderne Gedanke des Willens der Regierten über ihre Regierung und ihre staatliche Zugehörigkeit bei der Staatsbildung für entscheidend gehalten wurde, sondern die Restauration ausgewählter tatsächlicher oder fiktiver historischer Zustände sowie Kalküle der Kräftekonstellation zwischen den Großmächten und zwischen den Regionalmächten des Nahen und Mittleren Ostens.

Im 1. Jahrhundert mußte der größte Teil des jüdischen Volkes Palästina verlassen. Im 7. Jahrhundert eroberten die Araber den Nahen Osten und besiedelten große Teile desselben. In der wechselvollen Geschichte der Kreuzzüge errichteten mehrmals Christen ihre Herrschaft über das „heilige Land", was sich im Bewußtsein vieler Völker bis heute tief verankert hat. Im Jahre 1517 lösten die Osmanen die arabische Herrschaft im Nahen Osten ab und übernahmen gleichzeitig das islamische Kalifat für vier Jahrhunderte, bis es 1924 kurz nach der Auflösung des Osmanischen Reiches erlosch.

Im letzten Drittel des 19. Jahrhunderts entfaltete sich fast überall in Europa ein moderner säkularer, ethnisch-rassischer Antisemitismus, der den traditionellen christlichen Antijudaismus modifizierte und zum Teil gänzlich ablöste. Juden-Pogrome, also kurzzeitige teils von staatlichen Behörden und gesellschaftlichen Vereinigungen organisierte, teils spontane Gewaltexzesse mit vielen Todesopfern riefen 1882 eine erste jüdische Einwanderungswelle mit 30.000 Personen in die beiden osmanischen Vilayets (Provinzen) Beirut und Damaskus im historischen Palästina hervor.

Die Idee der Gründung eines modernen jüdischen Nationalstaates entstand jedoch erst später. Sie wurde maßgeblich durch die kleine, 1896 veröffentlichte Schrift „Der Judenstaat. Versuch einer modernen Lösung der Judenfrage" Theodor Herzls (1860-1904), des Pariser Korrespondenten einer angesehenen Wiener Tageszeitung, der in Budapest geboren worden war, befördert. Herzl hatte bereits den in den 1870er Jahren aufkeimenden österreichisch-ungarischen Antisemitismus erlebt und wurde im Herbst mit der Dreyfus-Affäre konfrontiert, der unberechtigten und antisemitisch begründeten Verdächtigung und Verurteilung des Elsässer jüdischen Hauptmanns Alfred Dreyfus (1859-1935) wegen des Verrats militärischer Geheimnisse an Deutschland, die eine umfangreiche antisemitische Kampagne auslöste, später aber auch eine Bewegung zur Rehabilitation des Offiziers, in der der berühmte offene Brief Émile Zolas „J'accuse" eine wichtige Rolle spielte. Theodor Herzl schlug vor, einen jüdischen Staat in Argentinien oder in Palästina zu gründen unter der sicherheitspolitischen Schirmherrschaft eines großen Staates, wobei zwei jüdische Organisationen die Auswanderung in die neue nationale Heimstätte der Juden und den Erwerb von Grundbesitz und Investitionsgütern in der neuen Heimat organisieren sollten. Er vertraute hierbei fest auf den Wunsch vieler Juden auf ein von Verfolgungen und ethnisch-religiösen Benachteiligungen freies und menschenwürdiges Leben und rechnete damit, daß der Antisemitismus in Europa in erster Linie die armen, später auch die wohlhabenden und vielleicht auch letztendlich die reichen Juden, soweit sie sich nicht erfolgreich in ihren jeweiligen Wohnländern assimilieren konnten, zur Emigration und zur Förderung der Idee eines jüdischen Nationalstaats drängen werde.

Bereits ein Jahr nach dem Erscheinen der programmatischen Schrift Herzls trat im August 1897 der erste Zionistische Kongreß in Basel zusammen, der sich für Palästina als „öffentlich-rechtlich gesicherte Heimstätte" der Juden entschied und später immer wieder vorgeschlagene territoriale Alternativen (zeitweise wurde Uganda oder der Sinai vorgeschlagen, später von den Sowjetkommunisten Birobidschan am Amur und den Nationalsozialisten auch Madagaskar) verwarf. Unter Heimstätte wurde vor allem ein jüdisches Siedlungsgebiet, aber teilweise auch bewußt die politische Forderung verschleiernd ein Staat verstanden. Während Herzl noch davon ausging, daß Deutsch als die Hochsprache des jiddischen Volksdialekts die zukünftige Landessprache des Judenstaates sein werde, wurde in den 1930er Jahren das von der Mehrzahl der Einwanderer aus Osteuropa gesprochene Jiddische als Staatsprache erwogen. Nach dem Holokaust kam wegen der Nähe des Jiddischen zum Deutschen nur noch das Iwrit oder Neuhebräische, eine Modernisierung der bis weit ins 20. Jahrhundert hinein fast nur noch als Sakralsprache benutzten hebräischen Sprache, das vor alle von dem in der Nähe von Vilnius im heutigen Belarus geborenen und 1881 nach Palästina emigrierten Eliezer Ben Jehuda (1858-1922) entwickelt und verbreitet worden war, als jüdische Staatssprache Israels in Frage. Heute sollen bereits 60 % der Bevölkerung Israels Iwrit sprechen.

Man schätzt, daß zu Beginn des 19. Jahrhunderts bis zu 300.000 Menschen in Palästina lebten, darunter 7-10.000 Juden. Hundert Jahre später war die Bevölkerung auf 500.000 angewachsen, darunter weniger als 10 % Juden. Trotz einer 2. jüdischen Einwanderung von 40.000 Personen verringerte sich der Anteil der Juden an der palästinensischen Bevölkerung nach dem 1. Weltkrieg auf rund 8 %, die 2 % des Bodens besaßen.

Unabhängig vom jüdischen Landnahme-Nationalismus entwickelte sich im 19. Jahrhundert der arabische Nationalismus. Er erhielt Auftrieb, nachdem im Osmanischen Reich die Versuche gescheitert waren, zuerst durch einen Osmanismus (Gleichberechtigung aller Reichsuntertanen und Abschaffung der Minderberechtigung der nichtmuslimischen Schutzbefohlenen oder Dhimmi), dann durch einen Panislamismus eine Massenlegitimation zu erlangen, und der Turkismus der „Jungtürken" 1908 in der Führung des Osmanischen Reiches die Oberhand gewann, der die Araber und Kurden ausgrenzte und benachteiligte. Als die Osmanen im Ersten Weltkrieg auf Seite der Deutschen in den Ersten Weltkrieg eingriffen, begann Großbritannien in den Jahren 1915/16 Araber zur Rebellion gegen die osmanische Herrschaft durch das Versprechen eines arabischen Staates zu ermuntern. Im Sykes-Picot-Abkommen vom 16. Mai 1916 grenzten jedoch Frankreich und Großbritannien ihre Interessensphären im Nahen Osten voneinander ab. Nur kurze Zeit später versprach am 2. November 1917 Großbritannien den Juden in der Balfour-Deklaration kurz vor der Eroberung Jerusalems durch britische Truppen, die aus Ägypten mit arabischer Unterstützung vorrückten, eine nationale Heimstätte in Palästina, wozu damals die heutigen Gebiete Israels, der Palästinenser und Jordaniens gerechnet wurden. Dabei sollten die „bürgerlichen und religiösen Rechte der bestehenden nichtjüdischen Gemeinschaften (gemeint waren die muslimischen und christlichen Araber) in Palästina" nicht in Frage gestellt werden. Die Widersprüche in der britischen Palästinapolitik waren damals und in den folgenden Jahrzehnten teils unterschiedlichen Bestrebungen innerhalb des britischen Regierungssystems, teils bewußten Uneindeutigkeiten gegenüber den jüdischen und arabischen Verhandlungspartnern geschuldet.

Während viele Zionisten an keiner Staatsgründung Interesse hatten, bevor in Palästina durch Einwanderungen eine jüdische Mehrheit entstanden war, stellten sich viele Araber eine sofortige arabische Staatsbildung nach dem Ersten Weltkrieg vor. Die noch 1916 gehegten Hoffnungen auf ein „Königreich der arabischen Länder" unter der haschemitischen Dynastie Husseins, des sich auf die Abstammung von Mohammed berufenden Scherifen von Mekka und späteren Königs des Hedschas, der die arabischen Gebiete im Osten Ägyptens vereinigen und auch das arabische Kalifat wiederbeleben wollte, zerschlugen sich rasch ebenso wie das spätere bescheidenere Programm eines „Vereinigten Königreichs von Syrien", zu dem auch der Libanon und Palästina gehören sollten, das im März 1920 unter König Feisal proklamiert wurde, dem Sohn Husseins. Französisches militärisches Eingreifen und die spätkolonialen Gebietsteilungen in ein französisches (Syrien und Libanon) und ein britisches Mandatsgebiet (Mesopotamien, aus dem 1932 der Staat Irak hervorging) sowie einem Völkerbundsmandatsgebiet, das 1922 ebenfalls an Großbritannien übertragen wurde, bereiteten den Träumen von einem großen arabischen Nationalstaat ein Ende.

Das Palästina-Mandat trat nach dem Friedensvertrag von Lausanne zwischen den Siegermächten und der Türkei im September 1923 in Kraft und beinhaltete explizit auch die Balfour-Deklaration. Zuvor hatte sich Großbritannien bereits im März 1921 bei einer Konferenz in Kairo auf arabischen Druck hin bereit erklärt, die Gültigkeit der Balfour-Deklaration auf Palästina westlich des Jordans zu begrenzen. Dies wurde 1923 noch dadurch unterstrichen, daß das östliche Mandatsgebiet zu einem autonomen Emirat Transjordanien unter einem zweiten Sohn Husseins ausgestaltet wurde. Den von den Franzosen vertriebenen Feisal machten die Briten zum König des Iraks, während der Hedschas 1926 in den Staat der Saudis einverleibt und die Kalifatsidee Husseins begraben wurde. Die Briten und später auch andere externe Mächte sorgten dafür, daß die Küstengebiete der arabischen Halbinsel unter autonome arabische Herrschaftsgebiete aufgeteilt blieben. Frankreich teilte sein Mandatsgebiet in Großlibanon und ein verkleinertes Syrien. Damit war das arabische Gebiet östlich Ägyptens bereits wenige Jahre nach dem 1. Weltkrieg vielfach in quasistaatliche Einheiten zersplittert, die erst Jahre und Jahrzehnte später in vielen kleinen Schritten die Unabhängigkeit erlangten. Die Herrschaftsinteressen der arabischen Eliten haben das postkoloniale Erbe partikularer arabischer Nationalstaatlichkeit verfestigt, obwohl es seit dem 2. Weltkrieg wiederholt zu zahlreichen Versuchen freiwilliger oder militärisch erzwungener Zusammenschlüsse arabischer Staaten kam. Am spektakulärsten war die Vereinigung Ägyptens und Syriens in der Vereinigten Arabischen Republik von 1958-61, mit der sich auch Nordjemen in lockerer Form verband.

Seit 1920 begannen Araber die jüdische Einwanderung in Palästina zu bekämpfen, zum Teil mit blutigen Gewaltakten. Faisal hatte noch im Januar 1919 die Balfour-Deklaration in einer Vereinbarung mit Chaim Weizman begrüßt, da er annahm, die Juden würden sich mit einigen autonomen Siedlungsgebieten im unabhängigen arabischen Reich Großsyrien, das den Libanon und Palästina einschloß, begnügen. Am Ende des 1. Weltkrieges waren 8 % der Bevölkerung Palästinas Juden, die 2 % des Bodens besaßen. Durch eine weitere Einwanderung von 90.000 Juden erhöhte sich ihr Anteil an der Bevölkerung bis 1929 auf 15 %. Nach dem Sieg der Nationalsozialisten in Deutschland wuchs die Einwanderungsquote sprunghaft von 4.000 (1931) auf 60.000 (1935). Bei Beginn des Zweiten Weltkrieges versuchten die Briten die Araber nicht in die Hände Deutschlands zu treiben und verboten die Zuwanderung weiterer Juden nach Palästina. Aber den Zionisten gelang es, eine umfangreiche illegale Einwanderung (ca. 100.000 Personen) zu organisieren. Während der ganzen Dauer der britischen Herrschaft in Palästina kam es wiederholt zu blutigen Auseinandersetzungen zwischen Arabern und Juden und beider mit den britischen Behörden. Nach 1945 weigerten die USA sich, zahlreiche de m Holokaust und neuen polnischen Pogromen entkommene und in die US-amerikanische Zone in Deutschland geflohene Juden im eigenen Land aufzunehmen und drängten Großbritannien, 100.000 von ihnen nach Palästina einreisen zu lassen. 1947 lebten bereits über 0,6 Millionen Juden neben 1,4 Millionen Arabern in Palästina, also rund 30 %. Zionistische Attentate gegen die britischen Behörden und blutige jüdisch-arabische Auseinandersetzungen veranlaßten Großbritannien, im Zusammenhang mit dem Verlassen des indischen Subkontinents auch die Rückgabe des Völkerbundmandats für Palästina anzukündigen. Auch unter dem Eindruck des Holokaust empfahl die Mehrheit der Vollversammlung der Vereinten Nationen gegen die Stimmen der fünf arabischen sowie der muslimischen Staaten in der VN und bei Stimmenthaltung Großbritanniens und einiger anderer Länder, das Gebiet westlich des Jordans in einen jüdischen mit 56 % (unter Einschluß der Wüste Negev) und einen arabischen Staat mit 43 % des Territoriums sowie (auf Initiative des Vatikans und der katholischen Staaten Lateinamerikas) eine internationaler Verwaltung zu unterstellende Stadt Jerusalem zu teilen. Wichtig war, daß die Sowjetunion damals die Araber als Gefolgsleute des britischen Imperialismus ansah, Israel hingegen als ein das Britische Reich schwächendes Projekt, dessen Kibbuze zudem als landwirtschaftliche Kollektive und Ansätze eines israelischen Sozialismus wahrgenommen wurden.

Selbst im geplanten jüdischen Staat waren die Juden offenbar noch eine Minderheit. Am 15. Mai 1948, dem Tage der Beendigung des britischen Mandats und einen Tag nach Ausrufung des israelischen Staates, der sogleich von den USA und der UdSSR anerkannt wurde, begannen die Armeen Ägyptens, Transjordaniens, Syriens, Iraks und Libanons ihren Angriff auf Israel. Tschechoslowakische Waffenlieferungen und Militärausbilder leisteten auch noch nach dem kommunistischen Februarumsturz 1948 einen vielleicht den Krieg mitentscheidenden Beitrag für Israels Streitkräfte. Nach Kriegsende und den bilateralen Waffenstillständen hatte sich Israel territorial erheblich vergrößert, waren rund 750.000 Araber aus Israel geflüchtet oder vertrieben und flohen mindestens 600.000 Juden aus den arabischen Ländern nach Israel. Erst jetzt war eine klare jüdische Mehrheit im Staat Israel entstanden. Transjordanien annektierte das Westjordanland und nannte sich nunmehr Jordanien, Ägypten besetzte den Gazastreifen, ohne ihn zu annektieren.

In den Folgejahren wandte sich der arabische Nationalismus vornehmlich gegen Großbritannien und Frankreich, weshalb die von ihm erfaßten arabischen Staaten als politische Partner der Sowjetunion interessant wurden, anfangs insbesondere Ägypten unter der Führung Gamal Abdel Nassers (1954-1970 Staatspräsident), später Irak und Syrien unter der Führung von seit 1963 herrschenden arabisch-sozialistischen Baath-Parteien und noch später auch Südjemen, Algerien und Libyen. Bereits bald nach der Gründung Israels entstand in der Sowjetunion ein militanter Antizionismus, teilweise auch Antisemitismus, so daß die Gründung Israels durch die Vereinten Nationen nur in einem kurzen historischen Zeitfenster von wenigen Jahren, vielleicht sogar nur von Monaten in einem noch frühen Stadium des Ost-West-Konflikts möglich gewesen ist.

Zu den nächsten wichtigen Etappen im arabisch-israelischen Verhältnis gehören außer den zahlreichen Kriegen vor allem die Bildung der Palästinensischen Befreiungsorganisation PLO auf Initiative Nassers im Jahre 1964 und vor allem die Entstehung eines separaten palästinensischen Nationalbewußtseins, nachdem sich die Araber in Palästina von den arabischen Staaten nach dem Sechstagekrieg von 1967 im Stich gelassen fühlten und der äußerst blutige „schwarze September" 1970 in Jordanien, in dem viele Tausend Palästinenser umkamen, bei die Idee eines arabischen Großpalästinas begrub. Im Juli 1988 verzichtete Jordanien auf das Westjordanland, wodurch nach dem Gazastreifen das gesamte übrige palästinensische Gebiet staatenlos wurde. Die Israelis und viele Juden hingen jedoch noch lange an der Gesamtverantwortung „der Araber" für das Schicksal der arabischen Flüchtlinge aus Israel fest und negierten die Existenz einer arabisch-palästinensischen Nation mit dem Anspruch auf einen eigenen Staat. Erst die Intifadas bereiteten die politisch-psychologische Basis auch in Israel wie im Westen für die Schaffung eines palästinensischen Staates und das politische Programm „Land für Frieden".

Umgekehrt schufen die zahlreichen militärischen Niederlagen der arabischen Staaten und die beharrliche und harte militärische Reaktion Israels auf die palästinensischen Terrorakte, die kontinuierliche Unterstützung der USA für Israel und später der Untergang der Sowjetunion auf Seiten der arabischen Politiker die Bereitschaft, den Staat Israel anzuerkennen. Ägypten war mit seinem Friedensvertrag mit Israel bereits im März 1979 nach einer Kehrtwende seiner Außenpolitik gegenüber der Sowjetunion und den USA vorangegangen. Jordanien folgte mit seinem Friedensvertrag vom Oktober 1994 und Saudi-Arabien und die Arabische Liga mit ihrem Einverständnis mit einer israelisch-palästinensischen Zweistaatlichkeit im Jahre 2002. Schon vorher waren in der internationalen wie in der starken jüdischen und in der sehr schwachen palästinensischen Friedensbewegung die Hoffnungen auf einen gemeinsamen jüdisch-arabischen Staat in Palästina gestorben, so daß das Konzept der ethnonationalen Zweistaatlichkeit seit dem Beginn der 1990er Jahre sämtliche Varianten einer jüdischen, arabischen oder kooperativ jüdisch-arabischen Einstaatlichkeit in Palästina verdrängt hatte.

Der erste zaghafte Schritt zur Zweistaatlichkeit im Osloer Friedensprozeß von 1993-2000 hat zwar nur beschränkte Teilerfolge gebracht, aber beide Seiten können den Weg zur Zweistaatlichkeit auch danach trotz aller zeitweiligen Zuspitzungen der Lage im arabisch-palästinensischen Verhältnis und in gesamten nahöstlichen Kräfteverhältnissen nicht mehr verlassen. Von der Niederlage des Saddam Hussein-Regimes gegen die USA und ihre Kriegsverbündeten hatten manche nicht nur eine Demokratisierung Iraks, sondern auch neue Impulse für den Frieden zwischen Israel und den Palästinensern erwartet: Nunmehr scheint umgekehrt die Schwächung der Nahostpositionen der USA ein Motiv für Kompromisse mit dem Libanon und Syrien, vielleicht sogar dem Iran zu sein und eine dauerhafte Friedensordnung zwischen Israel und einer sich wandelnden Hamas- und PLO-Führung der Palästinenser zu begünstigen. Zudem wird in Israel nach dem jüngsten Libanon-Krieg die Sorge breiter, daß dieses Land sich historisch zu Tode siegen könnte, während sich bei den Palästinensern und Libanesen wohl die Einsicht verbreitern wird, daß ihre politischen Maximalforderungen sie immer tiefer ins wirtschaftliche und soziale Elend stoßen.

4   Unterschiedliche Risiken fortgesetzter Gewalt ohne die Gründung des Staates Palästina

Keine staatliche Macht ist in der Lage, sozusagen über Nacht eine umfangreiche politische Gewaltanwendung zu vermeiden. Je näher Friedensverträge zwischen Israel und der palästinensischen Autonomiebehörde , Syrien, dem Libanon und dem Irak kommen, desto mehr steigt auf allen Seiten sogar die Gefahr der nationalen Spaltung und der innernationalen Gewaltanwendung radikaler politischer Kräfte gegen die gemäßigten, kompromißbereiten Friedenskräfte, vor allem diejenigen, die von einem früheren Konfrontationskurs zu einem zukünftigen Kooperationskurs übergehen und den politischen Ausschlag geben. Die Ermordung Anwar as-Sadats 1981 und Jitzchak Rabins 1995 steht beispielhaft für diese Gefahr. Staatliche Macht kann jedoch die staatlich organisierte und begünstigte Gewalt unterbinden, was in gewaltsamen Konflikten nur selten einseitig möglich und in aller Regel an Vereinbarungen zwischen den Konflikt-parteien gebunden ist.

Die Tradition der israelischen massiven gewaltsamen Vergeltung palästi-nensischer Gewaltattacken, die ihrerseits wieder zur Rechtfertigung neuer Akti-onen der terroristischen Bekämpfung Israels diente, ließ bislang immer wieder Zyklen der Gewalteskalation entstehen, die durch Phasen der Ermattung der Gewaltparteien, ihrer partiellen Delegitimation in der eigenen Bevölkerung und durch Friedensinitiativen unterbrochen wurden. Die Einrichtung der palästi-nensischen Autonomiebehörde mit eigenen Polizeikräften, die unter anderem der Eindämmung der gesellschaftlich organisierten Gewalt dienen sollte, erwies sich als durchaus ambivalent. Es entstand in Israel zumindest der Verdacht, daß die Palästinenserführung oder Teile der Behörden weiterhin gewaltbereite palä-stinensische Gruppen duldeten, ermunterten oder gar förderten. Umgekehrt erweckte die israelische massive Vergeltungspolitik den Eindruck, sie wolle die Autonomiebehörde systematisch zerstören und in den Augen der Palästinenser schwächen und durch die indirekte Förderung des palästinensischen Terrors die harte israelische Politik der Unversöhnlichkeit rechtfertigen, in deren Schatten die weitere jüdische Siedlungsexpansion in den Palästinensergebieten vorange-trieben werden konnte.

Die jüdische Siedlungsexpansion und die massive israelische Vergeltungs-politik dienten immer wieder zur Schwächung gemäßigter und kompromißbe-reiter palästinensischer Politiker und zur Rechtfertigung gewaltsamer Rachea-ktionen. Die antagonistische Kooperation unversöhnlicher und radikaler jüdi-scher und palästinensischer politischer Gruppen und zeitweiliger Stimmungen in beiden Bevölkerungen, die immer wieder die wechselseitige Gewaltbereit-schaft schürt, kann kaum von einer Seite allein durchbrochen werden. In vielen historischen Situationen hat sich gezeigt, daß der Schritt zur Beendigung wech-selseitiger Gewalt zwar durch Friedensbewegungen stimuliert werden kann, aber nur durch politische Autoritäten gegangen werden kann, die in der Vergangen-heit bereit waren, die Interessen der eigenen Konfliktpartei auch mit Gewalt zu verteidigen.

Der Aufbau eines palästinensischen Polizeiapparates und anderer staatli-cher Institutionen bleibt unvermeidlich ambivalent. Dies verringert zweifellos die Chancen direkten Eingreifens israelischer bewaffneter und ziviler Kräfte in den Palästinensergebieten. Er wird von manchen Palästinensern zweifellos auch nur als taktische Zwischenetappe und als politischer Hebel zur Befreiung Großpalästinas von israelischer Staatlichkeit und der Wiederherstellung einer arabischen Bevölkerungsmehrheit in diesem Gebiet verstanden. Außerdem ist nicht damit zu rechnen, daß selbst bei bestem Willen eine palästinensische Regierung und ihr Staatsapparat in der Lage sein werden, jegliche terroristische Aktivitäten von einzelnen oder Kleingruppen zu verhindern. Zudem hat sich bei den Wahlen zum palästinensischen Parlament im Januar 2006 zum wiederholten Male gezeigt, daß aus demokratischen Wahlen keineswegs immer demokratische und friedenswillige Parteien als Wahlsieger hervorgehen, sie also die Legitimität unversöhnlicher Gewaltpolitik sogar zeitweise stärken können.

Dennoch ist die Bildung staatlicher palästinensischer Institutionen mit der Etablierung von gesellschaftlichen Erwartungen der Bevölkerung und der Staatsbediensteten an staatliche Leistungen verknüpft, die von den Inhabern der staatlichen Macht auf Dauer nicht ignoriert werden können. Dies führt zur Konstitution von staatlichen Interessen, darunter auch an der Kontrolle von nach innen und außen ausgeübter Gewalt, zumal wenn das staatliche Budget von internationalen Zuwendungen abhängig ist. So spricht viel dafür, daß der Aufbau und die Stärkung des palästinensischen Staats- und Gewaltapparats zwar die israelische Kontrolle über die palästinensischen Gewaltmittel verringert, aber das palästinensische Interesse an einer eigenverantwortlichen Kontrolle der Gewaltanwendung durch Palästinenser erheblich stärkt, zumal, wenn die auswärtigen arabischen und westlichen Sponsoren effektive Kontrollmechanismen für die vertraglich vereinbarte Nutzung ihrer Gelder einrichten.

5   Politische Einigung über die Gestaltung des Verhältnisses zwischen Israel und dem zu gründenden Staat Palästina als Erleichterung der Beendigung der Gewalt und der gesellschaftlichen Minorisierung jüdischer und arabischer Maximalisten

Die Grundzüge einer dauerhaften Friedensordnung im Nahen Osten sind heute durchaus schon erkennbar und international kaum noch umstritten. Sie scheinen auch schon in großen Teilen der Bevölkerung der Konfliktparteien im Prinzip akzeptabel, wenn sie in ein soziales Begleitprogramm eingebettet werden. Vor allem die territorialen und Statusprobleme dürften mittlerweile lösbar geworden sein. Die Bildung eines unabhängigen, lebensfähigen Staates Palästina bei gleichzeitiger Anerkennung Israels ist mittlerweile nicht mehr umstritten, wobei beide Staaten im Prinzip die Grenzen von 1967 besitzen sollen, was nicht ausschließt, einen geringfügigen Gebietsaustausch zur besseren Anpassung der Staatsgebiete an die ethnischen Siedlungsgebiete vorzunehmen. Ein entsprechender, ins Einzelne gehender Vorschlag der Genfer Initiative liegt hierfür vor. Ostjerusalem könnte die international anerkannte Hauptstadt Palästinas werden,

Westjerusalem die Hauptstadt Israels. Ein internationaler Vertrag könnte das Rüstungsniveau Palästinas festlegen. Die Golanhöhen müßten zu Syrien zurückkehren, aber mit internationalen Garantien entmilitarisiert werden. Die Nutzung der Gewässer des Golans ließe sich vertraglich regulieren. Das Gebiet der Schebaa-Bauernhöfe wäre nach einem internationalen Schiedsspruch entweder an Syrien oder den Libanon anzugliedern. Das ungelöste Palästinaproblem war bisher ein wesentlicher Stimulus panarabischer Bestrebungen. Die Konstitution des arabischen Staats Palästina würde das gesamte arabische Staatensystem stabilisieren und die Sicherheit Israels beträchtlich stärken.

Eine umfassende Friedenserhaltungs- und konsolidierungsaktion der Vereinten Nationen hätte gleichzeitig zwei Aufgaben anzugehen: erstens Assistenz von internationalen militärischen, polizeilichen und zivilen Kräften beim Aufbau von staatlichen Institutionen und gesellschaftlichen Organisationen, welche die innere und äußere Sicherheit Palästinas und die Sicherheit Israels vor gewaltsamen Angriffen aus arabischen Ländern gewährleisten sowie die wirtschaftliche, soziale und zivile Entwicklung Palästinas in die Wege leiten. Für diese internationale Assistenz sollten von vornherein Befristungen festgelegt werden. Zweitens sollte durch ein Programm der Friedenskonsolidierung die Entschädigung für in Israel verlorenes Eigentum und für die bürgerrechtliche, soziale und wirtschaftliche Integration der palästinensischen Flüchtlinge in ihre derzeitigen Wohnländer oder in andere Staaten, die bestimmte Flüchtlingskontingente aufzunehmen bereit sind, finanziert und organisiert werden. Die Kosten für eine solche Friedenserhaltungs- und konsolidierungsaktion der Vereinten Nationen für Palästina und die palästinensischen Flüchtlinge sind sicherlich ungewöhnlich hoch, aber äußerst bescheiden im Vergleich zu den Kosten der bisherigen Kriege im Nahen Osten und der bisherigen militärischen und polizeilichen Sicherheitsmaßnahmen gegenüber kriegerischen und terroristischen Bedrohungen, die nach einigen Jahren drastisch reduziert werden könnten. Nach Möglichkeit sollten die Vereinten Nationen, die für die Teilung Palästinas seit 1948 verantwortlich sind, die Kosten nach ihren üblichen Verteilungsschlüsseln untereinander aufteilen. Zusätzlich könnten jedoch die westlichen und die arabischen Staaten sowie privatgesellschaftliche Organisationen nach dem Muster der jüdischen Landnahme in Palästina Mittel für die wirtschaftliche Integration der Palästinenser in ihren bisherigen oder neuen Wohngebieten aufbringen.

6   Die geschwächte US-amerikanische Hegemonie im Nahen und Mittleren Osten als günstige Gelegenheit für einen jüdisch-arabischen Kompromiß im Nahen Osten

Zur Zeit haben in Israel, in den palästinensischen Gebieten und in den USA die wenig kompromißbereiten politischen Kräfte die Oberhand. Dennoch wurde deren Position in den vergangenen Monaten geschwächt. Infolge der zahlreichen Mißerfolge im Irak haben in den USA die Republikaner und George W. Bush eine schwere Niederlage bei den Kongreßwahlen erlitten, die Demokraten drängen zu neuen Friedensinitiativen im Nahen und Mittleren Osten, mit denen das Ansehen und die Interessen der USA in der arabisch-muslimischen Welt gestärkt werden könnten. Der Libanonkrieg führte in Israel trotz des militärischen Siegs wegen seiner hohen Kosten an Menschenleben, der politisch-moralischen Aufwertung der Hisbollah im Libanon und dem Verfehlen der offiziellen Kriegsziele zu einer Schwächung der Regierung. In den palästinensischen Gebieten leidet die Hamas an den wirtschaftlichen Folgen der drastischen Kürzung bei der westlichen finanziellen Unterstützung der Autonomiebehörde und ist zu Kompromissen mit der al-Fatah genötigt. Die Schwäche aller drei Regierungen läßt sie zwar vorsichtig nach neuen Verhandlungschancen untereinander, mit Syrien und dem Libanon unter Einschaltung der Europäischen Union und Saudi-Arabiens bzw. der Arabischen Liga suchen, aber hinter diesen Bemühungen steht noch kein Friedenswille mit klaren Vorstellungen von einer dauerhaften Friedensordnung. Das Nachlassen terroristischer Aktivitäten von Palästinensern wird in Israel wohl vornehmlich auf den Bau der Mauer an und in den palästinensischen Gebieten, also auf eine harte und unversöhnliche Haltung zurückgeführt, was zur Zeit noch keinen Kurswechsel der Politik begünstigt. Gleichzeitig bedeutet der Rückzug jüdischer Siedler aus dem Gazastreifen und der israelischen Armee aus dem Libanon eine Bereitschaft Israels sich auf die Verteidigung der territorialen Integrität und der Grenzen zurückzuziehen. Mit der robusten Friedenserhaltungsaktion UNIFIL haben die europäischen Staaten eine größere Verantwortung für die politische Stabilisierung des Libanons und damit die Sicherheit Israels übernommen.

Derzeit spricht wenig für eine erneute Verschärfung der gewaltsamen Auseinandersetzungen in Form von Krieg oder intensiven terroristischen Aktivitäten, aber auch ebenso wenig für eine Beendigung des gegenwärtigen Gewaltniveaus und der Gewaltdrohungen. Die Kosten für die Sicherheitsanstrengungen Israels bleiben immens, das wirtschaftliche und soziale Elend in den palästinensischen Gebieten und im Libanon scheint sich nach den umfangreichen Kriegszerstörungen eher zu vergrößern als zu lindern. Vermutlich sind die unmittelbaren Konfliktparteien im Nahen Osten, Syrien, Libanon und die Hisbollah, die palästinensische Autonomiebehörde und die Hamas politisch zu schwach, um in absehbarer Zeit eine konsistente Friedenspolitik zu entwickeln, so daß die entscheidenden konzeptuellen Impulse für eine dauerhafte Friedensordnung und auch ein fühlbarer politisch-ökonomischer Druck zu ihrer Realisierung wohl nur von externen Akteuren kommen können. Nach wie vor kommt hier den USA die bedeutsamste Rolle zu, die ihre christlich-fundamentalistische Unterstützung der kompromißlosen israelischen Expansionspolitik aufgeben müßte, was wohl nur ein neuer US-Präsident ab 2009 vermag. Das Interesse an einer Wiedergewinnung des Ansehens der USA in der arabisch-muslimischen Welt müßte in der inneramerikanischen politischen Debatte einen Kompromiß mit der Verpflichtung zur Sicherung der Existenz Israels finden.

Die EU kann mit ihren politischen Initiativen und ihren wirtschaftlichen Hilfsangeboten einen solchen politischen Kurswechsel in den USA fördern, eventuell auch gemeinsam mit Rußland, das noch seinen Einfluß in einigen arabischen Ländern zur Geltung bringen könnte. In Verbindung mit Ägypten, Saudi-Arabien und Jordanien sowie durch die politische Einbindung Syriens und Irans könnte das Nahostquartett unter Führung der USA ein Gesamtkonzept zur Schaffung einer Friedensordnung im Nahen Osten vorlegen, für das Mehrheiten in den unmittelbaren Konfliktparteien durch eine geeignete Kombination von politisch-ökonomischen Anreizen und Druckmitteln gewonnen werden könnten. Der Verfahrensplan von 2003 hatte den Nachteil, daß er das Verhandlungsziel weitgehend offenließ, was die stärkere Konfliktpartei Israel begünstigte. Das Gesamtkonzept müßte die bekannten essentiellen Interessen der Konfliktparteien aufgreifen, dann könnte das Mißtrauen, daß Zwischenlösungen, bei denen die Konfliktparteien wichtige politische Hebel aus der Hand geben, zu unerwünschten Dauerlösungen werden, schwächer werden. Die Überwindung des Widerstands und der Skepsis erheblicher Minderheiten in Israel, und sehr starker Minderheiten im zukünftigen Staat Palästina und in einigen arabisch-muslimischen Ländern ist dann eine Frage der Zeit, in der sich die Friedensordnung als dauerhaft tragfähig erweisen muß. Zwar sind manche ausgefeilten Konfliktregulierungskonzepte der USA und ihrer Bündnispartner oder der Vereinten Nationen wie etwa dasjenige für Zypern (vorerst) gescheitert, aber in vielen anderen Fällen war ein sanfter internationaler Friedensoktroi durchaus ziemlich erfolgreich.

Neue Perspektiven für die „eingefrorenen Konflikte" im Südkaukasus durch die „Europäische Nachbarschaftspolitik"?[12]

Zusammenfassung

Der Kaukasus ist der postsowjetische Raum, in dem zu Beginn der 1990er Jahre heftige Kriege und bewaffneten Konflikte stattfanden und in dessen Süden noch immer drei sehr unterschiedlich strukturierte „eingefrorene Konflikte" um die De-facto-Staaten Abchasien und Südossetien in Georgien und um Bergkarabach in Aserbaidschan die Gefahr enthalten, erneut in gewaltsamen Formen ausgetragen zu werden. Bisher waren alle, allerdings nur halbherzig von einzelnen Großmächten und internationalen Organisationen verfolgten Pläne für eine friedliche Konfliktregulierung erfolglos.

Mit der wachsenden Bedeutung des Erdöls und des Erdgases aus Aserbaidschan und Mittelasien und der internationalen militärischen und zivilen Intervention in Afghanistan im Zuge des Kampfes gegen den transnationalen Terrorismus, wobei der Südkaukasus ein wichtiges Transitgebiet ist, ist im neuen Jahrhundert das Interesse der Europäischen Union an einer friedlichen Konfliktregulierung und Stabilisierung des Südkaukasus gewachsen. Aserbaidschan, Armenien und Georgien wurden nach der georgischen „Rosenrevolution" in die Europäische Nachbarschaftspolitik vom Mai 2004 aufgenommen und vereinbarten mit der EU im November 2006 Aktionspläne für Reformen in Politik, Wirtschaft und Justiz.

Mit Rücksicht auf Rußland, ohne dessen Hilfe die drei De-facto-Staaten nicht entstanden wären und auch nicht weiter existieren könnten, haben Brüssel, die einzelnen EU-Mitgliedsstaaten und die USA bislang keine tragfähigen Konzepte zur Konfliktregulierung entwickelt, die den Streit über die Wiederherstellung der territorialen Integrität der anerkannten Staaten oder die Anerkennung der Selbstbestimmung und staatlichen Lostrennung der kleinen nationalen Gruppen einer Lösung näherbringen könnten. Die westliche Bereitschaft, die Unabhängigkeit des Kosovo anzuerkennen, hat neue Hoffnungen in den De-facto-Staaten auf internationale Anerkennung geweckt, obwohl die Kosovo-

---

[12] Vortrag am 10. September 2007.

Anerkennung kaum als Präzedenzfall für die sehr kleinen kaukasischen Republiken dienen wird. **Gegenwärtig kann die EU aber diplomatische Foren schaffen und politische Initiativen fördern, die einen Ausgleich und Kompromiß** zwischen in den einzelnen Sachfragen Flüchtlingsrückkehr, ethnische Gebietsaufteilung, internationale Sicherheitsgarantien, wirtschaftliche Wiederaufbauhilfe usw. unter Zurückstellung der Statusfrage der Territorien suchen. Über längere Zeit hinweg dürfte aber noch der prekäre Zustand der gewaltträchtigen „eingefrorenen Konflikte" erhalten bleiben, da mit keiner Veränderung der Machtverhältnisse und der unvereinbaren Standpunkte der Konfliktparteien zu rechnen ist.

1 Die „eingefrorenen Konflikte" um die drei De-facto-Staaten Abchasien, Südossetien und Bergkarabach

Bei der Auflösung der Sowjetunion, Jugoslawiens und der Tschechoslowakei fanden nur die föderierten Gliedstaaten internationale völkerrechtliche Anerkennung als unabhängige Staaten. Diejenigen Autonomen Republiken, Gebiete und Provinzen innerhalb der föderierten Republiken, die ebenfalls die Unabhängigkeit anstrebten, fanden keine solche Anerkennung. Dennoch konnten einige der separationswilligen Regionen nach blutigen Kriegen und bewaffneten Konflikten faktisch eine eigene staatliche Hoheitsgewalt über ihr Gebiet und ihr Volk etablieren, oft mit auswärtiger Unterstützung. Dazu gehören heute noch die drei De-facto-Staaten Abchasien und Südossetien in Georgien sowie Bergkarabach in Aserbaidschan, das zudem mit massiver armenischer Unterstützung sieben weitere Landkreise (rajony) um Bergkarabach herum ganz oder in Teilen militärisch besetzt hält. Rußland hat hingegen nach Jahren der faktischen Selbständigkeit Tschetscheniens diese Republik im Nordkaukasus ab 1999 zurückerobert, ohne sie wirklich befrieden zu können. Die De-facto-Staaten haben alle Eigenschaften eines Staates: eine Staatsgewalt wird seit weit über zehn Jahren effektiv über ein Staatsgebiet und ein Staatsvolk ausgeübt. Jedoch halten nicht nur Georgien und Aserbaidschan an der Zugehörigkeit der genannten drei Regionen zu ihrem Staatsgebiet fest, auch die gesamte Staatenwelt verweigert den De-facto-Staaten die völkerrechtliche Anerkennung. Selbst Armenien hat das armenisch besiedelte Bergkarabach nicht als unabhängigen Staat anerkannt, wie das die Türkei als einziger Staat der Welt im Falle der „Türkischen Republik Nordzypern" getan hat.

Der Streit um den völker- und staatsrechtlichen Status der umstrittenen Regionen, d. h. um die Wiederherstellung der territorialen Integrität Georgiens und Aserbaidschans oder die internationale Anerkennung der Lostrennung dieser Regionen, läßt die zahlreichen Flüchtlinge und Vertriebenen aus den Regionen im Ungewissen über ihre Zukunft ebenso wie die gesamte Bevölkerung des Südkaukasus in der Gefahr erneuter gewaltsamer Zusammenstöße und Kriege. Die geschlossenen Grenzen und die Unterbrechung wichtiger Verkehrswege sowie die hohen Rüstungsausgaben behindern die wirtschaftliche Entwicklung der beteiligten Staaten. Die „eingefrorenen Konflikte" sind ein wesentliches Hemmnis für die Demokratisierung und die Entfaltung der Menschenrechte in der ganzen Großregion. Zudem sorgen die großen wirtschaftlichen und militärisch-strategischen Interessen Rußlands, der USA, Irans, der Türkei und zunehmend auch der EU im Südkaukasus für eine weltpolitische Brisanz der kleinregionalen Konflikte.

Während es im Kosovo immerhin um das Schicksal von fast zwei Millionen Albanern und weit über 100.000 Serben auf einer Fläche von fast 11.000 qkm (viermal die Größe des Saarlandes) geht, sind die umstrittenen Gebiete im Südkaukasus und die Zahl ihrer Bewohner erheblich kleiner. Abchasien hat zwar fast 8.700 qkm, aber nur noch rund 230.000 Einwohner (2002), also viel weniger als die Stadt Mannheim. Südossetien ist mit fast 3.900 qkm zwar größer als das Saarland, hat aber hat nur noch rund 70.000 Einwohner. Und Bergkarabach hatte mit 4.400 qkm im Jahre 1991 einmal über 190.000 Einwohner; heute sind es weit weniger. In allen drei Regionen schrumpfte die Bevölkerung infolge der Separationskriege um mehr als die Hälfte. In den umstrittenen Gebiete lebt nur ein relativ kleiner Teil der Bevölkerung Georgiens (4,5 Millionen) und Aserbaidschans (8,3 Millionen). Armenien hat 3,0 Millionen Einwohner. Demgegenüber machen die Kosovaren einen sehr hohen Anteil der Bevölkerung der Republik Serbien (9,5 Millionen) aus, so daß der „eingefrorene Konflikt" im Kosovo für die Staaten einen ganz anderen Stellenwert hat als die Konflikte im Südkaukasus. Bei aller Gemeinsamkeit des Grundkonflikts zwischen territorialer Integrität der anerkannten unabhängigen Staaten und dem Anerkennungswunsch der De-facto-Staaten sind die Konfliktursachen, die Konfliktkonstellationen und die politischen Ziele der beteiligten Akteure in allen vier Fällen doch recht verschieden.

Die Abchasen stellten 1989 nur 18 % der Bevölkerung der Autonomen Republik Abchasien, konnten sich aber bei der Auflösung der UdSSR mit Armeniern, Russen, Griechen und anderen ethnischen Gruppen gegen die fast die Hälfte (46 %) der Bevölkerung ausmachenden Georgier verbünden. Am 21.7.1992 erklärte die Rumpf-Volksvertretung Abchasiens die Unabhängigkeit des Landes. Mit Rußlands militärischer Unterstützung errangen die Verbündeten im Bürgerkrieg vom August 1992 bis Juli 1994, in dem rund 8.000 Menschen starben, die Vorherrschaft in ihrer Republik, rund 250.000 Georgier flohen oder wurden vertrieben. (Die hier angegebenen Opferzahlen sind im einzelnen umstritten; sie können deshalb nur ungefähre Größenverhältnisse vermitteln.) Auch nach dem Waffenstillstand kam es immer wieder zu bewaffneten Auseinandersetzungen, in denen Hunderte ihr Leben verloren. In Abchasien ist eine ausschließlich von Rußländern gebildete Friedenstruppe der Gemeinschaft Unabhängiger Staaten stationiert, ferner befindet sich eine kleine Gruppe von gegenwärtig nur 130 Militärbeobachtern und 12 Polizisten und 277 Zivilpersonen der Vereinten Nationen (UNOMIG) im Grenzgebiet beider Länder. Abchasien ist nicht nur militärisch von Rußland abhängig, sondern auch weitgehend in seine Wirtschaftstrukturen integriert. Über 90 % der Abchasen besitzen mittlerweile zusätzlich zur abchasischen die rußländische Staatsangehörigkeit. Politisches Ziel der Abchasen und der mit ihnen verbündeten ethnischen Gruppen ist die nationalstaatliche Unabhängigkeit Abchasiens, notfalls aber auch die Angliederung an Rußland als nationale Republik und Föderationssubjekt.

Südossetien besaß in der Sowjetära als Autonomes Gebiet einen geringeren Status als Abchasien. Ziel der christlich-orthodoxen Südosseten ist die Angliederung ihres Gebietes an die benachbarte Republik Nordossetien jenseits des Kaukasuskammes, die ein Föderationssubjekt Rußlands ist, wo die Mehrheit der Osseten lebt. Die Verwirklichung dieses Zieles würde gleichzeitig eine Ausdehnung Rußlands über den Kaukasuskamm hinaus nach Süden bedeuten. Nach dem Unabhängigkeitsreferendum in Montenegro untermauerten die Südosseten ihren Wunsch durch eine Volksabstimmung im November 2006, in der 99 % für die Unabhängigkeit votierten. Georgien hat dieses Votum nicht anerkannt und bildete nach einem Gegenreferendum im von Tiflis kontrollierten Teil Südossetiens eine südossetische Gegenregierung. In den Kämpfen von 1991/92 verloren rund 2000 Menschen ihr Leben. Rund 100.000 Südosseten flüchteten aus Georgien nach Rußland, rund 20.000 Georgier aus Südossetien in das übrige Georgien. Nach dem Waffenstillstand vom Juni 1992 wurde hier eine Friedenstruppe aus Rußländern, Nord- und Südosseten sowie Georgiern gebildet, die nicht das wiederholte Aufflammen von bewaffneten Auseinandersetzungen mit Dutzenden Toten verhinderte. Eine winzige OSZE-Beobachtergruppe von sechs Mann überwacht die Konfliktparteien. Auch Südossetien ist wirtschaftlich völlig von Rußland bzw. vom Drogen- und Waffenhandel sowie vom Schmuggel abhängig. Seine Bürger besitzen mittlerweile fast alle die rußländische Staatsangehörigkeit.

Während Abchasien und Südossetien an Rußland angrenzen und faktisch in seine Wirtschaftsstrukturen integriert sind, liegt das überwiegend von Armeniern besiedelte ehemalige sowjetische Autonome Gebiet Bergkarabach (1989: 77 % Armenier, 22 % Aseris) in der aserbaidschanischen Unionsrepublik nicht nur weit von Rußland entfernt, sondern ist auch durch einen an seiner schmalsten Stelle nur zwölf km breiten Landstreifen von Armenien getrennt. Bergkarabach konnte seine De-facto-Staatlichkeit nur dank massiver militärischer Unterstützung Armeniens erringen, das seinerseits eine ausschlaggebende Militärhilfe von Rußland erhielt. Obwohl Armenien und Bergkarabach zu Sowjetzeiten oft ihre Vereinigungsabsichten kundgaben, erklärte letzteres am 10.12.1991 seine Unabhängigkeit, also wie Südossetien wenige Tage nach Auflösung der Sowjetunion durch die drei ostslawischen Republiken. Während Abchasien und Südossetien keine Grenzrevision anstreben, haben die vereinten Streitkräfte Bergkarabachs und Armeniens auch große Teile des aserbaidschanischen Territoriums außerhalb Bergkarabachs militärisch besetzt, wobei fast alle Aseris aus den besetzten Gebieten flüchteten oder vertrieben wurden. Insgesamt wurden rund 760.000 Aseris Binnenflüchtlinge, weitere 190.000 flüchteten aus Armenien. Umgekehrt flohen im Verlaufe der Auseinandersetzungen rund 280.000 Armenier aus ganz Aserbaidschan nach Armenien oder Bergkarabach. Die Bergkarabacher wollen auf alle Fälle den Landstreifen (die beiden Landkreise Laçin/Berdzor und Kälbäcar/Karavachar) zwischen Bergkarabach und Armenien annektieren und betrachten die übrigen fünf Landkreise wohl nur als Faustpfand für die Verhandlungen mit Baku. In der Region sind keine internationalen Truppen zur Sicherung des Waffenstillstandes stationiert.

Bei den Konflikten in Georgien handelt es sich also lediglich um Status-Konflikte, während es bei dem Konflikt in Aserbaidschan auch um eine Verschiebung der bisherigen Grenzen geht. In allen drei Fällen wird allerdings nicht nur um die Herrschaft über ein Gebiet und seine Bevölkerung, sondern auch um die ethnische Struktur des umkämpften Gebiets gestritten. Setzen sich die Separatisten endgültig durch, werden sie nur wenige Flüchtlinge in ihre Heimat zurückkehren lassen. Diese werden sich auch nur in geringer Zahl freiwillig unter nationale Fremdherrschaft begeben wollen. Setzen sich hingegen Georgien und Aserbaidschan durch, was wohl nur durch eine militärische Rückeroberung der abtrünnigen Gebiete möglich ist, so werden nur wenige Armenier in Bergkarabach und Osseten in Südossetien bleiben wollen oder können; selbst das Verbleiben vieler oder gar aller Abchasen in ihrem Land dürfte nach einem erneuten Krieg ungewiß sein.

2 Territoriale Integrität der international anerkannten Staaten oder Selbstbestimmungsrecht der Völker

Das Völkerrecht ist im wesentlichen ein Staatenrecht, das die Souveränität und territoriale Integrität der sich wechselseitig anerkennenden Staaten, die heute alle Mitglieder der Vereinten Nationen sind, sichern will. Aus diesem Grunde neigen die Staaten und die deren Interessen artikulierenden Völkerrechtler dazu, das in der Charta der Vereinten Nationen verankerte Selbstbestimmungsrecht der Völker meist bloß als Recht der Staatsvölker zu interpretieren, obwohl dieses Recht historisch seine politische Brisanz als Recht von sich selbst als Völker konstituierenden Großgruppen erlangt hat, Staaten zu vereinigen (in Europa nur in drei Fällen) oder Gebiete von bestehenden Staaten zum Zwecke der Gründung neuer Staaten abzuspalten. Nur eine Minderheit von Völkerrechtlern gesteht das Selbstbestimmungsrecht beliebig kleinen Völkern und auch Volksteilen (Volksgruppen oder nationalen Minderheiten) zu. Vielversprechend ist der Gedanke einiger Völkerrechtler, die das Selbstbestimmungsrecht als Lostrennungsrecht nur für den Fall einer andauernden schweren Unterdrückung eines Volkes oder einer Volksgruppe durch ihren Staat anerkennen, der durch seine Unterdrückungspolitik das Recht auf territoriale Integrität verliere.

Es ist nicht zu übersehen, daß die große Mehrheit aller europäischen Flächenstaaten (31 von 44 Staaten) durch nationalen Separatismus entstanden ist. Das Separationsrecht war zwar nie ein einklagbares Recht vor Gerichten, sondern wurde oftmals nur in nationalen Befreiungskriegen und meist zusätzlich und entscheidend unter dem Druck mächtiger Großmächte durchgesetzt, die ein Interesse an der Schwächung bestehender und der Entstehung neuer, kleinerer Staaten hatten. Recht selten genügte ein anhaltender friedlicher Druck einer separationswilligen Nation wie im Falle Norwegens oder der Slowakei, um 1905 bzw. 1993 eine staatliche Unabhängigkeit zu erwirken. Wenig spricht dafür, daß sich die Konfliktparteien im Südkaukasus an diesen Beispielen der friedlichen nationalpolitischen Staatsteilung orientieren. Georgien und Aserbaidschan halten eher das Verhalten Kroatiens in der Krajina und Rußlands in Tschetschenien für vorbildlich.

Die Auflösung der drei kommunistischen multinationalen Staaten in den Jahren 1991-1993 erfolgte weder primär durch Bürgerkriege, noch auf Druck auswärtiger Mächte, sondern vor allem unter dem immensen politischmoralischen Druck der Völker der Republiken, die ihre Föderation verlassen bzw. auflösen wollten. Lediglich im Falle der Auflösung Jugoslawiens spielten Unabhängigkeitskriege und äußerer Druck von Großmächten eine herausragende Rolle. Wichtig ist, daß die Auflösung der drei multinationalen Staaten nicht allein im Namen des Selbstbestimmungsrechts der Völker erfolgte, sondern unter Nutzung des kommunistischen Verfassungsrechts, das die Gliedstaaten aus eher propagandistischen Gründen, denn aus der Absicht, den Nationen eine demokratisch-plebiszitäre Option zu gewährleisten, zu austrittsberechtigten souveränen Staaten erklärt hatte. Demzufolge durften nicht die Ethnonationen an sich nationale Staaten gründen, sondern lediglich die Republiksvölker, in denen eine jeweilige Ethnonation dominierte. Es waren die (Mehrheiten der) Republiksvölker, die aus den Bundesstaaten austraten bzw. sie gänzlich auflösten.

Mit der Beschränkung des Separationsrechts auf die Völker der föderierten Staaten und der Verweigerung dieses Rechts gegenüber den Völkern in den autonomen Territorien (Republiken, Gebiete, Provinzen und Kreise) oder gar in neu sich konstituierenden serbischen und kroatischen Republiken auf dem Balkan wollte die Staatengemeinschaft den historischen Prozeß der immer weiteren Aufsplitterung der Staatenwelt möglichst endgültig stoppen, obwohl in den Vereinten Nationen die Klein- und Kleinststaaten eine große Mehrheit bilden. Die kaukasischen De-facto-Staaten wären zwar an Bevölkerungszahl etwas kleiner als Island und Malta, aber weitaus größer als Liechtenstein und viele anderen VN-Mitgliedsstaaten.

Die Separatisten in den drei südkaukasischen De-facto-Staaten berufen sich, wie das im Zeitalter des Nationalismus oft geschieht, zum einen auf das Selbstbestimmungsrecht der Völker und die Erfahrung einer langanhaltenden Unterdrückung ihrer Sprache, Kultur und sozioökonomischen Entwicklungsmöglichkeiten durch den bestehenden Staat und seine Vorläufer sowie durch die Mehrheitsethnie, zum anderen aber auch auf historische Perioden der nationalen Unabhängigkeit, zusätzlich auf die historische Erstbesiedlung ihres Gebietes sowie auf für sie günstigere Mehrheitsverhältnisse zwischen den Ethnien in früheren Zeiten.

Im Zeitalter der Volkssouveränität und vor allem in Demokratien spielt es eine herausragende Rolle für die gesellschaftliche Dominanz einer Sprache und ihrer Sprecher, welche Sprachgruppe oder Ethnie die Mehrheit des Volkes eines Staates oder einer Region im Staat hat. Überall dort, wo historisch vor kurzem ein sprachlich-ethnischer Mehrheitswechsel stattgefunden hat oder droht, ist mit lang anhaltenden ethnonationalen Konflikten zu rechnen, die nicht nur Herrschafts-, sondern auch Siedlungskonflikte um die Legitimität der Anwesenheit bestimmter Ethnien darstellen. Das gilt für solche harten Konflikte wie um das Kosovo, um Palästina, aber auch um das Baskenland, Nordirland und für viele andere Fälle.

Während die unmittelbaren Konfliktparteien auf unvereinbaren Standpunkten (Wiederherstellung der staatlichen territorialen Einheit versus Anerkennung der regionalen Separation) beharren, verfolgen die externen Akteure meist sehr widersprüchliche und unklare Positionen.

Der entscheidende externe Akteur ist Rußland, das einerseits die Separation der drei Regionen zu Beginn der 1990er Jahre ermöglicht hat und sie faktisch absichert, andererseits diese Separation nicht völkerrechtlich anerkennt und auch deren Anerkennung nicht systematisch betreibt. Somit will es offensichtlich nach dem Prinzip „teile und herrsche" ein Druckmittel gegenüber Georgien und Aserbaidschan in der Hand behalten, außerdem keine Präzedenzfälle für die Separation Tschetscheniens oder anderer Teile Rußlands schaffen. Diese Strategie hatte sicherlich einigen Erfolg. Sie beförderte 1993 und 1994 den Beitritt der beiden Staaten zur GUS und trug wohl mit dazu bei, daß Aserbaidschan seit vielen Jahren bemüht ist, trotz seiner Annäherung an den Westen verstärkt Rücksicht auf rußländische Interessen nimmt, etwa in der Tschetschenienfrage. Teile-und-herrsche-Politik schafft jedoch stets Mißtrauen bei den betroffenen Parteien, weil sie häufig einen Seitenwechsel erfordert und eine berechenbare Regionalpolitik verhindert. Die Abchasen, Südosseten und Karabacharmenier müssen wie Armenien stets damit rechnen, daß ihre Interessen in sich wandelnden regional- und weltpolitischen Konstellationen von Rußland „verraten" werden. So hat Rußland jüngst damit gedroht, im Falle einer westlichen Anerkennung der Unabhängigkeit Kosovos gegen den Willen Serbiens und Rußlands seinerseits die Unabhängigkeit Abchasiens und Südossetiens anzuerkennen. Bemerkenswerterweise war in diesem Zusammenhang von Bergkarabach nicht die Rede. So oder so wird mit solchen taktischen Junktims die Kaukasuspolitik Rußlands zum Spielball anderweitiger weltpolitischer Interessen und läßt ein an einem Kompromiß zwischen den regionalen Konfliktparteien orientiertes Konzept für eine Friedensordnung im Kaukasus vermissen.

Auch die USA verfolgen lediglich geoökonomische und geomilitärische Interessen im Kaukasus ohne Konzept für eine dauerhafte Friedensordnung in dieser Region. Dabei ist der Südkaukasus überwiegend als energiewirtschaftliche und militärische Transitregion vom Mittelmeer und Schwarzen Meer nach Mittelasien und Nordafghanistan, zur Isolation Irans und zur Zurückdrängung des Einflusses Rußlands in der gesamten Großregion in den späten 1990er Jahren von großer Bedeutung geworden, dann vor allem nach dem 11. September 2001 für die Intervention in Afghanistan. Für die Transitinteressen sind lediglich Aserbaidschan und Georgien, wie etwa bei der Errichtung und Unterhaltung der Baku-Tiflis-Ceyhan-Erdölleitung, erforderlich, nicht aber Armenien. Zu dessen Gunsten wirkt allerdings eine einflußreiche armenische Diaspora in

Frankreich und in den USA. Aserbaidschan ist nicht nur als Transitland, sondern auch als eigenständiger Erdölexporteur für den Westen wichtig. Die taktische Orientierung der US-Politik erfordert das Verschließen der Augen vor den undemokratischen Herrschaftsmethoden des aserbaidschanischen Regimes wie auch die Unterstützung eines vorgeblich demokratischen, vor allem aber radikal antirußländischen und prowestlichen Kurses des Regimes von Micheil Saakaschwili in Georgien. Die Gefahr eines tiefen, ernsthaften Konflikts mit Rußland veranlaßt die USA jedoch, Georgien bisher an der mehrmals angekündigten Rückeroberung Abchasiens und Südossetiens zu hindern.

Die Vereinten Nationen und die OSZE sind bisher nur zurückhaltend im Südkaukasus engagiert. Auch die EU hat sich lange politisch fast nicht in der Region betätigt, lediglich humanitär und mit wirtschaftlichen, sozialen und kulturellen Programmen. Lediglich einzelne EU-Staaten sind in diversen Verhandlungsforen für Konfliktregulierung aktiv, so Frankreich zusammen mit Rußland und den USA im Vorsitz in der völlig ineffektiven Minsker Gruppe, die im März 1992 von der OSZE für die Aushandlung eines Friedens zwischen Aserbaidschan und Armenien gebildet worden ist. Deutschland ist zusammen mit Frankreich, Großbritannien, Rußland und den USA in der „Gruppe der Freunde des Generalsekretärs (der VN, E.J.) in der georgischen Frage" seit 1997 im Rahmen des „Genfer Prozesses" tätig, ebenfalls mit wenig Erfolg.

Mit der neuen Europäischen Nachbarschaftspolitik seit 2004 könnte einige Dynamik in die Kaukasuspolitik der EU kommen. Nach der Aufnahme von zwölf neuen Mitgliedern in den Jahren 2004 und 2007 sieht sich die Union an die Grenze ihrer Erweiterungskapazitäten gekommen, vor allem nach der französischen und der niederländischen Volksabstimmung vom Mai und Juni 2005, in denen der Verfassungsvertrag abgelehnt worden ist. Mittlerweile hat die EU ihren östlichen Erweiterungsraum auf den Westbalkan und die Türkei begrenzt. Um diesen herum hat sie einen Gürtel von 16 Nachbarstaaten plus Rußland im Osten und im mediterranen Süden bestimmt, in dem sie verstärkt marktwirtschaftliche, demokratische, menschenrechtliche und grenztechnische Reformen (letztere zur Abwehr von unerwünschter Massenimmigration) und die Stabilität der Regime stärken will. Die inneren Strukturen der Nachbarstaaten sollen denen der EU-Staaten angeglichen und eine friedliche Außenpolitik begünstigt werden, ohne ihnen aber die volle EU-Mitgliedschaft in Aussicht zu stellen. Nach der georgischen Rosenrevolution im November 2003 wurden auch die drei südkaukasischen Länder als besonders zu fördernde EU-Nachbarn definiert. Zur Konkretisierung dieser Nachbarschaftspolitik werden allerdings bisher nur bilaterale Aktionspläne zwischen der EU und den einzelnen Nachbarstaaten vereinbart, keine regionalpolitischen Initiativen entwickelt.

Dennoch schließt die Europäische Nachbarschaftspolitik zumindest ein Gegeneinander-Ausspielen der Nachbarstaaten aus und zielt auf eine friedliche Konfliktregulierung ab. Die Grundlinie der europäischen Südkaukasuspolitik ist zwar eindeutig auf eine Wahrung des völkerrechtlich anerkannten Status quo der staatlichen Integrität Rußlands, Georgiens und Aserbaidschans ausgerichtet, also gegen die Separationsinteressen der meisten Tschetschenen, Abchasen, Südosseten und armenischen Bergkarabacher. Gleichzeitig betont die EU jedoch wie die VN, die OSZE, die NATO und im Grunde alle Internationalen Organisationen die Notwendigkeit einer friedlichen Konfliktlösung. Das bedeutet faktisch eine Duldung des Status quo der De-facto-Staatlichkeit. Bisher hat die EU keinerlei Konzept, wie sie ihre widersprüchlichen politischen Ziele (Wiederherstellung der territorialen Integrität Georgiens und Aserbaidschans, Erhaltung des Friedens, also Duldung des Status quo der De-facto-Staatlichkeit, Demokratisierung und wirtschaftlich-rechtliche Reformen) vereinbar machen will. Im Falle Kosovos kann die EU Serbien das Angebot der Mitgliedschaft und umfangreicher wirtschaftlicher Förderung im Austausch für die Anerkennung der Quasi-Unabhängigkeit Kosovos machen, im Südkaukasus sieht sie sich nicht in der Lage zu einem vergleichbaren Angebot.

3 Zarische, sowjetische und postsowjetische Südkaukasuspolitik

Die Konfliktparteien bringen nicht nur gegenwärtige völkerrechtliche und machtpolitische Faktoren zur Vertretung ihrer Position ins Spiel, sondern untermauern ihre Positionen mit herrschafts- und ethnohistorischen Argumenten, entweder aus der Zeit vor der Eroberung des Kaukasus durch das Zarenreich zu Beginn des 19. Jahrhunderts oder aus sowjetischer Zeit.

Die Zaren nahmen keinerlei Rücksicht auf die ethnischen und herrschaftshistorischen Grenzen oder gar den Willen der Völker bei der Verwaltungsgliederung ihres Herrschaftsbereichs. Diese liefert deshalb keinerlei argumentative Munition für die heutigen Konfliktparteien. Im Norden der Kaukasischen Statthalterschaft entstanden das Schwarzmeer-Gouvernement (Noworossisk) und die Gebiete Kuban, Terek und Dagestan. Der Süden war 1914 stärker untergliedert in die Gouvernements Baku, Eriwan, Jelissawetpol (heute: Gäncä), Kutais und Tiflis, in die Bezirke Sakataly und Suchum sowie die Gebiete Batum und Kars. (Letzteres gehört seit 1921 mit Teilen der Gebiete Batum und Erewan zur Türkei.) Infolge des Verlaufs des Weltkrieges und der bolschewistischen Revolution wurde der Norden des Kaukasus stärker untergliedert als der Süden. Im ersteren wurden außer dem russischen Gau (kraj) Krasnodar sechs nationale Territorien eingerichtet. In den acht verbliebenen Verwaltungseinheiten des Südens konnten sich infolge des Ersten Weltkrieges im Mai 1918 die drei südkaukasischen Staaten bilden, in denen jedoch die Bolschewiki im April und November 1920 und im Februar 1921 die Macht ergriffen. Sie faßten den Südkaukasus im März 1922 in einer Transkaukasischen Föderation zusammen und verleibten diese dann einige Monate später der Sowjetunion ein. Die Föderation wurde dann 1936 wieder aufgelöst, wobei aber die drei föderierten Republiken in der Gesamtunion verblieben.

Die Bolschewiki stellten bei ihrer Verwaltungseinteilung im großen und ganzen die Kerngebiete und die Größenverhältnisse der Ethnien in Rechnung, schufen aber dennoch recht willkürlich mono- und binationale, formell autonome Gebiete, Republiken und souveräne Unionsrepubliken sowie in einem Fall eine multinationale Republik (Dagestan). Man kann wohl davon ausgehen, daß in vielen Fällen staatliche Grenzen gezogen wurden, die die ethnonationalen Gegensätze der Völker des Kaukasus erhalten und stärken sollten. Dementsprechend wurden im Laufe der Sowjetgeschichte die territorialen Gebilde mehrmals umgebildet, aufgelöst und wieder erschaffen sowie in ihrem Rechtsstatus erhöht oder gesenkt. Alle ethnonationalen Politiker berufen sich in der postsowjetischen Zeit auf die jeweils für ihre Nation günstigsten Entscheidungen der Kommunisten zu irgendeinem ausgewählten Zeitpunkt der wechselvollen Sowjetgeschichte.

Die drei ethnonationalen Separationsbewegungen haben zwar die sowjetische territoriale Gliederung als Ausgangsbasis ihrer Macht nutzen können und legitimieren sich durch Parlamentsbeschlüsse bzw. Volksabstimmungen in diesen in der Sowjetgeschichte gebildeten Territorien, stützen sich aber nicht allein auf den gegenwärtigen Selbstbestimmungswillen der Mehrheit ihrer Bevölkerung. Dieser ist im Falle Abchasiens fragwürdig, da etwa die Hälfte der Bevölkerung in dieser Republik in den Jahren 1990/91 bei einer freien Volksabstimmung für die Zugehörigkeit Abchasiens zu Georgien gestimmt hätte.

In ihrer herrschafts- und ethnohistorischen Argumentation weisen die armenischen Bergkarabacher darauf hin, daß Bergkarabach im frühen Mittelalter zum christlich-armenischen Kulturkreis gehört habe und noch 1926 93,5 % der Bergkarabacher Armenier gewesen seien, 1989 aber nur noch 77 %. Sie fürchten längerfristig das Schicksal der ethnischen Minorisierung bei einer Rückkehr in den aserbaidschanischen Staatsverband zu erleiden, das zuvor schon die Armenier in Nachitschewan erlitten hätten. Die Abchasen bringen das Argument vor, daß sie 1886 noch 86 % der Bevölkerung gewesen seien, 1989 aber nur noch knapp 18 %, im gleichen Zeitraum sei der Anteil der Georgier von 6 auf 46 % angewachsen. Sie betrachten sich sowohl als Opfer der antimuslimischen zarischen Politik, die viele Abchasen in das Osmanische Reich trieb, als auch dann der systematischen Georgisierungspolitik unter Stalin und Berija, die nach der Unabhängigkeit Georgiens wieder aufgenommen werden sollte.

Die Gegenseite begnügt sich ebenfalls nicht mit dem völkerrechtlichen Argument der territorialen Integrität ihrer Staaten und der Anerkennung durch die gesamte Staatenwelt, sondern führt ebenfalls herrschafts- und ethnohistorische Argumente auf. Georgien verweist auf die lange Zugehörigkeit Abchasiens und Südossetien zu Georgien vor dem 19. Jahrhundert, einzelne prominente Georgier bestreiten sogar die Existenz einer besonderen abchasischen Ethnie. Aserbaidschan bestreitet eine armenische Siedlungskontinuität in Bergkarabach und verweist darauf, daß Bergkarabach als Teil des sich 1805 Rußland unterstellenden Khanats Karabach, zu dem auch das aserisch besiedelte Niederkarabach gehörte, nie ein Teil Armeniens gewesen sei, auch wenn es im 19. Jahrhundert lokalen armenischen Fürsten unterstanden habe. Das Land habe im wesentlichen erst nach dem russisch-persischen Krieg von 1827/28 eine armenische Bevölkerungsmehrheit erhalten.

Die Abchasen, ein kleines nordwestkaukasisches Volk, das früh von Byzanz aus christianisiert, dann aber in Teilen unter osmanischer Herrschaft oberflächlich islamisiert wurde, berufen sich in ihrem Unabhängigkeitsstreben auf die jahrhundertelange Existenz eines abchasischen Fürstentums, das lange Zeit auch georgische Gebiete beherrschte, und auf den ursprünglichen Status Abchasiens als eigenständiger Sozialistischer Sowjetrepublik von 1921 bis 1922 neben der Sozialistischen Sowjetrepublik Georgien, ehe sie zunächst Georgien untergeordnet und dann 1931 der Unionsrepublik Georgien als Autonome Republik einverleibt wurde.

Auch die Südosseten, orthodoxe Christen wie die Georgier, verweisen auf das Bestehen eines ossetischen Fürstentums vor der Expansion Rußlands im Kaukasus hin, ferner auf die kurze Existenz einer südossetischen Sowjetrepublik von 1920-22 neben der georgischen, ehe jene dieser als Autonomes Gebiet einverleibt wurde. Im November 1989 erhob der Oberste Gebietssowjet das Land zur Autonomen Sowjetrepublik, was jedoch von der sowjetischen Regierung nicht anerkannt wurde. Nach der Souveränitätserklärung als Demokratische Sowjetrepublik im September 1990 begann ein Bürgerkrieg, der im Juni 1992 mit einem von Rußland vermittelten Waffenstillstand endete.

Wichtiger als die Historisierung der ethnisch-staatlichen Ansprüche ist, daß Georgien und Aserbaidschan die Erringung der nationalen innersowjetischen Souveränität und dann Unabhängigkeit sofort dazu nutzten, selbst den geringen Grad der sprachlich-kulturellen Autonomie der ethnischen Minderheiten weiter zu beschneiden, obwohl sie selbst die Russifizierungspolitik in der Sowjetunion bekämpft hatten. Daraufhin sahen die ethnischen Minderheiten ihrerseits in der staatlichen Separation eine Bedingung für das längerfristige Überleben ihrer Ethnien.

Alle ethnonationalen Konfliktparteien sind bemüht, die Legitimität ihrer staatlichen Ansprüche sowohl ethnisch-siedlungshistorisch als auch herrschaftsgeschichtlich zu untermauern. Dabei werden selektiv historische Fakten oder auch nur fragwürdige Tatsachenbehauptungen ausgewählt, die die eigenen gegenwärtigen politischen Ansprüche bekräftigen und die gegnerischen entkräften sollen. Die nach gegenwärtigen nationalideologischen Bedürfnissen ausgewählten historischen Fakten oder Pseudofakten werden je nach Bedarf für weitaus wichtiger und rechtsbegründender gehalten als einerseits der Mehrheitswille der regionalen Bevölkerung oder andererseits der völkerrechtliche Status quo in der Gegenwart. Hier ist es nicht die Aufgabe, die historischen Fakten und Pseudofakten im Einzelfalle im Sinne einer kritischen Geschichtswissenschaft zu unterscheiden, denn für eine gegenwärtige Konfliktregulierung sind nicht Gesichtspunkte der historischen Gerechtigkeit entscheidend. In „realistischer" Sicht von internationaler Politik sind dies die Machtverhältnisse und die von ihnen etablierte, bekräftigte oder revidierte völkerrechtliche Situation und in „liberalistischer" und „demokratischer" Sicht wäre dies ein vernünftiger, auszuhandelnder neues Recht setzender und Frieden schaffender Kompromiß zwischen den entgegengesetzten Willen der gegenwärtigen Konfliktparteien.

4   Aussichten auf eine Rückeroberung oder Anerkennung der De-facto-Staaten

Wegen der Involvierung essentieller Interessen Rußlands in allen drei De-facto-Staaten bzw. in Armenien ist auf absehbare Zeit nicht mit einer Änderung des politisch-militärischen Status quo zu rechnen. Georgien wird wohl kaum einen Krieg mit Rußland durch einen Feldzug gegen Südossetien oder Abchasien riskieren. Auch Aserbaidschan wird sich trotz des Ölreichtums und der Aufrüstung kaum einen Krieg gegen Bergkarabach und Armenien leisten können, weil es selbst und der Westen mit einer massiven Unterstützung der armenischen Seite durch Rußland rechnen müssen.

Politisch kann jedoch einiges in Bewegung geraten. Selbst wenn der Westen einseitig das Kosovo und Rußland im Gegenzug Abchasien und Südossetien als unabhängige Staaten anerkennt, so wird Rußland mit diesem Vorgehen weltweit ziemlich isoliert bleiben, der Westen im Falle der Kosovoanerkennung jedoch nicht, vor allem nicht in der islamischen Welt. Unklar ist, ob Armenien dann mit rußländischer stillschweigender Zustimmung dem Beispiel des Westens und Rußlands folgen wird und Bergkarabachs Unabhängigkeit anerkennt. Rußland wird sich nach diesen Ereignissen vermutlich hüten, die Unabhängigkeit Abchasiens und Südossetiens zu Volksabstimmungen zu nutzen, bei denen seine Staatsangehörigen in den beiden Republiken – das sind ja bereits über 90 % der Bevölkerung Abchasiens und Südossetien – für die Vereinigung ihrer Republiken mit Rußland stimmen werden. Wahrscheinlicher ist, daß sich Rußland mit einem Protektoratsverhältnis der beiden kleinen südkaukasischen Republiken und ihrer vollständigen wirtschaftlichen Integration begnügen würde, so wie der Westen wohl eine staatliche Vereinigung zwischen Kosovo und Albanien verhindern wird, die gesellschaftliche Vereinigung sich aber faktisch über kurz oder lang durch die gemeinsame EU-Bürgerschaft der Kosovaren und Albaner ergeben wird.

5 Anreize für eine Status-Klärung der De-facto-Staaten durch die Europäische Nachbarschaftspolitik

Die meisten Demokraten im Westen sind zwar für Demokratie in den gegebenen, von Fürsten und Diktatoren geschaffenen staatlichen Grenzen, lehnen aber eine demokratische Entscheidung über die Zugehörigkeit eines Gebietes zu diesem oder jenem Staat ab. Sicherlich stieße eine solche in vielen Fällen auf operative Schwierigkeiten, vor allem, wenn man das Postulat berücksichtigt, daß ein Staat ein geschlossenes und auch wirtschaftlich, verkehrs- und militärgeographisch sinnvolles Staatsgebiet haben sollte. Dennoch gäbe es zahlreiche Möglichkeiten, den Willen der ihre Regierung selbst bestimmenden Bürger auch bei der Staatsbildung annähernd zu berücksichtigen. Mit Rücksicht auf die Stabilität der Staaten, die militärischen Machtverhältnisse und die Rechtssicherheit wird jedoch von den meisten Demokraten eine Demokratisierung der Staatsbildung gefürchtet, vor allem aber, weil sie vermutlich für längere Zeit noch die Tendenz zur Kleinstaaterei fördern würde.

Die Furcht vor der Kleinstaaterei ist ein Relikt aus der Zeit der tatsächlichen Anarchie, d. h. des unbegrenzten Rechts zur Kriegsführung, im internationalen System. Zwischenstaatlicher Frieden war im 19. und in der ersten Hälfte des 20. Jahrhunderts schwieriger herzustellen als innerstaatlicher, notfalls auch imperial aufgezwungener Frieden. Die Furcht vor der Kleinstaaterei war berechtigt, solange der Nationalstaat möglichst zugleich ein kriegs- und verteidigungsfähiger Großstaat war, der zudem im Kriegsfalle annähernd ökonomisch autark („lebensfähig") sein mußte. Heute können sich die meisten Nationalstaaten kaum noch allein verteidigen und ihre „Nationalökonomie" ist faktisch ein extrem abhängiger Teil großregionaler Wirtschaftsräume bzw. der Weltwirtschaft. Mittlerweile hat sich erwiesen, daß Völker oft leichter miteinander im Frieden leben, wenn sie nicht in einen gemeinsamen Staat gezwängt werden, sondern sich in eigenen Staaten zum nachbarschaftlichen Frieden motivieren oder gar in der Zukunft in der Europäischen Union auf einer überstaatlichen Ebene kooperieren können.

Eine freiwillige Revision der militärpolitischen Machtverhältnisse ist höchst unwahrscheinlich, auch wenn und weil der gewaltträchtige Zustand der „eingefrorenen Konflikte" zur klammheimlichen Auswanderung derjenigen in der Konfliktregion führt, die sich vor neuem Krieg, terroristischer Gewalt, nationaler Zwangseinheit, wirtschaftlicher Not und vor extremem Nationalismus fürchten. Das stärkt umgekehrt zunächst die zurückbleibenden extremistischen Nationalpatrioten, die zu keinem Kompromiß bereit sind. Zwar kompensieren viele Emigranten im sicheren Ausland ihr schlechtes nationales Gewissen entweder durch Hilfslieferungen für die in der gefährdeten Heimat Zurückgelassenen oder gar durch hyperextremistische nationale verbale oder auch praktische Aktivitäten, aber das ändert nichts an der demographischen und meist auch zivilgesellschaftlichen und demokratischen Auszehrung, der ökonomischen Verelendung und oft auch dem moralischen Verfall in den Konfliktgebieten. Überdurchschnittliche Grade der Kriminalität, des Drogenkonsums und –handels, des Menschenhandels usw. sind Begleiterscheinungen solcher hochgradig gewaltträchtigen Konflikte, sowohl auf Seiten der Sieger wie auch der Verlierer. So ist wohl erst nach einer Generation des Durchhaltewillens und der Auszehrung damit zu rechnen, daß die nächste oder übernächste Generation den Willen zur Anerkennung der neuen bitteren Realitäten nach den Kriegen findet und kooperative Auswege aus dem Elend sucht.

Leichter als die Konfliktparteien könnte heute die EU zu einer kreativen Konfliktregulierung beitragen. Dazu müßte die EU jedoch interne Debatten zur Überwindung der aussichtslosen dogmatischen Positionen der unbedingten Anerkennung der territorialen Integrität der anerkannten Staaten und des Rückkehrrechts der Flüchtlinge sowie des Selbstbestimmungsrechts der Völker der De-facto-Staaten führen. Zwar kommt man letztlich nicht umhin, eine Entscheidung über die Unabhängigkeit oder Autonomie der Regionen zu treffen, doch lassen sich die Interessen und Motive für die Separation und für die Reintegration der Regionen in einzelne politische Themen aufschlüsseln, bei denen ein Kompromiß in der Sache möglich ist, welcher völkerrechtliche Status auch immer für die Regionen letztlich vereinbart wird. Solche Themen sind z. B. mögliche Gebietsteilungen, Grenzverschiebungen und ein Gebietsaustausch statt Entweder-Oder-Lösungen, sind Garantien und Regelungen, die einen ethnischen Mehrheitswechsel verhindern, Verträge, die enge Bindungen zwischen den konethnischen Gruppen beiderseits einer staatlichen Grenze ermöglichen. glaubwürdige internationale Sicherheitsgarantien, langfristige Aussichten auf eine gemeinsame Mitgliedschaft der Konfliktparteien in der Europäischen Union. Jede kooperative Friedensordnung verlangt einschneidende Zugeständnisse von den beteiligten Konfliktparteien. Zwar würde die Demokratisierung des Südkaukasus die Konfliktregulierung erleichtern, wahrscheinlicher ist jedoch, daß eine Konfliktregulierung erst eine tiefergreifende Demokratisierung der Großregion ermöglicht. Da auf absehbare Zeit weder die regionsinternen Konfliktparteien noch die externen Akteure, auch die EU nicht, zur Schaffung einer Friedensordnung im Südkaukasus fähig sein werden, könnte Brüssel und einzelne EU-Mitglieder in der gegenwärtigen Lage nur Foren von Diplomaten und von kompromißbereiten Intellektuellen aus der Konfliktregion organisieren oder fördern, die detaillierte Entwürfe für eine Friedensordnung formulieren und veröffentlichen, wie sie in Form der Genfer Initiative für Palästina oder des VN-Plans für Zypern bereit vorliegen. Sie können vermutlich auf die Dauer einen wichtigen Anstoß für eine endgültige Regelung der Status- und Grenzfragen in den umstrittenen Gebieten in einigen Jahren oder Jahrzehnten liefern.

6 Äußerst langsames Auftauen der national-territorialen Konflikte für eine friedliche Konfliktregulierung im Südkaukasus

Vorerst spricht wenig dafür, daß sich die Großmächte, die Internationalen Organisationen und auch nicht die EU zu einer durchsetzungsfähigen Politik zur Schaffung einer dauerhaften Friedensordnung im Süd- oder gar im Gesamtkaukasus aufraffen und einigen können. Kurzsichtiger „Realismus" hegemonialer Partikularinteressen obsiegt weiterhin meist, obwohl er nur vorübergehende Erfolge verheißt. Insofern Rußland und der Westen noch lange nicht dasselbe Maß der Interessen, politischen Werthaltungen und der Kooperation erlangen werden wie die westlichen Großmächte untereinander, bleibt der Südkaukasus wohl noch lange Zeit Spielball der antagonistischen Großmachtkalküle, anders als der Balkan, wo der Westen spätestens mit der politischen Niederlage Rußlands während des Jugoslawienkrieges 1999 eine kollektive gestalterische Hegemonie errungen hat. Zwar ist aus den dargelegten Gründen mit neuerlichen Kriegen im Südkaukasus kaum zu rechnen, wohl aber mit zahlreichen Scharmützeln mit vielen Toten.

Die Rückeroberungsdrohungen der Regierungen Georgiens und Aserbaidschans dienen wohl eher innenpolitischen Zwecken, insbesondere dem Erhalt
und der Pflege einer kriegsbereiten nationalpatriotischen öffentlichen Meinung
und des entsprechenden Wählerklientels, dessen Konzentration auf den äußeren
Feind die sozialen und demokratischen Defizite geringachten läßt. Damit werden die Flüchtlinge auf die baldige Rückkehr in ihre verlorene Heimat vertrös-
tet, so daß für deren Integration in die neue Umgebung wenig getan werden
muß. Die Kriegsrhetorik vergiftet allerdings immer wieder die bescheidenen
Ansätze von internationalen Verhandlungen und verlangt von den friedensbe-
reiten Kräften in der Region den Mut zur relativen gesellschaftlichen Isolation
noch über eine lange Zeit hinweg. Äußere Unterstützung durch die EU und ihre
Mitgliedsstaaten kann ihr Los erleichtern.